I libri di Bruno Vespa

Bruno Vespa

HITLER E MUSSOLINI

L'idillio fatale che sconvolse il mondo
(e il ruolo centrale dell'Italia nella nuova Europa)

Rai Libri

MONDADORI

Dello stesso autore
nella collezione I libri di Bruno Vespa

Telecamera con vista
Il cambio
Il duello
La svolta
La sfida
La corsa
Il superpresidente
Dieci anni che hanno sconvolto l'Italia
Scontro finale
La scossa
Rai, la grande guerra
La Grande Muraglia
Il Cavaliere e il Professore
Storia d'Italia da Mussolini a Berlusconi
Vincitori e vinti
L'Italia spezzata
L'amore e il potere
Viaggio in un'Italia diversa
Donne di cuori
Nel segno del Cavaliere
Il cuore e la spada
Questo amore
Il Palazzo e la piazza
Sale, zucchero e caffè
Italiani voltagabbana
Donne d'Italia
C'eravamo tanto amati
Soli al comando
Rivoluzione
Perché l'Italia diventò fascista
Perché l'Italia amò Mussolini
Perché Mussolini rovinò l'Italia
La grande tempesta
Il rancore e la speranza

mondadori.it

Hitler e Mussolini
di Bruno Vespa
Collezione I libri di Bruno Vespa

ISBN 978-88-04-79285-7

I edizione ottobre 2024

Indice

I giochi della Storia

Quando abbracci la Storia, lei spesso ti ricambia trasformando libri, documenti, fascicoli nella scenografia di un mondo che rivive nelle sue miserie e nei suoi splendori, e dà corpo a personaggi al loro tempo irraggiungibili: uomini e donne che siedono accanto a chi scrive per raccontarsi come davanti a un caffè. E diventano così «umani», così «normali», che finisci per dargli del tu, pronto a raccoglierne le confidenze.

Eccomi, dunque, accanto a un ragazzo austriaco un po' disadattato di nome Adolf – padre pessimo, madre adorata – che non ha voglia di studiare, sa disegnare però non viene ammesso all'Accademia, rimedia un pasto al giorno facendo vendere i suoi disegni da un socio imbroglione, ma smette appena ha denaro sufficiente per sfamarsi.

Adesso mi sposto per raggiungere Benito, un focoso giovanotto romagnolo, più vecchio di sei anni del pelandrone austriaco: studente rivoluzionario povero ma non poverissimo, che si diploma maestro e affianca ai suoi primi incarichi lavorativi una bulimia sessuale del tutto assente nell'altro (probabilmente omosessuale reticente), che lo accompagnerà per l'intera esistenza.

Adolf si trasferì a Monaco, sua patria d'elezione, Benito in Svizzera: entrambi in cerca di fortuna. L'italiano vi restò un paio d'anni e conobbe una delle sue amanti più influenti, Angelica Balabanoff, intellettuale e rivoluzionaria ucraina che lo amò e lo mantenne, prima di cedere il ruolo – quando lui rientrò in Trentino come insegnante – a Ida Dalser, donna sfortunatissima che si rovinò economicamente per aiutarlo e gli diede un figlio, sfortunato anche lui, destinato a morire in manicomio come la madre.

«La Grande Guerra ci ha cambiato la vita» mi dicono entrambi. Adolf riuscì a farsi arruolare come volontario e, pur non facendo carriera («Non ha doti di comando» sentenzieranno i suoi superiori con geniale intuito), si comportò valorosamente. Benito venne invece richiamato sotto le armi quando era già un personaggio: scalò le vette della rivoluzione socialista fino a diventare direttore dell'«Avanti!», voltando gabbana nel 1914 e trasformandosi da convinto neutralista in fervente interventista. Scacciato dal quotidiano socialista, ne fondò un altro, il «Popolo d'Italia», destinato a divenire strumento essenziale del fascismo.

L'imprevista disfatta austroungarica e la «vittoria mutilata» dell'Italia furono per entrambi carburanti esplosivi. Mi confessa Adolf: «Ho pianto come non avevo fatto dalla morte di mia madre». «Non potevo sopportare che i rossi insultassero i reduci in divisa» mi dice Benito «e così il 23 marzo 1919 fondai a Milano i "Fasci di combattimento".» Parto semiclandestino e d'infante gracile. Madrina fu Margherita Sarfatti, ricca intellettuale ebrea, odiata da Rachele Guidi, da quattro anni moglie di Benito e quercia dell'intera sua esistenza: tradita oltre l'immaginabile da un uomo che non ha mai trascorso una notte fuori casa.

Valorizzato da un capitano dei servizi segreti che ne aveva scoperto le qualità oratorie, a Adolf venne dato il compito di individuare le cause dell'umiliazione tedesca: le trovò nei bolscevichi e, soprattutto, nel «giudeo bramoso di sangue e di denaro». Così, conquistata Monaco di comizio in comizio, di birreria in birreria, nel 1921 diventò presidente del Partito nazionalsocialista fondato l'anno prima.

E Benito? «Devo molto ai socialisti che si suicidarono aderendo alla Terza internazionale di Lenin» mi racconta. Già, ribatto, ma le elezioni del 1919 furono per te un disastro, eri un cadavere politico che galleggiava nei Navigli... «È vero, ma niente fu più forte della miopia dei rossi. Occuparono ovunque le fabbriche, volevano istituire la Repubblica dei Soviet. La borghesia si spaventò, il suo giornale più importante, il "Corriere della Sera", invocò l'ordine. E l'Ordine ero io, che tra il 1919 e il 1921 feci lievitare i Fasci di combattimento da 20 a 1000 e gli iscritti da un migliaio a 187.000.» Nacque lo squadrismo, che rispose agli omicidi e alle violenze, pure enormi, dei socialisti, rincarando la dose.

«Fui accompagnato al potere in carrozza» continua Benito. «E pensavo di raggiungerlo gradualmente, ma i duri del fascismo di fatto mi sfiduciarono e mi salvai grazie all'ennesima sciocchezza dei socialisti, che organizzarono un lungo sciopero generale per dimostrare la loro forza. Fu la classica goccia. Passarono tutti con me, dal "Corriere della Sera" agli agrari, ma anche le classi più modeste. Vittorio Emanuele III fece di tutto per non darmi l'incarico, ma quando il governo Facta decise lo stato d'assedio per impedire ai miei "marciatori" di raggiungere Roma, non volle firmarlo e mi salvò, perché – resti tra noi – al primo colpo di fucile dell'esercito, mi sarei fermato. E invece la mattina del 30 ottobre 1922 arrivai a Roma con un biglietto del vagone letto comprato dalla mia Margherita. Alle 7 di sera ero il nuovo presidente del Consiglio.»

«La marcia su Roma di Benito» mi spiega Adolf «mi convinse di poter conquistare il potere per via democratica, ma vidi che la cosa era complicata, tentai allora un colpo di Stato e fui condannato a una pena lievissima. In carcere scrissi il *Mein Kampf*, la storia e le ambizioni della mia vita.»

Benito aveva bisogno di rafforzarsi e, alle elezioni del 1924, la sua lista ottenne il 64,9 per cento dei voti. Troppi per giustificare l'accusa di un voto falsato lanciata dal coraggioso deputato socialista Giacomo Matteotti, che venne ucciso da maldestri sicari fascisti e la colpa ricadde giustamente su Benito. «Eppure io non volevo» mi assicura lui un secolo dopo. Ma non avevi detto: «Quell'uomo, dopo questo discorso, non dovrebbe più circolare»? «Sì, però non volevo che morisse… Ammazzarlo, più che un delitto, fu un errore. Entrai in una depressione fortissima, vennero i consoli a dirmi che non potevo spaventarmi per un cadavere, e allora il 3 gennaio 1925 trasformai il "dittatore buono" in un dittatore e basta.»

Anche Adolf passò dei momenti difficili. Si rafforzò militarmente, affiancando ai gruppi d'assalto delle SA i pretoriani delle SS, ed ebbe diverse storie d'amore. «Non racconterò certo a te dettagli che non ho mai rivelato a nessuno» precisa lui, che non vuole rispondere alle accuse di perversione sessuale, «ma è vero che mia nipote Geli è l'unica donna che abbia veramente amato e che il suo suicidio mi ha sconvolto. Come mi sconvolse il tentato suicidio di Eva Braun, la mia nuova fidanzata.» Ma tirò dritto e, alle elezioni del 1930, conquistò 6 milioni di voti.

Benito, che lo detestava, si allarmò: «Sarà pure un "nano" politico, però con tutti quei voti...». E infatti Adolf alle elezioni del 1932 fece del Partito nazista il primo della Germania. Approfittò dell'incendio del Reichstag per disporre l'arresto e la deportazione di socialisti e comunisti, e nel 1933 diventò cancelliere, dopo aver rifiutato ogni ipotesi subordinata, come aveva fatto Benito. Senza la crisi del 1929 e i disastri economici e sociali che provocò, Adolf non si sarebbe mai seduto sullo scranno di Bismarck. Ma tant'è.

Nel frattempo Benito si godeva un'incredibile, lunga luna di miele con l'Italia e l'Occidente: entrambi gli erano grati di aver evitato che al potere andassero i bolscevichi. La soppressione delle libertà gli fu perdonata per le vaste iniziative sociali, la coraggiosa urbanistica, l'attenta gestione economica. E quando, per trovare il posto al sole che mancava all'Italia, partì per la campagna d'Etiopia, ebbe un sorprendente consenso anche dagli antifascisti. Mentre la sua intimità ringiovaniva con Claretta Petacci, amante innamorata, con una famiglia di profittatori.

Adolf e Benito s'incontrarono per la prima volta a Venezia nell'estate del 1934. Fu un disastro, ma quando Francia e Inghilterra commisero l'errore di penalizzarci con pur deboli sanzioni per la guerra d'Etiopia, Adolf fu il solo ad andare in soccorso di Benito. Che fu ricevuto a Berlino come non era avvenuto per nessun capo di Stato. E cominciò l'abbraccio mortale che porterà l'Italia alla rovina, come racconteremo nel prossimo volume.

Poiché in questo libro i personaggi sono tutti contemporanei, non deve meravigliare se nella «stanza accanto» troviamo il «quintetto» di testa della politica d'oggi: Giorgia Meloni, Elly Schlein, Giuseppe Conte, Antonio Tajani, Matteo Salvini. Un po' a distanza, Matteo Renzi e Carlo Calenda. Più defilati, il ministro della Difesa Guido Crosetto, che mi spiega come sta riarmando un'Italia disarmata, il generale Roberto Vannacci, che invita a riprendere i contatti con la Russia, e quattro governatori (Luca Zaia, Massimiliano Fedriga, Roberto Occhiuto e Stefano Bonaccini), che discutono animatamente di autonomia differenziata.

La Meloni e la Schlein sembrano non aver nulla da dirsi. Giorgia festeggia il biennio di governo con il sostegno delle agenzie di rating e della grande stampa internazionale, che la promuove *kingmaker*. Elly pensa, al contrario, che stia facendo solo danni al paese e propone una politica opposta. Conte, liberatosi ormai da Grillo, viene guardato con diffidenza da entrambe. Si sente tradito da Elly (per l'accordo con Renzi) ed Elly si sente tradita da lui (per la morte del «campo largo»). Lui parla male di Giorgia, ma, appena Elly si distrae, fa piedino con il premier. Tajani gode dell'intesa dei Conservatori meloniani con i Popolari europei e – sorpresa – Salvini non si sente escluso perché, per far la festa a Socialisti e Verdi su alcuni temi (a cominciare dalla nomina di Raffaele Fitto alla vicepresidenza della Commissione), anche i voti dei Patrioti sono benvenuti. Renzi e Calenda si ignorano. Il primo accetta anche il «campo largo», purché Conte non se ne accorga. E Calenda sogna un centro che non c'è.

Così è, se vi pare.

B.V.

Roma, 27 ottobre 2024

Hitler e Mussolini

A mia moglie

IL FÜHRER E IL DUCE:
L'ASCESA AL POTERE

«Mussolini artefice della storia!»
HITLER

«Hitler, un "nano" politico con tanti voti.»
MUSSOLINI

I

Stessa giovinezza difficile, vita sessuale opposta

Benito, ragazzo inquieto

Morirono a due giorni di distanza l'uno dall'altro: 28 aprile 1945, Mussolini; 30 aprile, Hitler. Il Duce aveva 62 anni, il Führer 56. Le donne che avevano scelto di condividerne il destino erano coetanee: sia Claretta Petacci sia Eva Braun avevano 33 anni. Mussolini prese il potere nel 1922, a 39 anni; Hitler lo seguì nel 1933, a 44. Non si amarono mai. Erano troppo diversi. Il Führer s'infatuò del Duce, che lo respingeva. Poi accadde il contrario.

Nacquero entrambi nella miseria, ed ebbero un'infanzia inquieta. Si costruirono da soli, scoprendo di saper sedurre le masse come nessuno. E segnarono tragicamente la storia di un secolo.

La famiglia di Mussolini era povera, ma meno di quanto facesse credere Benito. La madre, Rosa Maltoni, maestra elementare, era figlia di un veterinario. Il padre Alessandro era fabbro (il Duce «figlio del fabbro» diventerà uno degli elementi della mitologia fascista), ma gestiva anche una trattoria. In casa, con tre figli da sfamare (oltre a Benito, i fratelli minori Arnaldo e Edvige), di soldi ce n'erano pochi.

Com'era Mussolini da bambino? Nella sua biografia, Pierre Milza racconta che non avrebbe aperto bocca fino all'età di 3 anni. Alla madre allarmata, un medico lesse la sentenza peggiore: deficienza mentale. Allora Rosa corse da uno specialista, che la tranquillizzò: «Parlerà, anche troppo». Fosse stato per il padre, Benito sarebbe entrato a bottega da bambino. A opporsi fu la madre, che aveva intuito le doti del figlio e voleva mandarlo a studiare fuori. Alessandro, rivoluzionario bakuniniano con qualche sbuffo di zolfo anarchico, si rifiutò di chiedere sostegno all'amministrazione comunale repubblicana di Predappio, sicché Rosa trovò una sistemazione presso il collegio salesiano di Faenza.

Benito aveva 10 anni, ma la disciplina lo faceva muggire come un toro furioso. Un giorno litigò con un compagno e lo ferì con un coltello, accessorio diffusissimo nella Romagna di allora, anche se dieci anni sono davvero pochi per portarlo con sé. La punizione fu durissima: una notte all'aperto, accanto ai cani da guardia, che lo costrinsero a fuggire e scavalcare un cancello lasciando tra le loro zanne un pezzo di braghe, retrocessione dalla quarta alla seconda elementare, privazione della pietanza e otto giorni di isolamento, fino alle imminenti vacanze estive.

Benito se ne tornò a casa facendo l'autostop su un carro di bestiame, si prese le cinghiate del padre, ma l'amorevole madre non cedette e ne ottenne l'iscrizione alla nuova Regia Scuola Normale Maschile Superiore di Forlimpopoli, intitolata a Giosue Carducci e diretta dal fratello del poeta, Valfredo. Benito superò gli esami per esservi ammesso gratuitamente, con grande sollievo della famiglia. Era un ragazzo «attrezzato» perché il padre usava sì la cinghia, ma era uno dei tanti operai socialisti che si erano fatti da soli una solida cultura politica e aveva passato al figlio i libri giusti. Era rivoluzionario, ma stimava Andrea Costa, riformista.

Al collegio carducciano, Mussolini ebbe tra i compagni Rino Alessi, che avrebbe fatto strada come giornalista e commediografo e che ne ha raccontato la prima giovinezza. Alessi riporta l'alterco tra Benito e Riccardo, un compagno di collegio. «Tu sei sempre mazziniano?» «Sì.» «E che cosa speri? Che i tuoi amici facciano la Repubblica? Se anche la facessero, a che servirebbe?» «A garantire la libertà.» «Già... la libertà di morire di fame. Il proletariato ha bisogno di giustizia sociale. La giustizia sociale non s'instaura che con la distruzione del mondo borghese.» Poi, andandosene, Mussolini gridò: «Il proletariato di tutto il mondo è in movimento. Contadini e operai faranno la rivoluzione sociale. Guai a chi non sarà con il proletariato!». Annota Alessi: «Sembrava che non parlasse più a noi, ma alla folla di un comizio».

Benito amava la solitudine. Si ritirava di nascosto in cima al campanile per leggere gli scritti del rivoluzionario russo Michail Bakunin, del teorico dell'anarchismo Carlo Cafiero, e poi la storia della Comune di Parigi, i romanzi di Émile Zola e di Maksim Gor'kij. Il soffitto dell'anfratto dove si isolava era pericolante. Per due volte il rettore lo fece murare e per due volte lui si riaprì la via con la vanga. Quando provarono a intimorirlo con lo spauracchio di sanzioni, rilanciò insieme ai compagni protestando per la cattiva qualità del cibo della mensa. «Cristo ha detto: chi non lavora non mangia. Noi lavoriamo, le nostre famiglie lavorano. Siamo poveri, ma non umili e fieri del nostro stato. Il trattamento che ci viene fatto è inferiore a quello dei ricoveri di mendicità. Vergogna!» Minacciò di portare la protesta in piazza e fu sommerso dagli applausi dei compagni, con il rettore che andò a rifugiarsi in cucina.

A 18 anni si diplomò maestro, con una votazione buona, ma inferiore alle attese del direttore Carducci, che gli voleva bene. Mussolini era sostanzialmente astemio, ma per festeggiare l'abilitazione andò a ubriacarsi di Sangiovese e dovette tornare a casa, racconta Alessi, su un biroccino tirato a mano dagli amici. Esperienza che lo convinse a stare lontano dall'alcol.

Adolf, ragazzo sbandato

Adolf Hitler nacque nel 1889 a Braunau am Inn, una cittadina di confine dell'Alta Austria, in una famiglia complicatissima. Non si è mai capito chi fosse il padre di suo padre Alois, un impiegato delle dogane che se la tirava un sacco ed era violento con moglie e figli. Da un'indagine ordinata dal cancelliere austriaco Engelbert Dollfuss risultò che Maria Anna Schicklgruber, la nonna paterna di Adolf, concepì Alois mentre lavorava come domestica presso la famiglia Rothschild. Se questo è vero, il futuro Führer avrebbe dunque avuto nelle vene un quarto di sangue ebraico. (Hitler cercò in ogni modo di entrare in possesso del documento che Dollfuss fece custodire in un luogo segreto come assicurazione sull'indipendenza dell'Austria e che non venne trovato nemmeno dopo la sua morte per mano nazista nel 1934.)

Alois ebbe tre mogli. L'ultima, Klara Pölzl, sua cugina di secondo grado e figlia adottiva, gli fece da governante prima che morisse la seconda moglie e lo sposò con una dispensa ecclesiastica. Lei aveva 25 anni, lui 48. La coppia ebbe sei figli, dei quali quattro morirono prestissimo e solo Adolf e Paula diventarono adulti. Paula aveva deficit cognitivi e fu sempre ignorata dal fratello. Klara fu una madre esemplare con i suoi figli, assai meno con Alois jr e Angela, che il marito aveva avuto dai matrimoni precedenti. Hitler non ha mai raccontato niente di questa sua infanzia assai inquieta e ha anzi dipinto un ritratto innocente della vita familiare. Visto che con il fratellastro Alois jr i rapporti furono sempre pessimi, si limitò a non considerarlo. L'unica parente citata è Angela.

A causa degli spostamenti del padre, Adolf cambiò scuola frequentemente. I soli anni in cui studiò con profitto, pur essendo sballottato da un posto all'altro, furono quelli delle elementari. Nelle scuole di Linz, e poi in una meno severa della Stiria, ottenne risultati altalenanti ma tendenti al mediocre, con voti buoni in materie che non richiedono applicazione e modesti nelle altre. Walter C. Langer, un importante psicoanalista americano autore di *Psicanalisi di Hitler*, sostiene che pagelle come le sue erano «assai frequenti tra i nevrotici, soprattutto individui molto intelligenti che rifiutano però di applicarsi a un lavoro». I suoi compagni di classe raccontano che, mentre l'insegnante spiegava un argomento nuovo, Adolf leggeva sotto il banco le avventure dei pellerossa americani. Pretendeva poi di giocare facendo il capo, anche se non trovava sponda tra gli amici.

A 14 anni perse il padre, ma non dovette dolersene più di tanto, perché i loro rapporti erano pessimi. La vera tragedia fu invece la morte della madre per un cancro al seno, quando lui aveva 18 anni. «Non ho mai visto in tutta la mia carriera una persona prostrata dal dolore come lo fu in quei giorni Adolf Hitler» testimonierà Eduard Bloch, medico di famiglia di origine ebraica. E visto che sapeva disegnare, volle ritrarre la madre sul letto di morte per averne un ricordo permanente.

Fu quello il periodo peggiore della sua vita. Poco prima che la madre morisse, si recò a Vienna per preparare gli esami d'ammissione all'Accademia di belle arti. Ammesso alla prova, non riuscì però a superare la selezione. Era certo di farcela e non parlò con nessuno del fallimento. Subito dopo la morte della madre, tentò di ripetere l'esame, ma non gli fu consentito. Pretese allora di parlare con il direttore dell'Accademia che, visti i suoi disegni, gli consigliò di tentare l'ammissione alla Scuola di architettura. Ma anche qui fu respinto.

Solo e senza soldi, Hitler trovò lavoro come manovale in diversi cantieri edili. E qui accadde una cosa curiosa: all'inizio, Adolf scoprì che la preparazione politica degli altri muratori era largamente superiore alla sua. Così cominciò a leggere di tutto e a frequentare comizi: non per imparare cose nuove, racconta Langer, quanto per confermare le sue convinzioni. Fatto sta che, a un certo punto, i colleghi lo cacciarono dal cantiere dicendogli che, se si fosse ripresentato, lo avrebbero buttato giù dalle impalcature. Hitler attribuirà la rottura alla sua, ormai acquisita, superiorità intellettuale e dialettica.

Allora cercò di mettere a frutto la sua abilità nel disegno e si mise in società con tale Reinhold Hanisch, un pittore boemo che si occupava della vendita delle sue opere. Il problema è che, appena incassava qualche soldo, Hitler spariva per andare a riposarsi. I due litigarono allorché Adolf si accorse che il socio aveva trattenuto troppo denaro. In effetti, Hanisch era un po' imbroglione e trascorse la vita sul filo della legge. Quando nel 1933 Hitler prese il potere, Hanisch fece parecchi soldi rilasciando interviste sulle misere condizioni giovanili del Führer. Cominciò a venderne falsi dipinti e venne arrestato, morendo in carcere nel 1937. (Secondo

Joachim Fest, uno dei più autorevoli biografi del dittatore tedesco, fu ucciso per ordine del suo vecchio compagno.)

Nelle sue memorie (*I Was Hitler's Buddy*), pubblicate postume a puntate nel 1939 dalla rivista statunitense «The New Republic», Hanisch fa un ritratto desolante di Adolf: «Non fu mai un lavoratore assiduo. Ero disperato nel procurare ordinativi che non avrebbe mai eseguito. Appena prendevo un po' di soldi, lui smetteva immediatamente di lavorare, invocando il diritto al riposo: "Non sono un facchino" mi diceva».

Un'adolescenza sessuale agli antipodi

Hitler ebbe un'adolescenza sessuale assai misera. Ovviamente, lui non ne fa parola nei suoi scritti, ma gli psicoanalisti si sono scatenati a certificarne la latente omosessualità, pur non avendone alcuna prova certa. Il rapporto con la madre fu sicuramente edipico, con una perversa complicità ai danni del padre violento. Un suo biografo, Ernst Franz Hanfstaengl, sostiene di aver incontrato un paio di giovanotti che assicuravano di aver avuto relazioni con Hitler, non altrimenti documentate. E quando mostrò al celebre psicoanalista Carl Gustav Jung un campione della calligrafia di Hitler, questi vi riconobbe una mano tipicamente femminile. Ci occuperemo più avanti dei suoi rapporti viziosi con le donne (si è parlato di un Hitler impotente), ma è un fatto che egli manifestasse attenzioni nei confronti dei membri della Gioventù hitleriana e che le sue guardie del corpo fossero omosessuali.

Ian Kershaw, uno dei maggiori esperti di nazismo, racconta che nei primi anni di Vienna, dopo aver assistito con l'amico August Kubizek alla messinscena del *Risveglio di primavera* di Frank Wedekind, che affronta il tema della sessualità giovanile, Hitler lo trascinò nel quartiere dei bordelli, da lui chiamato «la sentina del vizio», passeggiando ripetutamente davanti alle vetrine in cui le prostitute esibivano il proprio corpo e ammonendolo sui mali del sesso a pagamento. (Nel *Mein Kampf*, Hitler assocerà la prostituzione agli ebrei, ma non abbiamo nessuna evidenza che fin da allora fosse antisemita.) Adolf era inorridito e affascinato dal sesso. Nelle lunghe conversazioni con Kubizek, gli spiegava l'omosessualità tuonando contro prostituzione e degrado morale. In ogni caso, aveva una sessualità disturbata e gli ripugnava il contatto fisico.

Mussolini era l'esatto opposto. Nella sua autobiografia giovanile (*La mia vita dal 29 luglio 1883 al 23 novembre 1911*) parla di qualche bacio furtivo a 16 anni con una certa Caterina e racconta dell'iniziazione sessuale avvenuta un anno dopo quando un compagno di scuola, Eugenio Nanni, lo accompagnò da una matura prostituta: «Una domenica ci recammo a Forlì, in una casa innominabile. Non sapevo che dire, che fare. Ma una delle prostitute mi prese sulle ginocchia e cominciò ad eccitarmi con baci e carezze. Era una donna attempata, che perdeva il lardo da tutte le parti. Le feci il sacrificio della mia verginità. Uscii a testa bassa e vacillante come un ubriaco. Mi pareva di aver commesso un delitto». Eppure questa esperienza lasciò il segno: «La donna nuda entrò nella mia vita, nei miei sogni, nelle mie cupidigie. Svestivo, cogli occhi, le ragazze che incontravo, le concupivo violentemente col pensiero».

A 18 anni, il primo vero rapporto sessuale, brutale, con Virginia B.: «La fortezza non era inespugnabile. Si trattava di una ragazza generosa ... Un bel giorno, la presi lungo le scale, la gettai in un angolo dietro una porta e la feci mia. Si rialzò piangente e avvilita e tra le lacrime mi insultava. Diceva che le avevo rubato l'onore. Non lo escludo. Ma di quale onore si parla? Però Virginia non fu a lungo imbronciata con me. E per ben tre mesi ci amammo poco con l'anima e assai con la carne».

Negli anni Ottanta il giornalista Fabrizio Castellini condusse un'inchiesta per alcuni rotocalchi incontrando signore avanti con gli anni che in gioventù avevano avuto relazioni con Mussolini. Così, in *Il ribelle di Predappio*, raccontò due amori giovanili di Benito con le cugine Venezia e Giovannina Proli. Con la prima, di due anni più grande, ebbe un breve idillio durante il Carnevale del 1902, mentre con la seconda la relazione fu più appassionata: entrambi innamoratissimi (lei cotta di quel giovane maestro con le tasche piene di giornali), il fidanzamento si schiantò dinanzi al rifiuto di Benito di considerare l'idea di un matrimonio religioso.

Mussolini ebbe il suo primo incarico di maestro a Gualtieri, in provincia di Reggio Emilia. Aveva 19 anni, uno stipendio modesto assorbito quasi per intero dall'affitto, ragion per cui doveva percorrere scalzo i 2 chilometri che lo conducevano alla scuola per non consumare le scarpe. (Il giovanotto, comunque, s'industriò camminando sui binari della ferrovia per non rovinarsi più di tanto i piedi.) A Gualtieri s'innamorò subito di Giulia Fontanesi, 22 anni, moglie di un commerciante di legna che serviva da militare lontano da casa. Ascoltiamo Mussolini sul primo appuntamento in una stanza fuori dalla casa di lei: «Mi aspettava sulla porta. Aveva una camicetta rosa che spiccava nel chiaroscuro. Salimmo le scale e per due ore fu mia. Poi tornai a casa ebbro d'amore e di voluttà...». Dopo qualche settimana la storia diventò pubblica e il marito cacciò di casa Giulia e il bambino che avevano avuto. La donna si rifugiò nella stanza del primo appuntamento: «Allora fummo più liberi. Tutte le sere io andavo a trovarla. ... Talora andavamo in campagna e ci abbracciavamo sui prati lungo le rive del Po. Furono mesi incantevoli. Il nostro amore era violento e geloso». In realtà, lui la segregava e, se lei non obbediva, la picchiava.

In *Mussolini e le sue donne* Roberto Festorazzi racconta che lo scandalo convinse la giunta rossa di Gualtieri a licenziare il maestro che aveva assunto, anche perché figlio di un rivoluzionario. Un conto è predicare l'amore libero, altro è vederselo spiattellare davanti in una società politicamente di sinistra ma, in privato, conservatrice e bigotta. Così Mussolini se ne andò in Svizzera in cerca di fortuna.

Svizzera: fame, politica e l'amore con Angelica Balabanoff

«Non avevo denaro, appena l'indispensabile. Il coraggio era la mia ricchezza. Sarei stato un esule» annota Mussolini in *La mia vita*, uscito in lingua inglese nel 1928 e pubblicato dapprima sul «Saturday Evening Post» di Philadelphia, poi su alcuni giornali europei e, infine, in volume. (L'idea editoriale fu di Richard Washburn Child, ex ambasciatore americano a Roma, che propose al Duce un bell'affare: 1 milione di dollari, pari a 1 miliardo di lire del 1983, scrive Silvio Bertoldi nell'edizione italiana pubblicata quell'anno. Mussolini affidò la stesura al fratello Arnaldo, giornalista anche lui, salvo rivederlo capitolo per capitolo. La cifra fu rivelata da Arnaldo, ma sia Paolo Monelli in *Mussolini piccolo borghese* sia Renzo De Felice in *Mussolini il duce. Gli anni del consenso* confermano il successo economico della serie: la sola edizione pocket inglese raggiunse le 100.000 copie, un record per un libro straniero.)

Mussolini, dunque, partì per la Svizzera il 9 luglio 1902 e vi rimase fino al novembre 1904, con una pausa di due mesi per una grave malattia della madre. Voleva cercare fortuna, non chiedere il pane ai genitori e, soprattutto, sottrarsi alla pesante influenza del padre, politicamente più ferrato di lui. Fece il viaggio di 14 ore in treno per Lucerna in piedi, con il volto schiacciato contro il finestrino. Da Lucerna proseguì per Yverdon, insieme a un italiano che, dopo avergli promesso di farlo lavorare in una fabbrica di tessuti, si limitò a invitarlo a cena. Così Benito si trovò a fare il lavoro più semplice e disperato: il manovale edile, prima di cimentarsi in altri mille mestieri.

Non aveva soldi, dormiva spesso sotto un ponte, e quando gli stivaletti gli si afflosciarono sui piedi prese a camminare scalzo. Eppure fu qui che cominciò la sua vita politica. Giacinto Menotti Serrati, capo degli esuli socialisti in Svizzera, lo classificò più come anarchico che come socialista, e comunque con una base dottrinaria debole. D'altro canto, Ernst Nolte, grande studioso del nazismo e autore di una biografia del giovane Mussolini, annota: «Quando, diciannovenne, affamato e misero, pernotta sotto i ponti di Losanna, ha in tasca un unico oggetto di metallo, la medaglia di nickel con l'immagine di Karl Marx, "bussola del movimento operaio e socialista"».

A Losanna, Benito seguì all'università un ciclo di lezioni di economia politica di Vilfredo Pareto e conobbe Emilio

Marzetto, direttore dell'«Avvenire dei lavoratori», organo dei socialisti italiani in Svizzera, che lo ospitò in una soffitta e gli pubblicò i primi articoli. L'uomo, in ogni caso, era destinato a emergere: poco dopo essersi iscritto al sindacato degli edili, ne diventò il capo, ma la sua attività principale era ormai quella di seguire gli scioperi nell'intera Confederazione elvetica, procurandosi espulsioni, poi aggirate, e guadagnandosi una fama che, giunta in Italia e rimbalzata in Svizzera, lo portò a incontrare Serrati, che lo apprezzava, anche se lo giudicava troppo rivoluzionario. Si divideranno nel 1914, quando Serrati sposerà la causa della neutralità italiana nella prima guerra mondiale e Mussolini, come vedremo, farà la scelta clamorosa dell'interventismo.

In Svizzera, a parte qualche amore passeggero, Benito fece un incontro importante per la sua formazione politica, prima che sentimentale: Angelica Balabanoff, di quattordici anni più grande, esponente di una famiglia dell'alta borghesia ucraina (quindi russa) e affermata militante socialista (conobbe bene Antonio Labriola, di cui fu allieva).

Anželika Isaakovna Balabanova era nata a Černihiv, a un centinaio di chilometri da Kiev, il 4 agosto 1869. Ultimogenita di sedici figli, il padre era un ricco proprietario terriero e uomo d'affari di origine ebraica. Dopo aver frequentato le scuole a Charkiv (città che abbiamo ben conosciuto durante la guerra russo-ucraina) e imparato diverse lingue europee, nel 1895 abbandona casa e famiglia perché mal sopporta che la servitù domestica venga umiliata. Prima tappa a Bruxelles, dove studia filosofia, letteratura, sociologia, criminologia e conosce figure di spicco dell'Internazionale socialista. Nella capitale belga si laurea in lettere e filosofia, ma la sua vera formazione intellettuale avviene in Germania, prima a Lipsia e poi a Berlino, dove si reca per studiare economia politica e dove incontra quello che sarà il suo modello di lotta per la liberazione del proletariato e per l'emancipazione della donna: Rosa Luxemburg.

Nel 1900 la Balabanoff arriva a Roma e riesce a frequentare gli ultimi corsi universitari tenuti da Antonio Labriola. In seguito, grazie a Leonida Bissolati, Filippo Turati, Claudio

Treves e Anna Kuliscioff, entra nel Partito socialista italiano, la cui fucina intellettuale risiedeva al civico 23 della galleria di corso Vittorio Emanuele di Milano, la casa di Turati e della Kuliscioff, che lo chiamava «il mio Filippino». Si raccoglieva lì, infatti, tutta l'intelligencija riformista di «Critica Sociale», il giornale fondato da Turati nel 1891, e la redazione femminista del settimanale «La Difesa delle Lavoratrici», fondato dalla Kuliscioff.

Quello di Angelica e Anna fu l'incontro fatale tra due donne speciali, entrambe «russe», ebree, poliglotte, coltissime, provenienti da famiglie ricche, innamorate dell'Italia. Ed è proprio nel cenacolo milanese che il partito chiede ad Angelica di andare in Svizzera, prima a San Gallo e poi a Lugano, per svolgere attività a sostegno degli operai italiani. In *Ricordi e avvenimenti*, pubblicato nel 1927, scrive: «Già nella loro patria vengono caricati come bestiame su vagoni particolarmente sporchi e al confine vengono fatti salire in vagoni che recano la scritta "solo per Italiani". Ciò significa che si vuol fare in modo che nessun altro passeggero viaggi o venga in contatto con queste persone».

Nel 1904 la Balabanoff fonda a Lugano «Su, compagne!», il giornale rivolto alle donne proletarie, con Maria Giudice, giornalista, sindacalista e grande fautrice dell'emancipazione femminile, un obiettivo da raggiungere non mediante la creazione di un movimento femminista vero e proprio, bensì tramite un reale miglioramento morale e intellettuale della società, che avrebbe consentito pari opportunità. Ed è in Svizzera che Angelica conosce Mussolini, ricercato e senza un soldo. Chi sarà lei per Benito? Una guida, un'amante, una madre? Innanzitutto «lei lo aiutava a tirar su qualche franco rivedendo la traduzione del libro di Karl Kautsky *Am Tage nach der sozialen Revolution*» e lo ricorderà come «uno sfaticato e morto di fame tenuto in vita solo dall'ingenua solidarietà dei compagni», e soprattutto, sottolinea De Felice, come «il traditore», che sarà il titolo di un libro della Balabanoff uscito nel secondo dopoguerra.

I due diventano amici. Angelica è più grande e, per Benito, è una maestra del socialismo, colei che lo emancipa dal dilettantismo e gli apre le porte della rivoluzione. Ma, innanzitutto, va detto che la Balabanoff lo aiutò a uscire da una vera e propria crisi esistenziale. Mussolini, che girovagava in Svizzera come un barbone, le fu sempre riconoscente. E si appoggiò a lei forse come a nessun'altra.

Rientrato in Italia nel 1904, Mussolini andò a fare il maestro a Tolmezzo, in provincia di Udine. Il Friuli non gli piacque («Piove sempre»). Si distrasse amoreggiando (ci fu una scazzottata con un marito che ebbe la peggio), scrivendo articoli fortemente anticlericali, migliorando il francese nella speranza di avere una cattedra, studiando tedesco e latino. Cominciò a leggere di tutto e si avventurò addirittura nella stesura di una storia della filosofia, il cui manoscritto fece una curiosissima fine. Una delle sue amanti friulane, Luigia, era la proprietaria della locanda dove Benito alloggiava. Leggendo i nomi di alcuni filosofi greci – Anassagora, Anassimene e altri in apparenza di genere femminile – la gelosissima donna s'infuriò e diede alle fiamme il libro in fiore.

Nell'autunno del 1907 Benito si abilitò all'insegnamento del francese e, nel marzo successivo, prese possesso della cattedra a Oneglia. La Riviera ligure gli donò il buonumore e una giovanissima amante, la modista sedicenne Giovanna Amoretti, che vent'anni dopo, ammalatasi di tumore, chiese aiuto all'ormai potentissimo amico, il quale le assicurò un sussidio e la fece operare a proprie spese in una clinica di Genova. La donna, tuttavia, morì poco dopo.

A Oneglia, Mussolini assunse la direzione di un periodico socialista, «La lima», che gli diede una certa visibilità nell'ambiente. Pur rinunciando temporaneamente alle sue posizioni rivoluzionarie per onorare il socialismo umanitario di Edmondo De Amicis, nativo di Oneglia, la sua risultava comunque una presenza ingombrante, tanto che fu licenziato e costretto a tornare in Romagna, prima di trasferirsi a Trento il 6 febbraio 1909. Segretario della Camera del lavoro cittadina, trovò l'impiego noiosissimo e quindi potenziò l'attività giornalistica, moltiplicando la tiratura del giornale sindacale e collaborando al «Popolo», il quotidiano di Cesare Battisti, di cui diventò redattore capo prima che gli austroungarici lo espellessero dal Trentino. Con il suo socialismo rivoluzionario, Mussolini aveva scosso la vita politica locale: fu arrestato con l'accusa di istigazione alla violenza contro l'impero asburgico, processato, rilasciato per mancanza di prove, ma, alla fine, cacciato dalla regione.

Leda Rafanelli, l'unica che gli resistette

«Ci sono due donne innamorate pazze di me, ma io non le amo … Una è piuttosto brutta, ma ha un'anima generosa e nobile … la donna brutta e buona, che mi ama, è Angelica Balabanoff. L'altra è bella, ma ha l'anima subdola, avara, sordida anzi. … Mi perseguita con il suo amore, ma io non potrò mai amarla.» Queste le parole che Mussolini ebbe per la Balabanoff e Margherita Sarfatti, pur di convincere Leda Rafanelli che amava solo lei. Leda abitava in viale Monza, nella Milano allora più periferica, in una casa arredata da divani bassi, tappeti e cuscini sparsi. Vestita con abiti egizi, dedita alla religione musulmana, scrittrice anarchica, già compagna del pittore futurista Carlo Carrà, era la donna alla quale Benito chiedeva di essere la sua ispiratrice e consolatrice, portandole l'esempio di Edoardo Scarfoglio che, senza Matilde Serao, non sarebbe mai diventato quel grande giornalista che era. Fu, la loro, «una strana relazione sentimentale-intellettuale» commenta De Felice.

La Rafanelli non si concederà mai a Mussolini, nonostante avesse visto in lui un uomo dalla personalità non comune. Ebbero solo incontri verbali, sempre anticipati da bigliettini: «Quando vorrò portare una parentesi nella mia vita tumultuosa, congestionata e solitaria verrò da voi. … Mi farete vivere ore orientali. Leggeremo Nietzsche e il Corano» le scriveva speranzoso Benito.

Leda era a conoscenza dei traffici sentimental-sessuali del suo spasimante. «E alla freddezza univa ormai l'irrisione quando Mussolini le disse» racconta Antonio Spinosa «"Tutti parleranno di me. Vorrei diventare l'uomo del giorno, l'uomo del destino" … a quelle ultime parole, lei esclamò, per l'appunto con sarcasmo: "Come Napoleone!". Di rimando e senza ironia, egli disse: "Più di Napoleone!".»

Il 7 ottobre 1914 l'anarchico Libero Tancredi (pseudonimo del giornalista Massimo Rocca) sfidò Mussolini a gettare la maschera, definendolo sul «Resto del Carlino» un «uomo di paglia» che non sa prendere una decisione circa l'intervento in guerra. «Leda lo va a trovare all'"Avanti!". Lui è furioso per l'attacco. L'accompagna alla fermata del tram e la saluta. Ma lei, preoccupata, torna indietro e lo trova con le spalle appoggiate al muro come se fosse stanco, nervoso, il volto pallido e gli occhi fuori dalle orbite» racconta Rachele Ferrario nella sua biografia di Margherita Sarfatti. A questo punto, come ricorda la stessa Rafanelli in *Una donna e Mussolini*, Benito le dice: «Leda ... voglio che tu mi prometta questo: tu non entrerai nelle polemiche, non parlerai di me come se non mi conoscessi quale sono ... e poiché dovrò accusare per difendermi, demolire per non essere demolito, non voglio che tu sia tra chi mi attaccherà».

Non si vedranno più. Mussolini volse lo sguardo verso un'altra preda: Ida Irene Dalser.

Ida Dalser e il «figlio segreto» di Mussolini

«Ti ho nel sangue, mi hai nel sangue.» Ida Dalser, destinataria di questa intensa dichiarazione d'amore da parte di Benito Mussolini, era una donna molto bella, bruna, alta e slanciata. Trentina di Sopramonte, nasce il 20 agosto 1880 in una famiglia di possidenti di origini triestine. Perde il padre a 14 anni, si diploma infermiera professionale a Innsbruck e, a 26, si trasferisce a Milano dalla zia Elvira Frasnelli, che, come racconta Alfredo Pieroni, grande firma del «Corriere della Sera» e autore di *Il figlio segreto del Duce*, le trova un impiego di infermiera e governante presso la ricca famiglia dei Taveggia. Con l'anziana vedova nasce un'amicizia che frutterà a Ida un'eredità di 1 milione di lire.

La Dalser è una donna dinamica, determinata: intensifica la sua partecipazione a corsi di massoterapia e si specializza a Parigi in ortopedia e massaggi. Rientrata a Milano, apre un centro estetico in galleria Vittorio Emanuele, il «Salone Orientale d'Igiene e Bellezza Mademoiselle Ida», con due salottini-anticamera, tre stanze per la cura del corpo e un gabinetto per manicure. Parigi le ha fatto fare anche un bagno nel mondo della moda: indossa con disinvoltura stole di ermellino, grandi cappelli con fiori, si sa muovere, parla un francese fluente e l'inglese. E Mussolini, in tutto questo? Un giorno la Dalser si presenta nella redazione dell'«Avanti!» per concordare un'inserzione pubblicitaria. Un discorso tira l'altro e si arriva a parlare di Trento, dove il direttore aveva vissuto due anni, il tempo (pare) di fare un figlio con Fernanda Oss Facchinelli, una fervente militante marxista, molto bella ma affetta dalla tisi. Un amore proletario finito in maniera oscura: il bambino morirà a 2 anni e anche il suo nome cadrà nell'oblio.

È tra la primavera e l'estate del 1914 che Ida e Benito iniziano una grande storia d'amore. I mezzi economici di lei conteranno molto per sovvenzionare gli ideali politici di lui. Lei gli crede, lo inonda di lettere d'amore purissimo ed esclusivo. «Io ti abbraccio con tutta la passione dei nostri momenti d'intimità e di amore. Sono il tuo selvaggio amico e amante Benito» le scrive lui da Roma. Secondo le testimonianze raccolte da Pieroni, i due si sposarono a Sopramonte, ma la trascrizione dell'atto matrimoniale fu fatta sparire dal registro parrocchiale nel 1925, con il Duce ormai al comando.

Quando nel 1914 viene allontanato dal partito, Ida è importante per Mussolini. Margherita Sarfatti è ancora molto defilata e lui sta per fondare «Il Popolo d'Italia»: «Sono contento perché ho trovato i locali in via Paolo da Cannobio e quindi una località felicissima. A poco a poco, superando una ad una tutte le difficoltà, e le piccole e le grandi, riuscirò a realizzare il mio sogno». Grande successo editoriale, al quale corrisponde, però, un crescente passivo. Ida «fece per lui quello che fa Violetta per Alfredo nella *Traviata*» scrivemmo in *L'amore e il potere*. Per aiutarlo vende infatti il suo salone di bellezza (dirà poi di avergli ceduto anche una parte dell'eredità paterna) e lo ospita in casa sua. Anche se ci sono voci discordanti sull'entità delle somme, fatto sta che la Dalser si vedrà costretta a lasciare il bell'appartamento in via Foscolo per trasferirsi presso l'hotel Lario, un alberghetto in piazza Fontana.

Mussolini apprezza tutti i suoi gesti, ma in quell'autunno Ida scopre la sua doppia vita con Rachele e Edda. «Mia cara, ti prego di non aggiungere altre ragioni di turbamento a quelle che mi affliggono» si difende lui. E cerca di ricostruire con la sua «piccina». Le chiede anche di affittare un appartamento per vedersi con maggiore libertà e agio.

Ida patisce non poco la presenza di Rachele, più giovane benché «serva». A sua volta, Rachele la chiamerà sempre «l'austriaca», con tutto quel che il termine, allora, poteva significare.

Ida, che nel frattempo è rimasta incinta, si sistema in un appartamento in corso San Celso 18 e porta avanti la sua gravidanza in condizioni di progressivo impoverimento, mentre il 31 agosto 1915 Mussolini viene arruolato nel 12° reggimento bersaglieri e il sindaco di Milano attesta che «la famiglia del militare Mussolini Benito è composta dalla moglie Dalser Ida e da figli numero uno». Benito ha denunciato la paternità di un figlio non ancora nato, ma questo consente a Ida di ricevere un piccolo sussidio. In dicembre Benito viene ricoverato per paratifo nell'ospedale di Treviglio, in provincia di Bergamo. Qui la Dalser tenta un'incursione in camera con il neonato in braccio e vi trova Rachele, che racconta nelle sue memorie: «Mi aggredì gridandomi in faccia: "Sono io la moglie di Mussolini. Solo io ho il diritto di restargli vicina"». (In realtà, il giorno prima, nello stesso ospedale, Mussolini aveva sposato con rito civile Rachele, in attesa del secondogenito Vittorio.) Tra le due donne scoppia una zuffa, e Benito, completamente avvolto da bende, nel tentativo di dividerle cade dal letto. Intervengono infermieri e soldati, Ida si dà alla fuga, mentre Rachele scoppia in un pianto isterico.

L'11 gennaio 1916 Mussolini riconoscerà Benito Albino, detto «Benitino», già di 2 mesi, nello studio milanese del notaio Vittorio Buffoli, con tutti i crismi di legge: «In caso di mia morte prima che mio figlio sia in età di poterne usare direttamente il presente atto potrà essere usato da sua madre o da chiunque altro ritenga possa tornare utile al bambino».

La rottura con Benito è ormai definitiva e le condizioni economiche di Ida sono pessime. Inizia a peregrinare da un alloggio all'altro per accumulo di morosità. Si fa assistere da un bravo avvocato per essere stata sedotta e abbandonata, e chiede, oltre alla tutela di Benitino, una mensilità di 200 lire per crescerlo. Allora Mussolini le scatena contro l'avvocato Ermanno Jarach, che rispolvera una vecchia storia di sesso tra la Dalser e l'amministratore delegato della casa farmaceutica Carlo Erba, avvenuta in occasione dell'acquisto di medicinali e cosmetici. Ida passa così per una donna usa alla seduzione praticata più che subita. L'assegno di mantenimento le viene saltuariamente corrisposto da Manlio Morgagni, l'amministratore del «Popolo d'Italia». Lo stesso che passa ogni mese 500 lire a Rachele, che, nel 1916, partorisce Vittorio.

La Dalser è offesa, delusa, arrabbiata. Scrive a re Vittorio Emanuele III, ma la lettera viene ovviamente intercettata. Quando Mussolini ritorna alla direzione del «Popolo d'Italia», Ida capisce che la sta definitivamente estromettendo dalla sua vita. Per rabbia e vendetta racconta allora la storia ai giornali. Si rivolge al direttore del «Corriere della Sera», Luigi Albertini, e persino al pontefice. Albertini la aiuta, facendole avere dei soldi per il bambino attinti dai fondi destinati dal quotidiano alla beneficenza, ma si rifiuta di pubblicare le sue richieste. (Il carteggio tra la Dalser e Albertini è stato raccolto nel 2010 nel volume *«Mussolini ha deciso di internarmi col piccino»*.) In seguito la Dalser ottiene dal tribunale un'ingiunzione contro il Duce, perché non paga più il mantenimento del figlio, che gli viene recapitata a Montecitorio. Tutti sanno, lo scandalo è a portata di mano.

Ida contatta anche il senatore Alfredo Frassati, direttore della «Stampa» e strenuo avversario di Mussolini, il quale il 7 agosto 1916 non si fa scrupolo di raccogliere, alla presenza di un notaio, le sue deposizioni sui flussi di denaro dalla Francia al «Popolo d'Italia». Ma siamo in guerra e non è opportuno divulgare notizie del genere, anche se Frassati ha trovato i necessari riscontri. La Dalser non si dà per vinta e scrive nuovamente sia ad Albertini sia a Frassati. Quest'ultimo affida la pratica a Mario Bicci, che gli fornisce un drammatico resoconto: «Le confermo che la disgraziatissima donna abbandonata da Mussolini è pazza. Ha tante ragioni buone da far valere, ma i grandi dolori le hanno fatto perdere il ben dell'intelletto. Ieri è venuta a casa mia, armata di revolver, e si è messa a gridare che i senatori Albertini e Frassati l'avevano tradita».

Da tempo la Dalser è controllata dalla polizia, a cui Mussolini l'ha segnalata come elemento da sorvegliare. Si apre anche, per iniziativa del «nemico» Frassati, che conserva le famose deposizioni in un cassetto, il dossier Dalser sui finanziamenti francesi al «Popolo d'Italia», ma non ci sarà un vero seguito, perché Mussolini si mostra inferocito nei confronti del direttore: «Egli ha raccolto da una femmina che sfogava le sue vendette, ciò che tutti i giornali italiani, degni di questo nome, hanno rifiutato di raccogliere» scrive sotto il titolo *Frassatiana* («Popolo d'Italia», 14 aprile 1919). «Il signor Frassati ... ha pagato la deposizione. Non nella cifra richiesta dalla testimone, perché non si pagano lussuosamente i venditori o le venditrici di fumo, ma ha pagato.»

Per Ida inizia un'escalation di confinamenti e ricoveri coatti sempre più serrati, perché la carriera di Mussolini prende il volo, mentre la tutela di Benitino passa dalla sorella e dal cognato di Ida al pretore di Trento che, il 25 giugno 1926, la assegna a Giulio Bernardi, podestà di Sopramonte, con lo scopo di indirizzare il ragazzo «alla probità, al timore di Dio e alla virtù». I servizi di Bernardi, che nel 1931 diventa anche tutore di Ida e nel 1932 adotta Benitino, verranno lautamente ripagati. La sua funzione di patrigno gli varrà tra le 1200 e le 2000 lire al mese, oltre a periodici incrementi retributivi e scatti di carriera in enti pubblici.

Tutto il resto sarà strazio, manicomi, visite mediche e follia, in gran parte inventata, a tratti indotta. Oggi San Clemente è un'isola privata di Venezia, che ospita un hotel di lusso. Ma fino al 1992 fu la sede del manicomio centrale femminile e poi misto. Ed è qui che, dopo l'internamento a Pergine (Trento), venne rinchiusa Ida Dalser. «Mentre io sono lontana, prigioniera, in un volgarissimo manicomio, sottoposta alla fame, alle torture, agli oltraggi inauditi, in preda alla disperazione, tu taci» scrive a Mussolini in una delle tante lettere custodite nell'archivio del museo della struttura psichiatrica.

La Dalser muore a San Clemente, per un ictus, a 57 anni, nel 1937. E Benitino? Arruolatosi in Marina, fu inviato in missione in Cina come telegrafista. Sulla sua sorte esistono due versioni. Una è quella degli storici fascisti Giorgio Pini e Duilio Susmel (*Mussolini, l'uomo e l'opera*), che lo vuole morto in un naufragio nel 1940. Per noi, come già scrivemmo in *L'amore e il potere*, è più credibile la versione di Pieroni. Anche Benito Albino Bernardi, ex Mussolini, morirà in manicomio, presso l'ospedale psichiatrico provinciale di Milano, il 26 agosto 1942. A ucciderlo sarà una terapia insulinica, che induceva il coma per «ammorbidire» le resistenze psicotiche. Il suo corpo, come quello della madre, sparirà. Un certificato medico e un'ordinanza di pubblica sicurezza sono stati spesso, nella storia dei regimi totalitari, armi più efficaci di un colpo di rivoltella.

Benito e Rachele, amore e povertà

Facciamo un passo indietro. Prima di partire per il Trentino, Mussolini aveva rivisto Rachele Guidi, figlia di Anna, un'ex amante di suo padre Alessandro, che, alla morte della moglie, aveva chiamato a dargli una mano in trattoria. I due giovani si erano sfiorati quando lei andava ancora a scuola e lui fece qualche giorno di supplenza al posto della madre maestra. Lei era rimasta folgorata. Quando si rividero, nel 1908, Rachele aveva 18 anni, Benito 25. Al momento del commiato, le disse: «Quando torno, diventerete mia moglie».

Nei diciotto mesi trentini, lui la ignorò completamente. Scrisse una sola cartolina a suo padre Alessandro in cui lo pregava, tra l'altro, di ricordare a Rachele quel che le aveva detto prima di partire. Ma era destino che Rachele Guidi dovesse entrare nella vita di Mussolini.

La madre di Benito, Rosa Maltoni, fu a Dovia l'insegnante di Rachele, nata in una frazione di Predappio nell'aprile 1890, ultima dei cinque figli di Agostino e Anna Lombardi e l'unica a ricevere – o meglio, a pretendere – un'istruzione, sebbene primaria. Spesso il giovane Benito sostituiva la madre durante le lezioni e fu così che il «Professore», come all'epoca venne chiamato, conobbe questa fulva e minuta forlivese, dal volto ampio e volitivo in cui si accendevano occhi verde turchino, vezzeggiata in paese con i nomi di «Chiletta» o «Chilina».

In *La mia vita con Benito*, Rachele raccontò di se stessa di essere stata «una discola, irrequieta e vivace, un vero diavolo. ... Solo uno poteva domarmi e questo era il figlio della maestra. I suoi occhi mi persuadevano ad obbedirgli in qualsiasi momento. Erano acuti, penetranti, con le pupille che parevano mandare lampi. Io dicevo che erano fosforescenti».

Pur di andare a scuola, Rachele percorreva a piedi ogni giorno i 6 chilometri da Predappio Alta a Dovia, e viceversa. Era insofferente del suo stato di povertà, come riferisce Francobaldo Chiocci in *Donna Rachele*: «Voi sapete le mie ansie e i miei dolori, ma non sapete cosa significhi sgobbare giorno e notte per poi sentirsi insultare da gente che non capisce le fatiche dei lavoratori».

I poverissimi genitori di Chiletta erano a servizio a villa Zola, una tenuta dove, una volta diventati benestanti e potenti, Rachele e Benito torneranno anni dopo da riveriti ospiti. L'improvvisa morte del padre di Rachele e, per le imperscrutabili giravolte del destino, quella pressoché contemporanea della madre di Benito portano i due giovani a ritrovarsi nel 1908 a Forlì, nella trattoria gestita da Alessandro, che aveva abbandonato il mestiere di fabbro e la smania rivoluzionaria. *El Sandrein*, il sanguigno, rissoso e anarcoide padre del futuro Duce, prese a lavorare con sé proprio la vedova Guidi, disperatamente povera e con tre figli da mantenere, che diventò anche sua convivente. Benito e Chiletta si frequentarono, pur prendendosi una pausa per la trasferta del primo a Trento. Nel settembre 1909, attratti come magneti l'uno dall'altra, decisero di andare a vivere insieme, avendo preteso l'assenso familiare sotto la minaccia di una rivoltella. La contrarietà dei due genitori, già protagonisti di una *liaison* in proprio, era scontata: agli occhi di tutti, la relazione tra Benito e Chiletta assomigliava quasi a un incesto.

La caparbietà del futuro Duce e la cieca infatuazione di Chiletta portarono alla nascita di Edda nel settembre 1910. Il mito racconta di un Mussolini intento a suonare il violino durante il parto, desiderando che il neonato venisse al mondo nell'allegria. Mancando il vincolo matrimoniale, la bambina venne registrata come figlia di Benito e di madre ignota, in oltraggio alla regola latina per cui *mater semper certa*. Questa singolare circostanza anagrafica ha alimentato, negli anni successivi, la forzata diceria secondo la quale Edda sarebbe stata la figlia di Angelica Balabanoff, ma la tenacissima Chiletta troncò subito la voce diffamatoria.

Benché la vita di Benito cominciasse a diventare turbinosa e impegnativa, Rachele fu compagna premurosa e trepidante. I primi anni di convivenza furono contrassegnati da un'estrema povertà, tanto che Rachele, per lasciare il piatto alla piccola Edda, al compagno e all'amata «Nina», come a Predappio veniva chiamata sua madre Anna, arrivò a pesare 38 chili.

La vendetta di Angelica: «Mussolini pavido traditore»

La svolta politica di Mussolini avvenne al congresso socialista tenutosi a Reggio Emilia tra il 7 e il 10 luglio 1912. Benito raccolse intorno a sé tutta l'ala rivoluzionaria per dare battaglia ai riformisti Bissolati, Bonomi e altri, che aveva attaccato senza riserve per essersi recati al Quirinale a manifestare la loro solidarietà a Vittorio Emanuele III, scampato il 14 marzo a un attentato compiuto dal muratore Antonio D'Alba. E quando, al congresso di Reggio Emilia, Mussolini presenta la mozione per la cacciata dei moderati, tra i quali Bissolati, la ritrovata Balabanoff lo appoggia. La Sarfatti, ancora lontana da Mussolini, la stroncherà in *Dux*: «Brutta com'era, grazie al potere magnetico della sua oratoria, o alla relativa celebrità del suo nome, o forse alla candida semplicità degli inviti che non lasciavano scampo alla creanza maschile, fatto sta che la "zitella" Angelica Balabanoff si vantava di non aver mai mancato di partner nei giri di propaganda attraverso città, campagne e borghi d'Italia».

Mussolini volle con sé la Balabanoff per una conferenza a Villafranca, nel Forlivese, alla vigilia del 1° maggio 1911, in un momento in cui in Romagna era acutissima e violenta la lotta tra «gialli» e «rossi» (repubblicani e socialisti). Angelica, la mattina presto del 30 aprile, era già lì, ma il comizio si annunciava quanto mai caldo. Si ventilavano sommosse per quel giorno e quello seguente, nel quale era in programma un evento imponente: l'inaugurazione della Casa dei socialisti. Mussolini, terrorizzato, era disposto a rinunciare a entrambi i comizi, mentre la Balabanoff e gli altri erano di parere opposto. E così il comizio del 30 aprile si tenne e senza incidenti, grazie all'intraprendenza di Angelica. Il grande evento del giorno dopo fu annullato dal prefetto, con sommo sollievo di Mussolini, che poté fare rientro a casa in treno. «Anche questo episodio rispecchia l'uomo: timoroso di assumersi responsabilità, timoroso delle conseguenze di situazioni da lui stesso se non create, incoraggiate e fomentate» scriverà la Balabanoff – assai vendicativa – in *Il traditore*. Eppure Benito parlò di lei come di nessun'altra donna. Al suo biografo Yvon De Begnac confidò che, se non l'avesse incontrata, sarebbe rimasto «un piccolo attivista di partito, un rivoluzionario della domenica».

Al comizio del 30 aprile, dinanzi a un uditorio vestito in abiti borghesi, Mussolini si presentò con una giacchetta nera lisa, cravattaccia dello stesso colore, pallido in volto, il fuoco negli occhi. Nel pubblico c'era Cesare Sarfatti, ricco marito di Margherita, che sarebbe diventata l'amante e l'ispiratrice politica di Mussolini. Sarfatti era un socialista moderato che più non si potrebbe, eppure raccontò alla moglie di «un meraviglioso giovane magro, dall'eloquenza a scatti, secca, focosa, originale; un uomo di grande avvenire; ne udremo ancora novella; sarà il dominatore futuro del partito».

Con grande sorpresa della maggioranza riformista, Costantino Lazzari, amico di Turati, fece nominare Mussolini direttore dell'«Avanti!» dal 1° dicembre 1912. A sentire la Balabanoff, lui non sarebbe stato affatto convinto. Rivediamo la scena decisiva al ristorante Lombardia, vicino alla sede del giornale, così come la racconta la dirigente socialista.

«Balabanoff e Mussolini entrano, discutendo. Mussolini (mettendosi a sedere): "Accidenti! Ho una fame da lupo! Cameriere! Mi dia un buon piatto di tagliatelle, una bistecca e mezzo litro di vino!".

«"A me pure, ma senza vino. Non so perché hai tanta paura di accettare l'incarico che il partito ti vuol affidare. Parli e scrivi sempre di disciplina ma tu stesso ti fai pregare tanto per compiere un dovere elementare."

«"Ma perché devo assumermi tanta responsabilità? E poi tu sai meglio di tutti ch'io non sono all'altezza, mi manca la preparazione teorica e questi intellettuali approfitterebbero della mia inferiorità."

«"Pare impossibile! Parli sempre di responsabilità. Vuoi militare in un movimento come il nostro e non averne? Del resto la responsabilità del giornale non è tua personale: la divideremo noi tutti quanti della Direzione."»

Mussolini accetta la nomina. «Bravo Mussolini» esclameranno tutti. Ma pone una condizione: «Angelica Balabanoff deve venire con me a dirigere l'"Avanti!"».

Benito si trasferì a Milano con largo anticipo, lasciando Rachele e la piccola Edda a Forlì. Ma alla moglie la cosa non piacque (*la jera cota de su om*, era innamorata cotta del suo uomo), perciò si presentò nell'ufficio del marito dicendo che avrebbe cercato un alloggio. Lo trovarono, grande e comodo, ma costava una cifra enorme, e Rachele racconta che, per affrontare le spese del trasloco, dovettero vendere parte del mobilio. «Conservammo solo il nostro letto, un tavolo, la culla di Edda e roba di cucina.» E aggiunge che il marito trovava eccessivo lo stipendio di 1000 lire al mese percepito da Claudio Treves, il vecchio direttore riformista, e lo ridusse a 500. Benito voleva comprare i mobili a rate, ma Rachele lo convinse che era preferibile acquistare subito cose meno costose.

Al giornale Mussolini giocava fuori casa. La maggioranza dei redattori, infatti, era riformista e frequentava i salotti progressisti milanesi, perciò non gradiva questo ruvido direttore con vita e formazione rivoluzionarie. È per questo che lui impose la collaborazione della Balabanoff. Come donna non gli diceva più niente («Se ci fossero lei e una scimmia su un'isola deserta, preferirei la scimmia»), benché in fatto di sesso per lui contasse più la quantità che la qualità. (Rachele, al contrario, trovava in Angela un'«agitatrice vivace in corpo avvenente», come racconta Amedeo La Mattina nella sua biografia della Balabanoff.) Grazie anche alla presenza della sua vecchia fiamma, Mussolini riformò il quotidiano che, in poco più di un anno, passò da 20.000 a 100.000 copie, favorendo l'aumento degli iscritti al Partito socialista da 30.000 a 50.000 e il passaggio dei deputati da 41 a 52 nelle elezioni del 1913. Angelica rileggeva gli articoli da lui scritti, all'occorrenza glieli modificava, insomma disponeva liberamente delle sue parole e dei suoi discorsi. E ne raccoglieva ogni debolezza: «Non ho mai incontrato un essere ... tanto dipendente dall'aiuto altrui e dal mio in particolare, e col quale i miei rapporti fossero così unilaterali: quando un mendicante stende la mano per chiedere l'elemosina, non vi viene in mente di chiedere moneta a lui...».

La rottura definitiva tra i due avvenne il 18 ottobre 1914, quando il futuro Duce del fascismo mutò all'improvviso la sua posizione pacifista a favore dell'entrata in guerra dell'Italia, mentre la Balabanoff sostenne convintamente, in linea con la direzione del partito, la politica della neutralità e non esiterà a condividere l'unanime decisione dell'esecutivo socialista di espellere Mussolini, al quale viene tolta anche la direzione dell'«Avanti!». In questi anni Angelica viaggerà molto, ma dopo il 1926, con il trionfo definitivo del regime fascista, non rimetterà più piede in Italia. Il suo «semplice poetino che aveva letto qualche pagina di Nietzsche» si preparava a diventare il «Dux».

E la Sarfatti scrisse: «Benito adorato, sarò per sempre tua, tua...»

La permanenza della moglie a Milano non impedì a Mussolini costanti frequentazioni femminili. La più importante, decisiva, forse, per la sua carriera politica, fu Margherita Sarfatti. «Benito mio, mio adorato. ... Voglio scrivere questa data per la prima volta su un foglio diretto a te, come una consacrazione e una dedicatoria. Benito: mio / Adorato / Sono sarò / sempre per sempre / tutta di più, tua tua.» È il 1° gennaio 1923. La carta intestata è quella dell'hotel Continental, dove Margherita Sarfatti alloggia a Roma da quando Mussolini è diventato presidente del Consiglio. In un'altra lettera gli dice: «Benito, mio amore, mio amante, mio adorato. Sono, mi proclamo, mi glorio di essere appassionatamente, interamente, devotamente, perdutamente tua: ora e per tutto il 1923. E se tu vorrai, e tu vorrai, mio adorato, perché mi ami come io ti amo, per sempre: tua».

Il 1923 è l'anno in cui il potere del Duce si consolida e le masse delirano per lui. La Sarfatti vive quei mesi in prima persona e si dichiara «orgogliosa sino alla pazzia».

Lei ritiene che la folla sia troppo feticista nell'osannarlo in quel modo, ma «se questa gridasse invece che osanna *crucifige* ne sarei disperata per te e l'Italia». La verità è che è smarrita davanti a tanta gloria. E lettere così accorate e appassionate sono un modo per essere integralmente parte di quella pagina di storia che lei sa essere tanto importante quanto rischiosa anche per la loro relazione. «Sono fiera di te perché, uscendo dalle acclamazioni, invece di sederti e d'asciugarti il volto hai detto; mi hai detto, anzi, e di ciò ti ringrazio profondamente: cara, a lavorare. Caro adorato, è la prima parola che mi hai detto faccia a faccia quest'anno, dopo quelle dolcissime, infinitamente soavi, sussurratemi stamane al telefono. Tu sii benedetto per averle pronunciate come un augurio e una promessa: per te per l'Italia e per me. Iddio ti benedica amore.»

È strano leggere parole così enfatiche scritte da una donna superba, presuntuosa e indipendente, in lettere che sottendono paura ed esclusione. A lei nulla è mai sfuggito. Tutto è passato per le sue mani. Articoli, missive, discorsi, dubbi.

Già prima di conoscere Mussolini, Margherita era la padrona di casa della villa Il Soldo, vicino al lago di Como, frequentata da Mario Sironi e Piero Marussig, che ne fecero il ritratto, da Umberto Boccioni (con il quale ebbe una relazione e le lasciò un dipinto), Luigi Pirandello, Alfredo Panzini, Medardo Rosso. Le conversazioni avvenivano sotto dipinti di Maurice Utrillo e Marc Chagall, disegni di Pablo Picasso e di Jean Cocteau. Proprio al Soldo, Mussolini approntò i piani operativi della marcia su Roma, e fu Margherita a pagare il biglietto del vagone letto che portò il futuro Duce a Roma per ricevere l'incarico da Vittorio Emanuele III. Ma ora c'era troppa gente ad acclamarlo. E lei temeva.

Mussolini, però, la amava e ne era gelosissimo. Così scriveva all'amica Ada Negri: «Sono un poco inquieto. È lontana e non mi scrive. Non sono questi i tempi in cui ci si può concedere il lusso di un viaggio oltre Monza, senza che nell'intervallo scoppino scioperi, ostruzionismi e simili. Peccato! Sciupare il tempo dell'Amore». Ma il potere non gli impediva di vedersi. Dall'hotel Savoia Mussolini si era trasferito al Grand Hotel, più vicino al Continental dove alloggiava Margherita. Anche in piena notte lasciava la sua camera, con la massima circospezione, ma tutti ne erano preoccupati, persino Giovanni Giolitti, che lo metteva in guardia da attentati. La gelosia lo tormentava. Si espose perché Margherita non vedesse più il pittore futurista Emilio Notte (uomo bellissimo, occhi azzurri, aspetto romantico) e non ne parlasse nelle sue cronache d'arte sul «Popolo d'Italia». Fino a quando Rachele, gelosissima («Io l'ammazzo quell'ebrea»), non minacciò il marito di far saltare con una bomba a mano la sede del «Popolo d'Italia» se avesse visto ancora la firma dell'amante.

La Sarfatti, con *Dux*, sente di aver partecipato alla costruzione della mitologia mussoliniana, ma prima ancora sente di aver plasmato, costruito, oltre che amato, sinceramente, un leader. E sa che, scrivendo *Dux*, la cui prefazione è dello stesso Mussolini, lo compiacerà, anche se lui non ne sarà soddisfatto sino in fondo. La definirà una sua «biografia esatta ma provvisoria». L'autrice è troppo vicina agli avvenimenti, troppo protagonista, «giganteggia fuori misura soprattutto in relazione alla Kuliscioff e alla Balabanoff, alla quale riserva una cattiveria chirurgica» annota Rachele Ferrario nella biografia della Sarfatti.

«Dux», amore e propaganda

Eppure, *Dux* venderà milioni di copie, perché il mito era in vita. C'è politica, poetica, passione e retorica perché, se tratti della figura di Mussolini, da questa non puoi prescindere. Margherita inizia a scrivere nel 1924, partendo da un'idea di Giuseppe Prezzolini, che aveva pensato a un libro in inglese per illustrare al mondo le caratteristiche del primo ministro italiano. Nel 1925 esce a Londra *The Life of Benito Mussolini*. L'anno successivo la Mondadori ne pubblica subito l'edizione italiana con il titolo *Dux*, che avrà ben 17 ristampe e verrà tradotta all'estero in 18 lingue, compreso il giapponese (300.000 copie vendute) e il turco. *Dux* è un atto d'amore, una catena che, secondo la Sarfatti, li terrà uniti per sempre.

A leggere la Sarfatti, Mussolini era sempre su una strada che lei gli aveva illuminato. Sue le parole da lui pronunciate il 26 marzo 1923 in occasione della prima mostra del Novecento italiano, da lei allestita con Anselmo Bucci, Leonardo Dudreville, Achille Funi, Emilio Malerba, Piero Marussig, Ubaldo Oppi e Mario Sironi, nelle sale della galleria milanese di Lino Pesaro: «Il '900 è un anno importante perché segna l'ingresso di gran parte del popolo italiano nella vita politica. ... Non si può fare una grande nazione con un piccolo popolo. Non si può governare ignorando l'arte e gli artisti; l'arte è una manifestazione essenziale dello spirito umano ... E in un paese come l'Italia sarebbe deficiente un governo che si disinteressasse dell'Arte e degli artisti. Dichiaro che è lungi da me l'idea di incoraggiare qualche cosa che possa assomigliare all'arte di Stato. L'arte rientra nella sfera dell'individuo. Lo Stato ha un solo dovere: quello di non sabotarla, di dar condizioni umane agli artisti. Ci tengo a dichiarare che il governo che ho l'onore di presiedere è un amico sincero dell'arte e degli artisti». Cosa alla quale, tranne eccezioni (come Sironi), pochi credettero. Dudreville si rifiuta di firmare il catalogo da donare al Duce e se ne va con Bucci a bere un vermouth da Cova.

La Sarfatti non batte ciglio, non la scalfisce passare da paladina del futurismo a «reazionaria». La relazione con Mussolini la rafforza, ha i quarant'anni di allora, ma è ancora una bella donna. Corteggia ed è corteggiata. Sicura di sé, Margherita si fa fotografare in pose eleganti e sensuali, spalle nude e fili di perle, ma anche «sfatta» di lavoro dopo ore alla scrivania.

È certamente una fuoriclasse, con un altissimo senso del bello e di quello spirito critico che fa «coltura, quella che ad Angelica [*Balabanoff*] mancava del tutto, se coltura è capacità di raziocinio, di critica e cernita dell'altrui pensiero attraverso il pensiero proprio».

Margherita si è sentita sopra tutte, anche se all'inizio patì la presenza sia di Anna (Kuliscioff) sia di Angelica. Loro, le due prime donne del socialismo, la giudicavano forse male? Sì, perché lei, per essere una socialista, vestiva troppo riccamente e aveva una corte degna di una veneziana nata troppo bene e cresciuta «nell'incantesimo di un giardino lagunare» pervaso dal profumo dei ciliegi. Parliamo del Ghetto Vecchio, nell'antico palazzo alle Fondamenta della Misericordia.

Sua madre, Emma Levi, è una donna raffinatissima, colta e poliglotta. Il padre, Amedeo, è un uomo allegro, di buon carattere, attentissimo allo status, ossessionato dall'educazione dei figli, ma anche persona caritatevole. Raduna sempre tutta la famiglia per le festività ebraiche, eppure è attratto dal cattolicesimo, come lo sarà Margherita. Intelligente uomo d'affari, amico di «don Bepi Sarto» (poi Pio X), fonda la prima società di «vaporetti», costruisce il mitico Des Bains al Lido dove Thomas Mann ambienterà il romanzo *Morte a Venezia*, restaura la nuova residenza di palazzo Bembo. Margherita studia solo in casa con precettori di altissimo prestigio e s'innamora del socialismo, con la totale disapprovazione del padre. Scrive un articolo sull'«Avanti!», il giornale che le cambierà la vita perché lì conoscerà Mussolini. E sposa Cesare Sarfatti, avvocato importante e politico scarso.

«Segnati questo Mussolini: è senza dubbio l'uomo del futuro.» Così si espresse Cesare dopo il congresso socialista del 1912. E in attesa di diventare il Duce del fascismo, l'«uomo del futuro» viene nominato direttore dell'«Avanti!».

E poi arriva il giorno fatale. Margherita va al giornale e resta impressionata dai «grandi luminosi occhi gialli» (*My Fault: Mussolini As I Knew Him*), «occhi fanatici e d'imperio» (*Dux*). Fatto sta che tra loro c'è chimica. Qualche sera dopo si rivedono a teatro. E poi a una festa. Margherita è innamorata di suo marito, «un uomo spiritoso, vivace ed allegro, impertinente, affascinante e infedele come marito, sempre fidato e buono come amico e consigliere», ma Mussolini è un'altra cosa. Spicca in quei salotti dove lo guardano con snobismo e fascinazione, ricambiati da Benito con fascinazione e odio. Casa Sarfatti, in corso Venezia, gli piace molto, nonostante all'inizio Margherita gli facesse fare anche anticamera, perché i modi violenti, sgarbati, i giudizi tranchant sulle donne e gli ebrei erano lontani mille miglia dal suo mondo «illuminato». La loro relazione inizia tra il 1913 e il 1916, con un'interruzione quando lei decide di fare un viaggio già programmato, in Francia e Inghilterra, un allontanamento certamente indotto dall'amicizia con Leda Rafanelli. Poi Margherita ritorna. Vuole essere, sopra ogni cosa, amante. E, come vedremo, resterà accanto a lui vent'anni.

Quando Hitler non era antisemita

Nei primi tempi del suo soggiorno viennese, Hitler non era antisemita. Nella citata biografia psicoanalitica, Langer racconta che nel pensionato maschile del quartiere di Brigittenau, dove alloggiava, era amico di molti ebrei. Vendeva a mercanti ebrei i suoi dipinti allo stesso prezzo degli ariani e spedì due cartoline al suo medico di famiglia

Eduard Bloch (ebreo) con espressioni piene di gratitudine: cosa rarissima nel futuro Führer. Ammirava il barone Rothschild, anch'egli ebreo, perché si manteneva fedele alla sua religione nonostante questo gli impedisse l'ingresso a corte. Secondo il suo socio in arte Hanisch, «Hitler aveva un aspetto spiccatamente ebraico, tanto che spesso scherzavo con lui a proposito di una sua ipotetica ascendenza ebraica: una barba talmente imponente cresce di rado sul mento di un cristiano. Aveva anche piedi grandi, tipici di un viandante del deserto».

Ian Kershaw dubita della sincerità di questi sentimenti e sostiene che i rapporti cordiali con i mercanti d'arte ebrei erano di pura convenienza, e che nel suo animo covava già l'antisemitismo. È possibile che la prima spinta all'odio per gli ebrei gli sia venuta per reazione alla retorica filoasburgica. Hitler rimase affascinato dalla figura di Karl Lueger, leader del Partito cristiano sociale, il quale in un discorso del 1890, racconta William Jenks in *Vienna and the Young Hitler*, aveva fatto propria la proposta di uno dei più feroci antisemiti viennesi, che avrebbe risolto il problema ebraico facendo salire tutti gli ebrei su una nave da far colare a picco in mare aperto, rendendo così un servizio al mondo. Hitler ammette che l'ammirazione per Lueger, diventato sindaco di Vienna, provocò «la mia più grande trasformazione» in senso antisemita. Lueger, se da un lato esaltava la sua vocazione cattolica, dall'altro soffiava sulle paure del ceto medio-basso, preoccupato della socialdemocrazia marxista e, al tempo stesso, del capitalismo internazionale, che finiva con lo scaricare il proprio rancore soprattutto sui finanzieri ebrei (ma anche sui venditori ambulanti galiziani).

Nel *Mein Kampf* Hitler racconta che ad aprirgli gli occhi sulla «questione ebraica» fu un curioso episodio: «Una volta, passeggiando nel centro della città, m'imbattei d'improvviso in un'apparizione in caffettano nero e riccioli. È un ebreo?, fu il mio primo pensiero. Perché indubbiamente a Linz non si presentavano così. Osservavo l'uomo con furtiva cautela, ma più restavo a fissare quel volto di straniero, scrutandone ogni lineamento, e più la mia prima domanda andava formulandosi diversamente: è un tedesco?». È questa la chiave dell'antisemitismo hitleriano. Lui si rifiuta di credere che gli ebrei possano avere una comune cittadinanza: «Gli ebrei non sono tedeschi con una propria religione, ma un popolo a parte ... Ora vedevo ebrei dovunque andassi, e più ne vedevo, più nettamente si distinguevano ai miei occhi dal resto dell'umanità». Si abbeverava di antisemitismo dalla rivista razzista «Ostara», diretta da un ex monaco cistercense fondatore dell'ordine esoterico dei Nuovi Templari, che tra i propri simboli aveva anche la svastica. E, soprattutto, dal popolarissimo quotidiano «Deutsches Volksblatt» (55.000 copie vendute), la summa dell'ideologia razzista propugnata da Georg von Schönerer, fondatore del Partito tedesco-liberale, e da Lueger, che strumentalizzava in chiave antisemita le difficoltà economiche degli artigiani. Ma prima del 1919 non ci sarebbe mai stata una manifestazione di antisemitismo militante da parte di Hitler.

Secondo Kershaw, la giovinezza difficile e le profonde frustrazioni dell'artista mancato contribuirono non poco a fargli scorgere nell'antisemitismo una tragica valvola di sfogo. Dovendo dare a questa sua nuova identità una connotazione politica, la vide nella socialdemocrazia. Associò all'influenza ebraica la cultura illuminista, il mondo liberale, la prostituzione. Tutto lo straordinario movimento che faceva capo a Gustav Klimt lo lasciava indifferente, pur essendo egli stesso un artista. La sola cosa che lo affascinava era la musica. Quasi tutte le sere andava all'opera con l'amico August Kubizek ad ascoltare Mozart, ma anche i grandi italiani, da Verdi a Puccini, da Rossini a Donizetti, a Bellini.

Ma Hitler amava davvero soltanto la musica tedesca. Un giorno, mentre passeggiava con l'amico Kubizek, un musicante eseguiva *La donna è mobile* con un organetto. «Eccolo, il tuo Verdi» disse Hitler con un filo di disgusto. E all'obiezione dell'altro – la musica bella lo è indipendentemente dalla nazionalità e dallo stile del compositore – rispose secco: «Ce lo vedresti *Il racconto del Graal* del *Lohengrin* su un organetto?». Era questa l'opera preferita di Hitler. Andò a sentirne dieci esecuzioni in poco tempo, convinto che un Wagner di seconda scelta fosse migliore di un capolavoro verdiano.

Il 20 aprile 1913 Hitler compì 24 anni, l'età legale per entrare in possesso di una cospicua eredità paterna. Decise di lasciare Vienna per questa e per un'altra ragione. Per tre anni era sfuggito al servizio militare e, andandosene a Monaco il 24 maggio 1913, pensava di averlo evitato per sempre. Ma la burocrazia asburgica era implacabile e il 18 gennaio 1914 venne arrestato, tradotto al consolato austriaco e spedito alla commissione di leva di Salisburgo. Scrisse una penosa autodifesa sulle sue misere condizioni e quant'altro, ma, per sua somma fortuna, fu riformato perché troppo gracile.

II

La Grande Guerra, punto di svolta decisivo per Hitler e Mussolini

Hitler, da imboscato a pluridecorato

La prima guerra mondiale segnò il destino sia di Mussolini sia di Hitler. Ian Kershaw sostiene che per Hitler sarebbe stato impossibile sedersi sullo scranno di Bismarck senza l'umiliante sconfitta della Germania, lo sconvolgimento della rivoluzione, la radicalizzazione politica della società tedesca. «Il demagogo non avrebbe avuto una platea cui rivolgere il suo cupo messaggio carico di odio.» E Mussolini, senza la capriola interventista prima e le conseguenze della «vittoria mutilata» dopo, non avrebbe avuto la strada spianata che l'avrebbe condotto alla «marcia su Roma».

La guerra, tragico veicolo di inutili stragi, accende nei popoli deliri d'entusiasmo incomprensibili al pubblico moderno, se non vedessimo a due passi da casa nostra l'eroismo con cui l'Ucraina sacrifica la propria migliore gioventù per rispondere all'aggressione russa e la determinazione con cui i riservisti israeliani sono corsi a prendere il fucile per rispondere al terrorismo di Hamas e Hezbollah.

Accadde così che il tremebondo artista fallito che si era nascosto per evitare il servizio militare e aveva piagnucolato scuse improbabili per non farsi arruolare, il 3 agosto 1914 scrivesse una petizione al re di Baviera chiedendo di essere arruolato come volontario in un reggimento bavarese, nonostante la sua cittadinanza austriaca. Per lui, la guerra era il febbrile riscatto di una vita inutile. Le poste bavaresi erano un gioiello e l'indomani stesso – 4 agosto – il giovanotto apriva «con le mani tremanti» la busta con l'ordine di presentarsi al 16° reggimento di fanteria della riserva bavarese. «Cominciava così il periodo più indimenticabile e più bello della mia vita terrena.»

Alla fine di ottobre Hitler partecipò alla sanguinosa battaglia di Ypres e condusse due vite parallele: da un lato cercava di starsene solo la maggior parte del tempo secondo il suo carattere (e come gli consentiva il ruolo di portaordini tra il comando e la prima linea), dall'altro si comportò valorosamente sul campo di battaglia. Nel dicembre 1914 guadagnò una croce di ferro di seconda classe, nel maggio 1918 ebbe una menzione d'onore del reggimento e il 4 agosto successivo una croce di ferro di prima classe, onorificenza assai rara per i soldati di truppa. Fu promosso caporale. Non andò oltre perché, come testimoniò un suo superiore al processo di Norimberga, non si era riusciti a individuare in lui doti di comando. Quando si dice le grandi intuizioni…

Nell'ottobre 1916 fu ferito a una gamba dalla scheggia di una granata e trascorse sei mesi in ospedale. Nella notte tra il 13 e il 14 ottobre 1918, durante una nuova battaglia di Ypres, Hitler fu colpito agli occhi dai gas asfissianti inglesi e rischiò la cecità: la sua grande angoscia era quella di non poter più disegnare. Il 10 novembre 1918 il cappellano dell'ospedale riunì i ricoverati per annunciare che la rivoluzione aveva abbattuto la monarchia e che la guerra era ormai perduta. Hitler racconta di essere corso a rifugiarsi in camera e di aver pianto sotto il cuscino: «Non l'avevo più fatto dal giorno in cui mi ero trovato accanto alla tomba di mia madre». In realtà, gli Hohenzollern erano caduti di schianto sotto il peso di una sconfitta tanto catastrofica quanto inattesa, visto che ancora in primavera l'opinione pubblica tedesca dava la vittoria per scontata. Per Hitler il trauma fu enorme, come scrive nel *Mein Kampf*: «Dunque, tutto era stato invano. Vani il sangue e le privazioni, vane la fame e la sete sopportate a volte per lunghissimi mesi, vane le ore in cui, attanagliati dal terrore della morte, avevamo tuttavia assolto ai nostri doveri, vano il sacrificio di due milioni di caduti».

I periodi di convalescenza l'avevano deluso e irrigidito per il comportamento dei suoi connazionali: vedeva ovunque imboscati e profittatori, ce l'aveva con i politici e i giornalisti, e cominciò a considerare gli ebrei «corruttori del popolo», sostenendo che 12-15.000 di loro avrebbero potuto essere esposti ai gas asfissianti. Ma la vera campagna antisemita era ancora di là da venire.

La capriola interventista di Mussolini

Diventato direttore dell'«Avanti!» nel 1912, due anni dopo Mussolini non si sentiva già più nel ruolo. Aveva quintuplicato la tiratura del giornale (da 20.000 a 100.000 copie), ma le sue idee rivoluzionarie non si conciliavano più con la linea politica del partito di cui dirigeva l'organo ufficiale. Si sfogava allora su una sua rivista («Utopia»), ma non gli bastava.

Il gran salto, come abbiamo detto, avvenne il 18 ottobre 1914 con l'editoriale *Dalla neutralità assoluta alla neutralità attiva ed operante*, in cui Mussolini denunciava il carattere reazionario della neutralità assoluta ed esortava i suoi compagni ad accogliere gli inviti all'intervento che venivano dai rivoluzionari di Londra e di Parigi, convinti – come lui – che le grandi rivoluzioni possono nascere soltanto dalle guerre.

Sconfessato dalla stessa ala rivoluzionaria del Psi, riunitosi a Bologna il 19 e 20 ottobre, Mussolini si dimise da direttore dell'«Avanti!». Dopodiché prese contatto con Filippo Naldi, direttore del «Resto del Carlino», giornale della destra moderata che era interventista perché lo era il grande capitale italiano. La guerra, anche quella condotta per le ragioni più nobili, uccide e impoverisce tanta gente, ma ne arricchisce altra. E gli industriali italiani erano molto interessati alle forniture militari: Giovanni Agnelli della Fiat, i fratelli Perrone per l'Ansaldo e poi la Edison, gli zuccherieri, i cantieri navali...

Per finanziare un nuovo giornale, queste aziende diedero subito a Mussolini 1 milione di lire, che si aggiunse al mezzo milione già procuratogli da Naldi e al denaro ricevuto dalla moglie clandestina Ida Dalser, che lo aiutarono a tirare avanti dopo le dimissioni. Arrivarono poi i soldi dei socialisti belgi e francesi e quelli dell'ambasciata francese a Roma, anche se il biografo Pierre Milza ritiene, fonti alla mano, che non furono determinanti per la nascita del giornale. La stessa commissione d'inchiesta del consiglio comunale di Milano a maggioranza socialista, pur rimproverandogli il voltafaccia, nulla gli contestò sotto il profilo morale e professionale.

Il 15 novembre 1914, neppure un mese dopo l'abbandono della direzione dell'«Avanti!», esce il primo numero del «Popolo d'Italia» con l'editoriale *Audacia*, a firma Benito Mussolini, che si concludeva con «una parola audace e fascinatrice: guerra!».

Guerra, d'accordo, ma da quale parte? Dal 1882 eravamo alleati di Austria-Ungheria e Germania nella Triplice alleanza. Il 28 luglio 1914 gli austroungarici invasero la Serbia e poi il Belgio e la Francia, e se noi avessimo attaccato da sud, Parigi avrebbe subìto un colpo mortale. Così ci mettemmo sul mercato: avevamo bisogno di completare il Risorgimento con Trento, Trieste e altro. L'Austria-Ungheria ci propose vaghe promesse, da onorare a guerra finita. Facemmo bene a non fidarci e – all'italiana – restammo per otto giorni alleati sia della Triplice alleanza sia della Triplice intesa (Russia, Francia e Inghilterra), con la quale firmammo il 26 aprile 1915 un accordo generosissimo, il cosiddetto «Patto di Londra»: avremmo avuto Trentino, Alto Adige (Sud Tirolo) fino al Brennero, l'Istria con Trieste, gran parte della Dalmazia, il porto albanese di Valona, compensi coloniali in Africa, sottratti ai tedeschi, e in Anatolia, sottratti ai turchi. E, per soprammercato, la sovranità sul Dodecaneso, conquistato tre anni prima con la guerra di Libia. Tanta roba, e per di più frontiere sicure e sovranità su aree in cui si parlava italiano quasi ovunque.

È probabile che la maggioranza silenziosa degli italiani fosse per mantenere la neutralità. La rappresentava Giovanni Giolitti, che giudicava l'esercito impreparato, era sicuro della sconfitta e paventava un'Italia invasa dai «crucchi» fino al

Po. Mal gliene incolse. Il 14 maggio Gabriele d'Annunzio, il più acceso degli interventisti, in un febbrile comizio al teatro Costanzi di Roma incitò la folla a eliminarlo fisicamente. La sua abitazione fu presa d'assalto e il vecchio statista piemontese fu tratto in salvo dall'esercito. 320 deputati e un centinaio di senatori gli lasciarono in portineria il biglietto da visita in segno di solidarietà, ma ormai gli interventisti avevano vinto.

Mussolini imboscato? «Sono in prima linea»

Il 24 maggio entrammo in guerra a fianco dei nuovi alleati. Mussolini fu richiamato il 31 agosto e il 2 settembre si congedò dai lettori del «Popolo d'Italia» con queste parole: «L'ora lungamente agognata è venuta: da due giorni sono un semplice soldato dell'esercito italiano. Gli eventi che io attendevo, che ho – per la mia parte – voluto e determinato, mi costringono ad abbandonare questo posto. ... Ma certi poveri illusi si ricredano: questo giornale vivrà durante la guerra e dopo». Lui stesso contribuì a tenerlo vivo inviando dal fronte, su consiglio di Margherita Sarfatti, assidue corrispondenze, raccolte poi sia nell'*Opera omnia* sia sistematizzate da Mario Isnenghi nel volume *Il mio diario di guerra*. Il colonnello del reggimento bersaglieri al quale era stato assegnato voleva tenerlo con sé per scrivere il diario dell'unità militare, ma Mussolini volle andare subito in zona d'operazioni perché in Italia già si diceva che si fosse imboscato. Il 24 novembre fu ricoverato in ospedale, prima a Cividale e poi a Treviglio, per una malattia piuttosto seria. E abbiamo visto nel primo capitolo il pasticcio dell'incontro tra le due mogli.

Nel marzo 1916 Mussolini fu promosso caporale con una motivazione molto lusinghiera, ma non ebbe l'atteso grado di sottotenente perché giudicato un pericoloso sovversivo (eppure, considerato traditore da una parte dei socialisti, rischiò di essere ucciso da un commilitone, caldamente invitato ad agire da un focoso romagnolo). Milza osserva che, a differenza di Hitler, Mussolini non aveva la passione della guerra, che «non suscita in lui l'eccitazione eroica che fa vibrare il piccolo caporale austriaco». Negli articoli non fa uso della retorica militarista e sorprende che lui – sensibile anche alla sorte dei caduti nemici – una sera, stando di guardia in primissima linea, abbia notato a pochi metri di distanza le lucine rosse di due sigarette accese e gli abbia lanciato contro una granata innescata con la brace della sua stessa sigaretta. L'indomani, quando si seppe che quel gesto aveva ucciso alcuni soldati austriaci, il capitano lo rimproverò: «Perché fai questo, figliolo? Erano in crocchio, fumavano, forse parlavano delle loro fidanzate». Lui rispose: «Signor Capitano, allora andiamo tutti a spasso in galleria a Milano, che è meglio».

Nel febbraio 1917 Mussolini rifiutò di seguire il suo battaglione nelle retrovie e rimase al fronte per assumere il comando di un reparto lanciagranate. Ma l'esplosione di un proiettile all'interno di un mortaio provocò la morte di 5 soldati e ferì seriamente molti altri, compreso il comandante. Mussolini fu colpito alle braccia e alle gambe, e le sue condizioni peggiorarono per un'infezione, dopo un bombardamento austriaco che lo lasciò unico ferito in degenza. La notizia fece rumore in Italia, dove nel frattempo erano state rilanciate le voci di un suo imboscamento. Trasferito in aprile all'ospedale di Milano, ricevette visite clandestine di Rachele, che si camuffò da infermiera della Croce Rossa, e di Margherita Sarfatti, accompagnata da redattori del «Popolo d'Italia», che lo trovò quasi incapace di parlare. Fu congedato dapprima per sei mesi, poi fino alla fine del conflitto, ma portò molto a lungo le stampelle.

L'abbandono del socialismo per una nuova rivoluzione

Tornato alla guida del «Popolo d'Italia», Mussolini trovò un'Italia frustrata, impoverita e ribelle. Gli industriali accumulavano fortune con le forniture militari, la gente faticava ad arrivare alla fine del mese (tra il 1913 e il 1918 l'inflazione superò il 400 per cento e i salari recuperarono soltanto il 250 per cento), gli uomini al fronte denunciavano come imboscati gli operai rimasti nelle retrovie a lavorare. Il papa Benedetto XV reclamava una «pace bianca», che avrebbe risparmiato molte vite, ma certo non favorito le aspirazioni territoriali italiane. I socialisti cominciavano a seguirlo. Il governo era fragile, e Mussolini – contrarissimo a qualunque interruzione della guerra – incontrò il generale Luigi Cadorna per valutare l'ipotesi di un colpo di Stato militare, ma l'alto ufficiale declinò.

Per lui, la vita dei soldati non valeva niente. Nel giugno 1917 un'avanzata di una ventina di chilometri sull'Isonzo ci costò 200.000 morti. Oltre a essere un comandante spietato, Cadorna rivelò scarsissime doti tattiche, lasciandosi travolgere il 24 ottobre a Caporetto. Sgominate nel tentativo di ripiegare sul Tagliamento, le nostre truppe riuscirono ad attestarsi sul Piave, grazie anche all'aiuto di rinforzi francesi e britannici. Ma intanto gli austrotedeschi erano arrivati a 40 chilometri da Venezia.

Anziché riflettere sui propri errori, Cadorna accusò i suoi soldati di «resa ignominiosa» e fu rimpiazzato da Armando Diaz. Questi si mostrò assai più conciliante con la truppa, rivide il programma delle licenze e fu molto sostenuto dal nuovo governo Orlando, che garantì un potenziamento degli armamenti e, nel contempo, promise ai soldati dell'Italia contadina bonifiche, assegnazione di terre incolte e redistribuzione di quelle lavorate.

Abbiamo visto, parlando di Hitler, che nella tarda primavera del 1918 gli austroungarici erano ancora convinti di vincere la guerra, e in effetti il 15 giugno una grande offensiva sul Piave fu respinta a fatica da Diaz, che il 24 ottobre reagì e, in cinque giorni, prese Vittorio Veneto. L'impero austroungarico, fiaccato dalle rivolte nazionaliste, cedette di schianto e si giunse così alla vittoria del 4 novembre.

La rotta di Caporetto aveva sconvolto Mussolini, che vedeva i socialisti sempre più vicini all'ala disfattista. Milza annota che, a suo giudizio, la dottrina marxista era sempre più inadatta a gestire la società generata dalla guerra: la classica contrapposizione borghesia-proletariato era ormai sostituita da quella fra combattenti e non combattenti.

Colui che fino al 1917 era stato un «socialista dormiente», come lo chiama Renzo De Felice, il 1° agosto 1918 si svegliò e sostituì nella testata del «Popolo d'Italia» la dicitura «Quotidiano socialista» con «Quotidiano dei combattenti e dei produttori». Una strizzata d'occhio a quelli che saranno i reduci di guerra e un'altra al capitalismo, i due pilastri che costituiranno la base del fascismo.

Il 10 novembre 1918, in una Milano imbandierata e fiorita, attraversata da un immenso corteo, Mussolini ebbe il privilegio di essere chiamato a pronunciare un discorso insieme a Giovanni Agnelli. Rivolgendosi ai reduci, disse: «Rappresentate la mirabile giovinezza guerriera dell'Italia. Il balenio dei vostri pugnali e lo scrosciare delle vostre bombe farà giustizia di tutti i miserabili che vorrebbero impedire il cammino della più grande Italia. Essa è vostra! Voi la difenderete! La difenderemo insieme!».

La «vittoria mutilata», e d'Annunzio si prende Fiume

Le guerre, abbiamo detto, favoriscono le rivoluzioni. La prima del Novecento fu quella russa, che nell'ottobre 1917 portò al potere i bolscevichi di Lenin. L'Occidente ne era molto spaventato e in Italia i socialisti se ne fecero portavoce. Volevano una repubblica socialista e la dittatura del proletariato, e questo li isolò da tutte le altre forze politiche. Attaccarono inspiegabilmente ufficiali e sottufficiali reduci dal fronte, «quasi fossero costoro» scrive De Felice «tutti direttamente responsabili della guerra e per il solo fatto di essere stati militari, di considerare con orgoglio i sacrifici fatti e di volerli vedere riconosciuti, fossero dei nemici del socialismo». Fu questa una «decisione bestiale», sentenziò il comunista Angelo Tasca, seguito a ruota da Antonio Gramsci. Ricorda Milza: «Nei sobborghi delle grandi città si dà la caccia agli ufficiali in uniforme. Li si insulta, gli si strappano i galloni e le decorazioni, talvolta li si spoglia delle uniformi».

Il 18 febbraio 1919, decine di migliaia di militanti socialisti marciarono per le vie di Milano al canto di *Bandiera rossa*. Un mese prima, il 18 gennaio, un focoso sacerdote siciliano, Luigi Sturzo, aveva fondato il Partito popolare, i cui princìpi di giustizia sociale sarebbero andati d'accordo con quelli socialisti se i socialisti non avessero perso la testa. Un mese dopo la manifestazione milanese, il 23 marzo, Mussolini lanciava i «Fasci di combattimento».

Al di là delle parole reboanti dell'organizzatore, si trattò di un parto semiclandestino. Avvenne in una sala presa in affitto da un'associazione di commercianti in piazza San Sepolcro. I partecipanti non furono forse soltanto i 150 segnalati dalla Sarfatti in *Dux*, ma certo non più dei 206 contati un secolo dopo da Mimmo Franzinelli in *Fascismo anno zero*. Ad ascoltare Mussolini, che parlò della fondazione di un «antipartito», c'erano una quarantina di socialisti dissidenti, molti sindacalisti, una decina di futuristi guidati da Filippo Tommaso Marinetti, Pietro Nenni, allora repubblicano, e molti reduci, soprattutto Arditi, ben descritti da Emilio Lussu, il grande antifascista che aveva partecipato alla prima guerra mondiale come ufficiale della brigata Sassari. Gli Arditi venivano portati in prima linea quando i comandi avevano bisogno di «azioni audacissime». «Potevano rientrare nella vita normale in stato fallimentare essi che avevano vinto la guerra?» si chiedeva Lussu in *Marcia su Roma e dintorni*. «E, inoltre, non avevano essi ogni giorno rischiato la vita? E avrebbero dovuto adattarsi umilmente al lavoro alle dipendenze di quanti avevano fatto carriera imboscandosi? Chi ha comandato un battaglione può rimettersi a fare lo scrivano a 500 lire al mese senza sentirsi umiliato? Ah, no: meglio la guerra.» Secondo Lussu, questa gente, oscillante tra la sinistra estrema e il nazionalismo, sarebbe andata prima con d'Annunzio a Fiume e poi con Mussolini.

A provocare la grandissima agitazione del dopoguerra era arrivata la Conferenza di pace di Versailles, che aveva massacrato la Germania sconfitta e deluso l'Italia vincitrice. Capo carismatico delle assise parigine fu il presidente americano Woodrow Wilson, che, con il pur tardivo ingresso in guerra, fece degli Stati Uniti il motore decisivo della vittoria. In breve, Wilson non riconobbe il Patto di Londra, che assicurava all'Italia ogni bendidio. Fedele al (giusto) diritto dell'autodeterminazione dei popoli sulla base della lingua e della nazionalità, fece due eccezioni: diede l'Alsazia tedesca ai francesi e il Sud Tirolo agli italiani. Quest'ultima decisione si spiegava con la sicurezza delle nostre frontiere (il Brennero), ma Wilson se ne pentì e non volle darci l'italianissima Fiume. L'Italia fu assolutamente unanime nelle rivendicazioni. Sull'«Unità» del 3 maggio 1919 Gaetano Salvemini si chiedeva perché le colonie tedesche (promesse a noi) andavano agli inglesi e il bacino della Saar ai francesi, mentre i tostissimi slavi rivendicavano Trieste, Gorizia e Pola. Alla fine, perdemmo la turca Smirne, che andò ai greci, nonostante i turchi volessero stare con noi (ma di questo c'importò poco), però in cambio ci toccarono Trento, l'Alto Adige, la Venezia Giulia, una parte della Dalmazia, ma non Fiume.

E qui entrò in gioco Gabriele d'Annunzio, poeta e scrittore ormai mitico e sempre inseguito dai creditori malgrado le fantastiche retribuzioni, ed eroe della Grande Guerra, dove si era distinto nelle imprese più audaci e spettacolari: dalla beffa di Buccari (10 febbraio 1918), quando a bordo di un Mas di Costanzo Ciano aveva lanciato in prossimità della costa nemica tre bottiglie avvolte in un nastro tricolore e recanti un messaggio derisorio sulle difese del porto croato, al volo su Vienna (9 agosto 1918), quando da un aereo aveva sganciato sulla città austriaca 350.000 volantini anziché bombe.

Il 12 settembre 1919, alla testa di 2000 uomini, d'Annunzio sfondò la debole resistenza del distaccamento italiano che avrebbe dovuto proteggere la neutralità di Fiume e prese possesso della città. («Sparate qui!» disse mostrando al generale Vittorio Emanuele Pittaluga, che lo invitava a desistere, la medaglia d'oro appuntata sul petto.) I legionari, avanzando, gridarono «Eia, eia, alalà!», che la fantasia dannunziana aveva attinto da Alessandro Magno e dalla mitologia greca, e che sarebbe diventato il grido di battaglia fascista. L'occupazione durò poco più di un anno: al giubilo popolare del primo momento subentrarono i disagi di una città sottoposta a un blocco severo.

Quando, alla fine del 1920, il nuovo governo Giolitti si accordò con il Regno dei serbi, croati e sloveni per Fiume città indipendente, sia pure sotto il controllo italiano, la situazione precipitò. Mentre Arturo Toscanini correva nella città del Quarnaro con l'orchestra della Scala per solidarizzare con d'Annunzio, al quale donò la sua bacchetta di direttore, Mussolini prendeva le distanze dal Vate difendendo l'accordo, alienandosi le simpatie di molta opinione pubblica e dei legionari fiumani, ma distinguendo astutamente le proprie sorti politiche da quelle di d'Annunzio. Questi respinse l'ordine di Giolitti di arrendersi e, il giorno di Santo Stefano, l'esercito italiano attaccò incontrando una resistenza superiore al previsto.

La piccola guerra civile durò poche ore e si concluse quando l'*Andrea Doria* sparò due cannonate sul palazzo del governo, dove risiedeva d'Annunzio insieme all'amante Luisa Baccara. Morì un soldato di guardia, e il Vate, indomito in mille occasioni, gridò: «Aiuto, salvatemi!». Per decidere se arrendersi, lanciò in aria una moneta e disse (lo disse lui) che la sorte gli imponeva l'abbandono di Fiume. Ci furono una cinquantina di inutili morti, divisi equamente fra militari dell'esercito e legionari. E cadde anche una bambina di 12 anni.

La città istriana sarebbe diventata italiana nel 1924.

La sconfitta elettorale di Mussolini nell'Italia dei nuovi soviet

Il 1919 fu un anno decisivo per Mussolini e il fascismo. Come scrisse il direttore del «Corriere della Sera» Luigi Albertini al presidente del Consiglio Vittorio Emanuele Orlando, «l'opinione pubblica vede la macchia del bolscevismo allargarsi con rapidità vertiginosa ... constata una specie di rassegnazione borghese fatta di attesa passiva ... assiste a una ventata di follia generale che può passare senza conseguenze ma anche travolgere tutto».

Il 13 aprile, fascisti e futuristi attaccarono un corteo non autorizzato di socialisti e anarchici nel centro di Milano. Lo scontro si ripeté due giorni dopo durante lo sciopero generale e la manifestazione indetta all'Arena dalla Camera del lavoro: morirono un'operaia di 19 anni e due ragazzi, mentre fascisti e futuristi assaltarono e devastarono la sede dell'«Avanti!». Mussolini cercò di declinare ogni responsabilità sulla vicenda, dichiarando che nessuno li aveva autorizzati all'assalto, e intitolò un suo articolo *Non contro il proletariato, ma contro il bolscevismo*. L'opinione pubblica e lo stesso governo lo assecondarono, sposando la tesi della provocazione bolscevica. Tuttavia, nel secondo dopoguerra, lo storico francese Georges Roux scrisse che in quell'occasione «il fascismo è venuto fuori con i suoi metodi di violenza aperta che non abbandonerà più perché essi derivano dalle caratteristiche del comportamento del suo capo».

Chi aveva capito molto del futuro Duce era il capo dei servizi segreti del tempo, l'ispettore Giovanni Gasti. Il 4 giugno 1919 inviò al ministero dell'Interno un ritratto accurato di Mussolini, non privo certo di ammirazione. Dopo averne monitorato al minuto le abitudini quotidiane («Esce di casa a mezzogiorno, ma lavora quindici ore»), lo descrive come «sensuale, seduttore, persuasivo, sentimentale, disinteressato, prodigo di denari, altruista, filantropo, molto intelligente, accorto, misurato, riflessivo, coraggioso, audace, anche se mutevole nelle idee e nei propositi». Profetica, poi, la conclusione, visto che i Fasci erano ancora debolissimi: «Ambiziosissimo, è animato dalla convinzione di rappresentare una notevole forza nei destini d'Italia ed è deciso a farla valere. È un uomo che non si rassegna a posti di second'ordine. Vuole primeggiare e dominare». E consigliò invano al governo di portarlo dalla propria parte.

Nonostante la netta avversità della borghesia e della stessa maggioranza silenziosa del paese, il vento della rivoluzione sovietica soffiava forte sull'intera penisola, dalle grandi aziende del Nord alle campagne emiliane, laziali, pugliesi. Scrisse nel 1926 Pietro Nenni, socialista fedele all'Idea ma uomo di buonsenso, ricordando il drammatico quadriennio precedente: «In tutta Italia sorgevano improvvisati soviet annonari: nell'Emilia, nella Romagna, in Toscana, nelle Marche si poteva parlare di vera e propria insurrezione popolare». Per tutto il 1919 e nei primi mesi del 1920 la lotta di classe fu violentissima, dalla Lombardia alla Puglia. De Felice rileva che nel biennio 1919-1920 «il potere dei leghisti fu pressoché assoluto. I proprietari, le amministrazioni locali, lo stesso Stato erano impotenti o quasi contro di esso ... Si trovava posto solo attraverso le Leghe, chi sgarra viene trattato come un lebbroso». Le stesse parole si trovano nelle memorie di Angelo Tasca, *Nascita e avvento del fascismo*, con la differenza che Tasca è stato nel 1921 uno dei fondatori del Partito comunista d'Italia. Ai renitenti s'incendiavano i fienili, si distruggevano i raccolti, si ammazzava il bestiame, e i proprietari venivano spesso bastonati. La decisione degli industriali di ridurre da 72 o da 60 a 48 ore settimanali l'orario di lavoro non allentò minimamente la tensione. La borghesia, i reduci, la classe operaia e i braccianti erano furiosi e delusi, componendo una miscela esplosiva che di lì a poco avrebbe fatto saltare in aria le debolissime istituzioni democratiche.

Nonostante i suoi affollatissimi e reboanti comizi, strizzando un occhio alla borghesia che lo finanziava e un altro alla classe operaia che non voleva abbandonare (usava l'espressione «compagni fascisti»), la prima esperienza elettorale di Mussolini fu catastrofica. Il capo dei Fasci provò ad allearsi con le liste di sinistra, che considerava ancora casa sua, ma ricevette una proposta inaccettabile: doveva rinunciare a presentarsi perché il suo nome avrebbe fatto perdere voti. Alle elezioni del 16 novembre 1919, le prime dopo la Grande Guerra, i socialisti guadagnarono 156 seggi su 508, contro i 137 dei liberali divisi in due liste, i 100 dei Popolari di Sturzo (risultato eccellente per un partito nato dieci mesi prima), i 20 di un Partito dei combattenti, una dozzina dei radicali. E Mussolini? Non eletto. Andò alla Camera un solo fascista, il genovese Valentino Coda. Nella «sua» Milano, la lista Mussolini, che vantava, oltre al suo, nomi come Toscanini e Marinetti, raccolse solo 4657 voti contro i 170.000 dei socialisti. Gli ex compagni pubblicarono sull'«Avanti!» due celebri righe: «Un cadavere in avanzato stato di putrefazione fu ripescato stamane nel Naviglio. Pare si tratti di Benito Mussolini». Il «funerale» transitò in Foro Bonaparte davanti al palazzo dove abitava la famiglia di Benito, con il duplice risultato di spaventare la piccola Edda e d'indurre la battagliera Rachele a prendere pistole e bombe a mano per ogni evenienza.

Mussolini fu subito arrestato, insieme a Marinetti e all'ardito Ferruccio Vecchi, per detenzione di esplosivi, ma venne liberato qualche ora dopo per intercessione del direttore del «Corriere della Sera», Luigi Albertini, che scrisse al primo ministro Francesco Saverio Nitti: «È un rudero, uno sconfitto, non occorre farne un martire». E Nitti che, secondo la Sarfatti, non era «uomo di coraggio, neppure nel rancore», si affrettò a liberarlo, spaventatissimo all'idea di uno scandalo.

Hitler, 1919: «Eliminare gli ebrei nel loro insieme»

Prima che il trattato di Versailles ne massacrasse la geografia, l'economia e l'orgoglio, la Germania uscì dalla guerra con una repubblica fragile e litigiosa che, in seguito a numerosi episodi di guerra civile, l'11 agosto 1919 – dopo la firma del disastroso trattato e la promulgazione della nuova Costituzione tedesca – sarà detta «Repubblica di Weimar», detestata dalla destra.

Nel 1919 Hitler era rimasto nell'esercito e si era iscritto al Partito tedesco dei lavoratori, che odiava tutti: il marxismo, il capitalismo, la democrazia e gli ebrei. Fece per un breve periodo il guardiano a un campo di prigionieri di guerra, ma alla sua chiusura se ne tornò in caserma. Decisivo per il suo lancio politico fu il capitano Karl Mayr, un uomo dei servizi segreti incaricato di formare una squadra specializzata nell'addestrare i militari in chiave antimarxista e di denunciare chi deviava dalla linea indicata. Le lezioni di Hitler ai militari da educare/rieducare si trasformarono ben presto in discorsi la cui efficacia sorprese per primo chi li pronunciava. «Improvvisamente mi venne offerta l'opportunità di parlare dinanzi a un vasto pubblico» scriverà nel *Mein Kampf* «e quel che avevo sempre presentito senza averne coscienza, trovò allora conferma: sapevo parlare.»

Adolf Gemlich, un superiore di Mayr, gli chiese chiarimenti su come fosse gestita nei corsi la «questione ebraica». Su invito di Mayr, il 16 settembre 1919 Hitler scrisse a Gemlich una lettera che rappresenta il primo documento organico sull'antisemitismo hitleriano e il cui originale è custodito nel Centro Simon Wiesenthal di Los Angeles. La premessa è che gli ebrei non sono persone che praticano una certa religione, ma una razza. Il fine ultimo dell'antisemitismo «deve rigorosamente essere l'eliminazione degli ebrei nel loro insieme». Questo sentimento non l'avrebbe più lasciato fino alla morte nel bunker di Berlino.

Nel 1939, in un testo poco conosciuto (*Adolf Hitler in Franken*), avrebbe scritto che la Germania era vittima di una congiura mondiale di bolscevichi, massoni, capitalisti, gesuiti obbedienti alla strategia del «tiranno dei popoli, il giudeo bramoso di sangue e di denaro». Secondo Hitler, l'ebreo disponeva del 75 per cento del capitale mondiale ed era «il burattinaio delle sorti umane». Osserva lo psicoanalista Langer nel saggio già citato: «Proprio come Hitler dovette estirpare da sé la propria personalità precedente per sentirsi grande e forte, così la Germania deve sterminare gli ebrei, se vuole raggiungere la sua nuova gloria».

Nel gennaio 1920 Hitler tenne il primo dei trenta comizi che avrebbe totalizzato nel corso dell'anno. Hans Frank, che sarebbe diventato governatore generale della Polonia, aveva 19 anni ed era tra le 2000 persone che affollavano la birreria scelta per l'evento. Scriverà nel carcere di Norimberga, prima di essere impiccato: «Parlò per più di due ore e mezzo – e lo si sarebbe potuto ascoltare per molto, molto di più – spesso interrotto da frenetici scrosci di applausi. Tutto veniva dal cuore e all'unisono col suo vibravano i cuori di tutti noi...». I temi dei comizi erano sempre gli stessi: la gloria passata della Germania in confronto con la debolezza e l'umiliazione attuali, il trattato di Versailles considerato il «diktat della vergogna», la disfatta tedesca provocata dai giudei, oggi sfruttatori del popolo, l'antisemitismo come parte integrante del vero socialismo.

Nel febbraio 1920 il Partito tedesco dei lavoratori si trasformò in Partito nazionalsocialista tedesco dei lavoratori (Nsdap), nazionalista e antisemita, e adottò come simbolo la svastica e i colori della vecchia Germania: nero, bianco e rosso. Il piccolo movimento isterico ed estremista mise le basi per diventare un grande partito di massa. Aprì sezioni in tutta la Germania, ma alla fine del 1920 gli iscritti, pur moltiplicatisi per dieci (da 200 a 2000), erano ancora pochissimi. Forse per questo nella primavera del 1921 i dirigenti nazionalsocialisti pensarono a una fusione con il più forte Partito socialista tedesco, anch'esso antisemita.

Hitler era fortissimo a Monaco, ma pressoché sconosciuto nel resto della Germania, e l'idea che il nuovo partito dovesse avere sede a Berlino lo fece infuriare. Così mandò tutto all'aria e il 29 luglio 1921, nell'arena Krone di Monaco, 553 su 554 membri del Partito nazionalsocialista presenti al congresso straordinario lo acclamarono presidente. Accanto a lui c'era il giovane Rudolf Hess che, insieme a Hermann Göring, sarebbe stato il suo più stretto collaboratore (si sarebbe suicidato nel 1987 a 93 anni). Il 4 giugno 1921, sull'organo del Partito nazista, replicò così a un critico di Hitler: «Come fate a non vedere che quest'uomo è l'unica personalità di comando a poter condurre la battaglia fino in fondo? Pensate che le folle si riverserebbero nell'arena Krone se lui non ci fosse?». Assurto alla guida del partito, Hitler assunse l'appellativo che non l'avrebbe più lasciato: Führer.

Gli eccessi rivoluzionari e la nascita dello squadrismo

In una situazione normale, dopo il disastroso risultato elettorale Benito Mussolini sarebbe politicamente annegato nei Navigli. E invece, nei tre anni successivi, tutto tramò non solo per riportarlo a galla, ma anche per spianargli la strada verso il potere.

Nell'autunno del 1919 il Psi decise di aderire all'Internazionale comunista fondata da Lenin. Un suicidio. Filippo Turati e la sua compagna Anna Kuliscioff, due splendide figure della migliore sinistra, frequentavano placidamente i salotti milanesi, mentre i loro compagni durante il discorso della Corona di Vittorio Emanuele III inneggiavano alla Repubblica e si rifiutavano di partecipare il 4 novembre alle celebrazioni del primo anniversario della Vittoria. Il liberale Francesco Saverio Nitti riuscì a tenerli all'opposizione grazie al decisivo contributo dei Popolari di Sturzo. Il battagliero sacerdote siciliano era riuscito ad abbandonare la sterile posizione di assenza dalla politica imposta dai divieti papali di Pio IX con il celebre discorso fondativo dei «liberi e forti», ma aveva un partito assai diviso al proprio interno: ai Filippo Meda, difensori illuminati della borghesia, si opponevano i Guido Miglioli, che avrebbero volentieri espropriato i sostenitori di Meda.

La situazione si aggravò il 22 marzo 1920 con la proclamazione dello sciopero generale. Il pretesto fu l'introduzione alla Fiat dell'ora legale («Non vogliamo uscire di casa col buio» protestarono gli operai). La vera battaglia, tuttavia, fu l'istituzione negli stabilimenti dei consigli di fabbrica. Gino Olivetti, segretario generale della Lega industriale di Torino (anche i borghesi diedero alle loro organizzazioni il nome «Lega», tipico di quelle proletarie), era nettamente contrario, temendo che, com'era appena accaduto in Russia, gli operai diventassero i padroni della fabbrica. I rivoluzionari furono traditi dalla Fiom, il potente sindacato metalmeccanico, che il 24 aprile firmò un accordo con cui rinunciava ai consigli di fabbrica. Il comunista Antonio Gramsci reagì malissimo: «La classe operaia torinese continuerà la lotta».

Mussolini pattinava cinicamente sul caos. «Abbasso lo Stato sotto tutte le sue specie e incarnazioni» tuonava sul «Popolo d'Italia» del 6 aprile 1920 e, poi, in un comizio al teatro Lirico di Milano il 24 maggio nel II congresso dei Fasci di combattimento. A suo giudizio, i poteri statali dovevano essere limitati a quattro funzioni: militare, poliziotto, giudice e agente delle tasse. Per il resto, invitava i proletari a collaborare con la borghesia: «Non bisogna mandare a picco la nave della borghesia, ma entrarvi dentro per espellere gli elementi parassitari».

L'abolizione del prezzo politico del pane e uno scontro a fuoco tra militi della Guardia regia e manifestanti per l'annessione di Dalmazia e Fiume costarono il posto a Nitti in favore del redivivo Giovanni Giolitti, lo statista di maggior cinismo, autorevolezza e abilità, richiamato in servizio per il suo quinto mandato a 78 anni (ne aveva 50 quando Umberto I gli aveva conferito il primo incarico). A lui Sturzo concesse la nominatività dei titoli di Stato (pessima notizia per le organizzazioni religiose), ottenendo 3 ministri, 5 sottosegretari e il ripristino dell'insegnamento religioso nelle scuole primarie pubbliche.

Giolitti mise sul piatto della sinistra una forte progressività delle imposte e una pesante tassa di successione. Il «Corriere della Sera» lo chiamò «bolscevico», ma i «bolscevichi» non si commossero affatto. L'introduzione della prima commissione interna alla Fiat Brevetti, invece di calmare gli animi bollenti, li eccitò: Gramsci esaltò l'occupazione delle fabbriche, invano trattenuto da Togliatti che lo ammoniva a non percorrere una strada senza uscita, visto che sicuramente lo Stato avrebbe interrotto la rivoluzione. Il numero degli scioperi passò da 781 nel 1914 a 1860 nel 1919 e a oltre 2000 nel 1920.

Il 31 agosto 2020, a Milano gli stabilimenti occupati erano 200, e quando Giovanni Agnelli invitò il presidente del Consiglio a riportare l'ordine, lui gli rispose se doveva bombardare la Fiat. Paolo Monelli, nemico giurato di Mussolini, riassume così la situazione: «Scioperi a catena, torbidi, assalti a treni e caserme, occupazione di città e fabbriche, eccidi, goffi esperimenti rivoluzionari (a Bologna si proclamò solennemente il soviet, a Viareggio e in certi paesi del Valdarno furono emessi francobolli e monete bolscevichi); e a cominciare dal 1920 la reazione sempre più viva delle squadre fasciste».

Era nato lo squadrismo. Ai reduci, agli Arditi, alle legioni di delusi del dopoguerra che speravano in un avvenire che non arrivava, si aggiunsero giovani che non avevano fatto in tempo a combattere, ma avevano le stesse idee dei fascisti e mani robuste. L'aspetto clamoroso e sconcertante è che alcuni settori dell'esercito, chiamati a fronteggiare gli eccessi dei rivoluzionari di sinistra, chiamarono in soccorso gli squadristi. Nel settembre 1920, in una circolare inviata a tutti i comandi dei corpi d'armata, il colonnello Camillo Caleffi, capo dell'Ufficio informazioni dello Stato maggiore dell'esercito, definì gli squadristi «forze vive da contrapporre eventualmente agli elementi antinazionali e sovversivi». Servì a poco la sconfessione che colpì il colonnello, perché questa collaborazione, sia pur in modo meno manifesto, non si sarebbe mai interrotta.

Da Bologna un «favore» a Mussolini

Cacciato dalla porta della sconfitta alle elezioni politiche del 1919, Mussolini rientrò dalla finestra delle amministrative del 1920. Come accade a leader politici di gran vaglia, ma troppo sicuri di sé, Giolitti fu colpito da un fatale attacco di miopia. Pochi o tanti che fossero, i voti fascisti gli facevano comodo, ma soprattutto era convinto che, avendo Mussolini in casa, fosse più facile domarlo all'interno della grande ammucchiata che costruì per la bisogna. Su 8327 comuni, il Blocco nazionale vinse in 4665, i socialisti in 2022, i Popolari in 1613 e i repubblicani in 27. All'errore di Giolitti si sommò quello dei socialisti. Come scrive De Felice, una scelta saggia sarebbe stata un'alleanza tra Psi e Ppi, ma questo non fu possibile per il massimalismo del primo, l'anticlericalismo dilagante ovunque, nonché, come abbiamo già visto, le contraddizioni in seno ai cattolici, stretti tra una maggioranza progressista e una minoranza conservatrice.

I socialisti continuarono a minacciare l'istituzione di una repubblica dei soviet, e a esercitare, come scrive Emilio Gentile in *Fascismo*, «un controllo quasi totale sulla vita politica ed economica, spesso adoperando metodi vessatori e intolleranti verso i ceti borghesi e talvolta verso gli stessi lavoratori». Insomma, per dirla con Nenni, «una ortodossia puramente formale, un rivoluzionarismo puramente verbale, l'assenza di senso politico, cioè di piani concreti e precisi, il distacco tra Partito e Paese, l'aver sacrificato il valore universalmente umano del socialismo, facendone un affare interessante esclusivamente alcune categorie economiche, ecco ciò che ha portato al disastro del 1922». Per questo, conclude Gentile, «l'offensiva antiproletaria dello squadrismo, condotta all'insegna della difesa della nazione e della proprietà, fu accolta da tutti i partiti antisocialisti come una "sana reazione" contro le violenze massimalistiche. Ciò consentì al fascismo di accreditarsi come difensore della borghesia produttiva».

Il primo scontro armato tra socialisti e fascisti avvenne a Bologna il 21 novembre 1920. I socialisti avevano vinto le elezioni comunali e si apprestavano a festeggiare a palazzo d'Accursio, in piazza Maggiore. I fascisti s'impegnarono a non disturbare la manifestazione pubblica d'insediamento del nuovo consiglio, a patto che non fossero esposte le bandiere rosse «per non offendere il sentimento patriottico della città». Pretesa eccessiva, tant'è che fallì anche una mediazione ottenuta da un consigliere indipendente. Il nuovo sindaco, l'operaio Enio Gnudi, si affacciò al balcone esponendo le bandiere rosse e liberando piccioni alle cui zampette erano legate delle bandierine rosse.

Il «Corriere della Sera» riferì che quando i fascisti si avvicinarono al palazzo, dal suo interno partì un colpo di pistola. I socialisti che erano in piazza tentarono di entrare nell'edificio per proteggersi, ma i loro compagni all'interno – scambiandoli per fascisti – li salutarono con un lancio di bombe a mano. Nel palazzo entrò uno sconosciuto, mai identificato, che sparò contro i banchi della minoranza e uccise l'avvocato Giulio Giordani, dopodiché puntò l'arma contro i banchi dei giornalisti, che si sdraiarono a terra. Alla fine, i morti furono 10, uccisi dai fascisti, dall'esercito e dalle bombe lanciate dai loro compagni.

Il direttore Albertini descrisse le violenze proletarie, accusò il governo che «ha tutto consentito, senza lottare, senza resistere: è fuggito sempre». Drammatica la conclusione: «Di fronte al maturare della rivoluzione socialista, di fronte alla minaccia degli orrori del bolscevismo, da tutti i centri maggiori della penisola si è allora gridato: basta, non se ne può più». A quel punto Mussolini aveva un percorso ben tracciato verso il potere.

«All'armi siam fascisti / terror dei comunisti»

All'inizio del 1921 Mussolini rischiò di morire due volte, una in volo e l'altra a domicilio. Benito prendeva lezioni di volo sul campo di Arcore, vicino a Milano, e il suo istruttore era il fedele Cesare Redaelli, asso dell'aviazione. Il 2 marzo il loro Aviatik si levò in volo, ma il motore perse subito colpi. Redaelli cercò di prendere i comandi affidati all'allievo, ma era tardi e l'aereo, scrisse il «Corriere della Sera», precipitò da un'altezza di 40 metri distruggendosi. I due piloti se la cavarono benino. Mussolini si ferì, non gravemente, al viso, alle gambe e alle braccia. E a Redaelli non andò peggio.

Alla Sarfatti, che corse all'ospedale, l'amante escluse di aver sbagliato qualche manovra, ed effettivamente più tardi si scoprì che qualcuno aveva manomesso il sistema di raffreddamento. Furono sospettati alcuni legionari fiumani, che rimproveravano a Mussolini di non aver difeso d'Annunzio ormai in forte difficoltà. La realpolitik lo aveva in effetti sconsigliato di mettersi contro il governo, imbarcandosi in un'avventura certo popolare, ma destinata al fallimento.

Il secondo incontro con la morte fu schivato il 21 marzo successivo. Biagio Masi, un giovane anarchico di Piombino, bussò a casa Mussolini e fu accolto da Rachele. Alla sua richiesta di incontrare il direttore del «Popolo d'Italia», lei rispose che era ancora a letto perché convalescente dalle ferite riportate nell'incidente aereo di poche settimane prima, ma che lo avrebbe ricevuto nella sede del giornale. Allora Masi si offrì di accompagnare a piedi fino in ufficio la sua vittima designata, che si muoveva con le stampelle. Entrato nella stanza, invece di spararagli l'attentatore poggiò la pistola sulla scrivania e confessò di aver intascato un anticipo di 10.000 lire, su un compenso pattuito di 30.000 (cifra astronomica per l'epoca), per ammazzare il capo fascista. Aveva desistito, disse, perché colpito dalla semplicità della sua famiglia.

Gli anarchici avevano scelto la strada del terrorismo e ne diedero prova il 23 marzo facendo esplodere un cesto pieno di candelotti di dinamite al teatro milanese Kursaal Diana, gremito di gente richiamata da un'operetta. Volevano uccidere l'ispettore Gasti, il primo ad aver capito tutto di Mussolini, e che nel frattempo era diventato questore della città. Lui se la cavò, ma morirono 21 persone e altre 80 rimasero ferite. Uno degli attentatori, Giuseppe Mariani, fu subito arrestato e presto condannato al carcere a vita. Ma la vera vendetta la consumarono i fascisti, diventati il braccio armato della borghesia (e non solo). Distrussero gli uffici di un giornale anarchico e incendiarono la sede dell'«Avanti!», anche se i socialisti non c'entravano nulla con l'attentato.

Non era una novità. Nella sua citata biografia, Milza fa un puntiglioso elenco delle centinaia di Case del popolo, Camere del lavoro, cooperative, leghe agrarie, sezioni e tipografie socialiste assaltate e distrutte, con un'abbondante messe di vittime. Antonio Spinosa, in *Mussolini. Il fascino di un dittatore*, traccia un lugubre ritratto dell'intera scenografia fascista. Gli squadristi «in moto e in bicicletta raggiungevano il luogo degli agguati per randellare e ricinare [*imporre alle vittime di bere olio di ricino*]. Andavano urlando a squarciagola: "All'armi siam fascisti / terror dei comunisti / spavento dei pipisti [*i Popolari di Sturzo*]. / Me ne frego è il nostro motto, / Me ne frego di morir"». Il «Me ne frego» fu rubato a d'Annunzio, come «Eia, eia, alalà!». Spinosa ricorda inoltre la violenza verbale fascista diffusa dalle colonne di giornali che si andavano moltiplicando, come «L'Assalto», settimanale dei fascisti padani fondato a Bologna da un giovane avvocato ex combattente, Dino Grandi, che il 25 luglio 1943 sarebbe stato l'omicida politico di Mussolini. «Ai conigli e ai coccodrilli come alle bagasce noi sputiamo sul viso.» Questo era il clima.

Naturalmente i fascisti spesso reagivano a violenze rosse, ma rispondevano secondo l'adagio «A brigante, brigante e mezzo!». E le autorità stavano quasi sempre dalla loro parte, arrestando un fascista ogni tre socialisti. Di fronte agli ispettori inviati da Roma, i prefetti alzavano le mani: sì, avete ragione, i fascisti spesso esagerano, ma la gente si sente protetta da loro e, in fondo, ci sentiamo protetti anche noi della polizia, che veniamo aggrediti…

La contabilità politica parla da sola. Nella primavera del 1921, a due anni dalla nascita del fascismo, i Fasci erano schizzati da 20 a 1000. Mussolini era pronto a prendersi la rivincita per l'umiliazione elettorale subita nel 1919 e Giolitti cadde nella trappola.

III

Il fascismo, luce di Hitler. Mussolini e il delitto Matteotti

Quando i «duri» fecero dimettere Mussolini «pacificatore»

Parlare di un Mussolini «moderato» può sembrare sorprendente, persino provocatorio. Eppure, sia prima sia dopo la marcia su Roma, il Duce ebbe atteggiamenti concilianti che lo videro inizialmente perdente con l'ala dura del fascismo. Il nuovo movimento godette certo dell'appoggio degli agrari e della borghesia, ma è meno noto il forte sostegno assicurato dalla piccola proprietà contadina. Come annota Emilio Gentile nella sua nuova, imponente *Storia del fascismo*, si tratta di «contadini proprietari giunti da poco al possesso della terra o di nuovi affittuari e coloni i quali probabilmente fornirono le schiere più aggressive e violente nella campagna antisocialista e antiproletaria». Questa nuova classe era aumentata vistosamente di numero soprattutto tra Ferrara, Bologna e Mantova, fino a raddoppiare in talune zone rurali e a controllare quote frazionate, ma molto rilevanti, delle aree coltivabili. Avendo ricevuto da poco le chiavi di un nuovo, piccolo benessere, questi contadini proprietari volevano difenderlo a ogni costo. Osserva ancora Gentile che la loro causa ebbe il sostegno degli agrari, della piccola borghesia urbana e il consenso di tutti i partiti antisocialisti, «che la giustificarono come una reazione di autodifesa contro la violenza dei massimalisti, per affrancare la borghesia e i ceti medi dal predominio arbitrario e dispotico delle amministrazioni socialiste e delle leghe rosse». Questo moltiplicò le iscrizioni al movimento fascista: se nell'autunno del 1920, un anno e mezzo dopo la sua fondazione all'adunata di San Sepolcro, gli iscritti erano ancora un migliaio, a maggio 1921 il loro numero era salito a 187.000.

Mussolini guardava lontano e sapeva che, con la guerra civile tra fascismo e socialismo, difficilmente sarebbe andato al potere (nell'ottica di quel momento storico). «Dobbiamo rimettere la spada nel fodero» scrisse sul «Popolo d'Italia» il 1° luglio 1921. Giolitti era stato sostituito al governo dal più debole e meno carismatico Ivanoe Bonomi, che si accordò con cattolici e socialisti, ma non osò accogliere la proposta di «compromesso storico» fattagli da Mussolini dal banco della Camera il 23 luglio annunciando il voto contrario dei fascisti al nuovo gabinetto: «Penso che si va o presto o tardi ad una nuova e grande coalizione e sarà quella delle tre forze espresse in quest'ora dal Paese: un socialismo, che dovrà correggersi e già comincia; la forza dei popolari, che esiste, che è potente, anche perché si appoggia ... alla forza immensa del cattolicesimo; e un terzo movimento complesso, formidabile, eminentemente idealistico, che raccoglie la parte migliore della gioventù italiana».

In effetti, il fascismo era un movimento così complesso che l'ala dura già un mese prima aveva ammonito Mussolini a non convertirsi alla democrazia parlamentare. La rivolta scoppiò il 3 agosto 1921 con il «patto di pacificazione» firmato da fascisti, socialisti e un gruppo di dirigenti della Cgl, che impegnava le parti a operare «perché minacce, vie di fatto, rappresaglie, punizioni, vendette, pressioni, violenze personali di qualsiasi specie abbiano a cessare». Aggiunse Mussolini: «Chi non usa le verghe odia suo figlio. Ora, se il fascismo è mio figlio ... io, con le verghe della mia fede, del mio coraggio, della mia passione, o lo correggerò o gli renderò impossibile la vita».

Per i duri e puri era troppo. Dino Grandi, ras di Bologna (il titolo era mutuato dal nome dei capitribù etiopi), se ne fece portavoce, disconoscendo nella sostanza la paternità di Mussolini e assegnando a d'Annunzio e agli squadristi il successo del movimento. Insieme a Roberto Farinacci, ras di Cremona, e Italo Balbo, ras di Ferrara, convocò a Bologna una grande assemblea di squadristi che sfiduciò Mussolini. Questi si dimise, ma i golpisti non fecero molta strada. Per l'immediata sostituzione contavano su d'Annunzio, ma il Vate li liquidò dicendo che «doveva consultare le stelle». Al Consiglio nazionale fascista di fine agosto la rivolta cessò: Mussolini non si presentò, ma lavorò dietro le quinte affinché la «pace» venisse congelata. Ogni ras se la sarebbe gestita per conto proprio, valutando la situazione.

Al III congresso dei Fasci italiani di combattimento, tenutosi a Roma dal 7 al 10 novembre 1921, Mussolini entrò in minoranza (controllava soltanto un terzo dei seggi) e uscì trionfatore. Giornalisti e scrittori avviarono la sagra dei ritratti apologetici, che sarebbero durati un ventennio. Il «Duce del fascismo» – questa la definizione di capo del neonato Partito nazionale fascista – incassò l'importante consenso del giornale principe della borghesia, il «Corriere della Sera», che scrisse: «Non si può negare che il movimento fascista rappresenti oggi un forte tentativo di organizzare e preparare alla vita nazionale quelle masse giovani del ceto medio che per il passato si mantenevano quasi interamente estranee alle lotte politiche». Grandi e gli altri «movimentisti» contrari alla nascita del partito furono sconfitti. Mussolini fece nominare segretario un suo uomo, Michele Bianchi, un ex socialista rivoluzionario che escluse le minoranze da ogni centro di potere.

Il congresso, però, non si svolse in un clima tranquillo: i ferrovieri non diedero il benvenuto ai convegnisti, bloccando alcuni convogli in arrivo alla stazione Termini, e nei successivi scontri tra opposte fazioni scoppiati in città ci scapparono 6 morti. Ma il vero volto del partito si manifestò con le disposizioni operative successive al congresso. Siccome il governo aveva annunciato di voler procedere al disarmo degli eserciti privati (non c'era stata la pacificazione?), Bianchi fece scrivere sul «Popolo d'Italia» del 16 dicembre 1921 che, dal giorno precedente, «Sezioni del Partito e Squadre di combattimento formano un insieme inscindibile. Tutti gli iscritti alle Sezioni fanno parte delle Squadre di combattimento. ... Lo scioglimento delle Squadre di combattimento risulterà pertanto praticamente impossibile se prima il governo non avrà dichiarato fuorilegge il Partito Nazionale Fascista in blocco». Sarà utile segnalare che oltre un terzo degli iscritti al Pnf era formato da braccianti e operai dell'industria, e che gli agrari, i piccoli proprietari e i fittavoli non superavano il 12 per cento. La base popolare era, perciò, larghissima.

L'aiuto involontario di Sturzo al Duce

Probabilmente il fascismo sarebbe andato comunque al potere, ma tra coloro che involontariamente lo aiutarono ad anticiparne la conquista ci fu, suo malgrado, Luigi Sturzo. Nella squadra liberale, tra molte mezze figure c'era un solo campione: Giovanni Giolitti. Spregiudicato quanto si voglia, grande negoziatore, era l'unico a poter tenere il timone in un mare in tempesta. Tuttavia, quando Bonomi rassegnò le dimissioni, il 2 febbraio 1922, Sturzo non volle entrare nel suo governo. Non gli perdonava di aver ammesso Mussolini nel salotto buono della democrazia includendolo nel Blocco nazionale e temeva che volesse indebolire cattolici e socialisti per i suoi giochi di palazzo. Negandogli l'appoggio, il sacerdote siciliano passò per il patrono del fascismo. Una beffa per una limpida figura di antifascista, costretta all'esilio londinese subito dopo l'avvento di Mussolini al potere, autore di libri di denuncia affidati al giovane editore liberale Piero Gobetti. Invano nel secondo dopoguerra, tra il 1946 e il 1955, in libri e interviste il sacerdote siciliano respinse il pesantissimo addebito. Il risultato è che, affossato Giolitti, l'agonizzante democrazia italiana dovette accontentarsi di Luigi Facta, il quale aveva come unica dote quella di essere amico dello statista di Dronero, che infatti lo suggerì al re.

Ma le tragedie non possono essere gestite da remoto e, come scrisse Nenni in *Vent'anni di fascismo*, «tutti gli esponenti parlamentari si sottraevano al loro dovere». L'ala dura del fascismo non voleva aspettare che si sciogliesse l'ambiguità di Mussolini. Il 26 marzo 1922, 20.000 fascisti attraversarono le vie di Milano. Ora, è vero che lì, in piazza San Sepolcro, era nato il fascismo, ma il capoluogo lombardo era la capitale del socialismo. Il 12 maggio Italo Balbo invase la «sua» Ferrara con 63.000 camicie nere per liberare dal carcere uno dei suoi amici e, a fine mese, assunse per cinque giorni il controllo militare di Bologna, dopo il divieto del prefetto di far circolare i camion sui quali i fascisti avevano caricato i disoccupati per provocare i socialisti. A fine ottobre Farinacci guidò l'assalto alla prefettura di Cremona e fece devastare le abitazioni di un dirigente cattolico e di uno socialista.

La situazione era completamente sfuggita di mano a Mussolini, che per il suo «coraggio» riceveva la solidarietà di antifascisti insospettabili come Ernesto Rossi. Lo dimostra la fretta con cui dovette interrompere un viaggio che avrebbe dovuto portarlo a Berlino, Vienna, Praga e Varsavia, e che invece fu costretto a limitare alla capitale tedesca. Lì il Duce poté annusare la forza crescente del neonato Partito nazionalsocialista, al punto di scrivere per la rivista «Gerarchia», su suggerimento della Sarfatti, un allarmato articolo in cui esprimeva preoccupazione per le sorti della Repubblica di Weimar. (Nonostante avesse una rappresentanza parlamentare modesta, a Berlino Mussolini fu accolto sia dal governo tedesco sia dall'ambasciata d'Italia come un leader di prima grandezza. Eppure confessò al giornalista Paolo Monelli la propria debolezza e la paura di finire in minoranza: «Se il fascismo vuol fare a meno di Mussolini, Mussolini può fare a meno del fascismo».)

Al fascismo diedero una mano anche i socialisti: l'ala riformista, guidata da Turati, Matteotti, Treves, si disse pronta a sostenere qualunque governo in grado di ristabilire ordine e legalità, ma venne sconfessata dalla direzione massimalista. (Nell'ottobre 1922 quest'ultima mise in minoranza l'ala riformista la quale allora decise la scissione, fondando il Partito socialista unitario.)

La Caporetto dei socialisti e la distruzione dello Stato liberale

Il governo Facta cadde e Vittorio Emanuele Orlando, al quale il re conferì l'incarico di formare un nuovo esecutivo, sondò Mussolini, il socialista Turati e il cattolico Filippo Meda per tentare un altro «compromesso storico». Mussolini accettò, ma i socialisti rifiutarono. Così Facta risorse, con un uomo forte dei socialisti al ministero dell'Interno (Paolino Taddei), ma era un morto che cammina.

A dargli il colpo finale arrivò lo sciopero generale, promosso da socialisti e comunisti il 1° agosto 1922. Turati lo definì «sciopero legalitario», in quanto nato per ristabilire la legalità dopo le violenze fasciste. Bianchi, come segretario del partito, organizzò la risposta: se lo sciopero fosse durato più di quarantott'ore, il fascismo si sarebbe sostituito allo Stato ripristinando i servizi essenziali.

Emilio Gentile offre una scrupolosa contabilità dei 28 circoli, 13 Camere del lavoro e 9 cooperative distrutti, dei 5 municipi occupati e delle numerose amministrazioni socialiste dimissionarie. Ma trascura di ricordare che, quando il 3 agosto i fascisti cacciarono dal palazzo comunale di Milano gli operai che lo avevano occupato, lo stesso Nenni riconobbe che furono festeggiati come liberatori da una folla entusiasta e che il «Corriere della Sera» accusò i socialisti di «togliere per tre giorni il pane e l'acqua ai cittadini ... di tirare colpi di rivoltella e di fucile contro i treni passeggeri e colpi di rivoltella contro le carrozze tranviarie, svellendo qui e là le rotaie». Non a caso Turati, ammettendo il fallimento dello sciopero, parlò di «Caporetto» e di «fascisti ormai padroni del campo».

I fascisti si ritirarono solo il 5 agosto, quando il governo diede pieni poteri all'autorità militare. Ma il danno ormai era fatto. Scrisse ancora il «Corriere»: «Oggi l'Italia è assai più propensa ai fascisti. Dissimularlo non giova. Questo è il bilancio dello sciopero generale, lo specchio in cui la Nazione ha visto riflessa di nuovo la faccia bolscevica degli anni tristissimi dopo la vittoria».

Gentile sostiene che Mussolini era contrario a una reazione così forte e fu ancora una volta messo in minoranza, ma si affrettò a cavalcare il successo degli squadristi. «Il fine ultimo del fascismo è la distruzione dello Stato liberale» si poteva leggere sul numero di «Gerarchia» del 25 agosto. «Un sistema di governo come l'attuale, fondato unicamente sul compromesso, sul mezzo termine, sull'espediente è condannato già dalla storia. O per opera di un nemico esterno o per interno sommovimento la democrazia deve perire.» Veniva sciolto così il dilemma espresso nel comitato centrale riunitosi a Milano il 13 e 14 agosto: «Siamo tutti convinti che il fascismo deve divenire Stato … e che per divenire Stato noi abbiamo due mezzi: il mezzo legale delle elezioni e il mezzo extralegale dell'insurrezione». Fu scelta la seconda strada.

Eppure era stato programmato fin nei dettagli, per il giorno di Ferragosto in una villa toscana, un incontro segreto tra Mussolini, d'Annunzio e Nitti per far nascere un governo unitario e, in qualche modo, pacificatore. Purtroppo la sera del 13 il Vate cadde da una finestra della sua villa a Gardone Riviera e si ferì seriamente. Perché cadde? Forse perché, seduto sul davanzale, tentò un approccio troppo audace con Jolanda Baccara, la giovanissima sorella di Luisa, 30 anni, amante del Vate, che di anni ne aveva 59. Luisa suonava al pianoforte, d'Annunzio chissà dove aveva le mani e così l'incontro che forse avrebbe potuto salvare l'Italia sfumò. Usiamo il condizionale perché, nel frattempo, gli squadristi ribollivano. Balbo minacciava di fare la marcia da solo. E Farinacci l'avrebbe accompagnato volentieri. Mussolini capì che doveva passare alla fase operativa, incitato anche dalla Sarfatti, convinta che un momento così favorevole non si sarebbe ripetuto. Purtroppo aveva ragione. Paese allo sbando, governo di pasta frolla dinanzi a quotidiani episodi di guerra civile, Vittorio Emanuele terrorizzato dal vedersi soffiare la Corona dal cugino Emanuele Filiberto d'Aosta, simpatizzante dei fascisti.

La marcia su Roma partì da Napoli

Il colpo di Stato avvenne prima del 28 ottobre. Il 3 del mese gli squadristi furono integrati nella Milizia, un esercito parallelo guidato da un civile (Michele Bianchi, il segretario del Pnf) e da tre militari: Italo Balbo, come leader delle nuove leve militarizzate; Cesare Maria De Vecchi, un vecchio Ardito di fede monarchica (il contrario di un Cesare condottiero); Emilio De Bono, un generale della riserva che aveva lasciato l'esercito per protestare contro l'eterna debolezza del governo. E infatti un governo normale avrebbe fatto arrestare tutti. Non accadde perché Facta assistette senza battere ciglio all'occupazione militare fascista delle istituzioni altoatesine a tutela della minoranza italiana, che si sentiva sopraffatta dalla maggioranza di lingua tedesca.

La preparazione militare corse parallela alla pantomima politica in cui Giolitti cercava di imbrogliare Mussolini, e viceversa, e Facta piangeva tra le braccia della moglie maledicendo la disgrazia che gli era capitata addosso. In realtà, Mussolini e tutti i fascisti erano concordi nel non poter ripetere l'errore dei socialisti: se si promette sempre la rivoluzione e non la si fa mai, ci si spegne come una lampada senz'olio.

La prima volta che Mussolini annunciò in qualche modo la marcia su Roma fu il 24 settembre 1922 a Cremona davanti a 30.000 fascisti scatenati: «È dalle rive del Piave che noi abbiamo iniziato la marcia che non può fermarsi fino a quando non abbia raggiunto la meta suprema: Roma! E non ci saranno ostacoli, né di uomini né di cose, che potranno fermarci».

Una sorta di legittimazione andò poi a cercarsela a Napoli il 24 ottobre, dove erano confluiti con treni speciali 40.000 fascisti e 20.000 lavoratori. Al teatro San Carlo il suo trionfo fu assai maggiore di quanto raccontato da autorevoli storici di sinistra. Mussolini venne ricevuto dalle autorità civili e militari più importanti, e al suo ingresso le 2000 persone che riempivano ogni angolo della sala scattarono in piedi come da noi oggi usa solo per il capo dello Stato. Erano presenti politici anche di partiti antifascisti e una rappresentanza trasversale della società. Quando sul podio salì un deputato in camicia nera con fascia giallorossa (i colori di Roma), il cui gruppo parlamentare costituiva meno del 15 per cento della Camera, al posto della marcia reale fu eseguita *Giovinezza*. E fu letto un messaggio di auguri del presidente della Camera Enrico De Nicola.

Il discorso di Mussolini fu moderato, per valutazione unanime. Aveva già deciso di marciare su Roma (i piani operativi furono stabiliti la notte stessa all'hotel Vesuvio), ma si finse pronto a far nascere un governo di cui non avrebbe fatto parte personalmente, ma con 5 ministri fascisti, tra cui però l'Interno e gli Esteri. Disse che il fascismo voleva diventare Stato e aveva il «dilemma», come titolò il «Corriere della Sera», se arrivarci con la legalità o l'illegalità. Riposta la sua lunga tradizione anarchica, rese omaggio al re, prospettò un programma di riforme (quelle economiche furono definite «liberali» da Luigi Einaudi), rivendicò («vivissimi applausi») la difesa dei reduci, tranquillizzò la borghesia che temeva i socialisti assicurandole ordine senza guerre civili. Il discorso doveva essere convincente se l'applaudì persino Benedetto Croce, filosofo già celebre che avrebbe assicurato al governo Mussolini il suo voto di senatore anche dopo il delitto Matteotti del 1924. (Croce si sarebbe poi ritirato dalla scena pubblica, con una professione di antifascismo che non gli impedì di lavorare liberamente per l'intero Ventennio.)

Nel pomeriggio lo «statista» in camicia nera vestì i panni del «capo militare», passando in rassegna le truppe all'Arenaccia e incassando il saluto militare del vicecomandante del Corpo d'armata. La compromissione tra il fascismo e le forze armate era ormai ufficiale.

Ma la rivoluzione iniziò all'insaputa di Mussolini

Tutto era pronto, dunque. Eppure Mussolini era ancora indeciso e giocava su più tavoli. Rientrando da Napoli a Milano, si fermò a Roma per assicurarsi l'appoggio della massoneria di piazza del Gesù, assai più vicina ai fascisti di quella «legalitaria» di palazzo Giustiniani, ormai rassegnata a un ruolo decisivo di Mussolini, ma all'interno di un quadro in cui convivessero il Vecchio e il Nuovo. Ciascuno dei vecchi leader liberali era favorevole a un governo pieno di fascisti, purché presieduto da loro. Lo era anche Giolitti, pronto a offrire quattro ministeri, ma non Interno, Esteri e Guerra, i tre decisivi. Per tale ragione, Mussolini trascorse i quattro giorni che divisero l'adunata di Napoli dalla marcia su Roma cercando in ogni modo di evitare che andasse al governo Giolitti, l'unico che aveva gli attributi per fermarlo.

In previsione della marcia su Roma, l'Italia era stata divisa in 12 zone operative. L'offensiva contro la capitale sarebbe partita da Monterotondo (nord), Tivoli (est) e Santa Marinella (ovest). Il quartier generale era a Perugia, presso l'hotel Brufani, dove i quadrunviri, divisi tra loro sul da farsi, aspettavano l'ordine di attacco.

Vittorio Emanuele, intanto, se ne stava nella tenuta toscana di San Rossore, come se la rivoluzione alle porte non lo riguardasse. Tornò a Roma, su tardiva pressione di Facta, solo la sera del 27 ottobre, quando Farinacci aveva già dato l'assalto alla prefettura di Cremona e il prefetto di Milano aveva avvertito il presidente del Consiglio che la situazione era fuori controllo. Facta, ormai sopraffatto, rassegnò nelle mani del re le sue dimissioni e, quando questi le respinse, se ne andò a letto. Nelle stesse ore Mussolini prendeva atto che la marcia su Roma era iniziata a Cremona senza che lui ne sapesse niente. Stava assistendo al teatro Manzoni di Milano, insieme a Margherita Sarfatti e sua figlia Fiammetta, alla rappresentazione della commedia *Il cigno* di Ferenc Molnár quando fu avvertito da Luigi Freddi, giovane cronista del «Popolo d'Italia», del pasticcio combinato da Farinacci. Allora si precipitò al giornale per dettare il «proclama della rivoluzione»: dimissioni del governo, scioglimento della Camera, consegna dell'esercito nelle caserme.

Quella notte il «Corriere della Sera» dovette ribattere l'ultima pagina del giornale in uscita il 28 ottobre annunciando in poche, drammatiche righe: «Il colpo di mano fascista ... è in corso di esecuzione. Il governo dichiara di aver prese le misure necessarie per impedire che il tentativo riesca», con l'auspicio che fosse evitata una guerra civile nel rispetto della legalità e l'avvertimento che i fascisti avevano ormai assunto il controllo della stampa. (E infatti fu impedita l'uscita dell'edizione del 29 ottobre. «È mio dovere non transigere» disse lo stesso Mussolini a un inviato di Luigi Albertini che gliene chiedeva ragione.)

In realtà, le «misure necessarie» per salvare la democrazia il governo le aveva prese fin dal 19 ottobre, affidando al generale Emanuele Pugliese l'incarico di difendere Roma. Come abbiamo scritto in *Perché l'Italia diventò fascista*, Pugliese disponeva di 28.400 uomini perfettamente equipaggiati e addestrati che avrebbero spazzato via senza difficoltà i 26.000 fascisti, armati per lo più di fucili da caccia e rivoltelle, se non di pugnali e di roncole. Mussolini aveva ordinato di fraternizzare con i soldati, ma di fronte a una seria resistenza militare si sarebbe ritirato immediatamente. Il generale aveva ricevuto disposizioni quanto mai ambigue: da un lato doveva difendere Roma, dall'altro evitare scontri a fuoco con i fascisti perché, altrimenti, il re si sarebbe dimesso. Insomma, tutto e il suo contrario. Pugliese predispose, dunque, le contromisure logistiche che avrebbero impedito ai fascisti di raggiungere la capitale, ma non gli fu mai dato l'ordine di contrastarli sul campo. Nonostante le simpatie fasciste di molti reparti, il generale assicurò al ministro della Guerra, Marcello Soleri, la più assoluta fedeltà delle forze armate alla Corona. (Venne attribuita ad Armando Diaz la tagliente battuta: «L'esercito farà il suo dovere, ma è meglio non metterlo alla prova».)

All'una del mattino del 28 ottobre un insonnolito Facta, svegliato da chi, per conto di Dino Grandi, gli annunciava che la rivoluzione era in corso, trovò ben svegli Pugliese, Soleri e il ministro dell'Interno Paolino Taddei, che aveva «assistito nella notte, nel silenzio delle grandi sale del Viminale, allo sfaldarsi dell'autorità e dei poteri dello Stato».

Il governo decise lo stato d'assedio, ma il re non firmò

Alle 5.30, con voto unanime, il Consiglio dei ministri proclamò lo stato d'assedio, comunicato alle 6.45 ai prefetti con la disposizione di mantenere l'ordine pubblico. Un quarto d'ora prima la divisione dell'esercito di stanza a Firenze ricevette l'ordine di sgomberare gli edifici occupati dai fascisti, mentre Giovanni Amendola, ministro liberale delle Colonie e poi vittima del fascismo, dichiarava: «Domani quegli scalzacani saranno messi a posto».

Alle 8.30, sui muri di Roma furono affissi i manifesti che annunciavano lo stato d'assedio: «Occorre mantenere l'ordine con qualunque mezzo e a ogni costo». A Pugliese vennero conferiti pieni poteri e a Roma furono vietati assembramenti, circolazione automobilistica e tranviaria, spettacoli pubblici. Chiusura alle 21 per bar e ristoranti.

Alle 8.30 Mussolini raggiunse la sede del «Popolo d'Italia». L'edificio, protetto da 70 squadristi e da cavalli di frisia allestiti con enormi bobine di carta, era circondato da militari con le mitragliatrici puntate. Il Duce scavalcò le recinzioni e, su quel che accadde in seguito, si hanno diverse versioni: da quella apologetica («Sparate su queste medaglie!» avrebbe gridato il Duce, che per la verità al momento non ne indossava) a quella denigratoria (fornita da Emilio Lussu in *Marcia su Roma e dintorni*), che lo descrive mentre arretra dinanzi al pericolo concreto per poi umiliarsi in prefettura. Nessuna delle due versioni è veritiera. Mussolini uscì effettivamente da solo e andò a parlamentare, ma in ogni caso la tensione si alleggerì a mezzogiorno, l'ora in cui avrebbe dovuto entrare in funzione lo stato d'assedio che, invece, proprio a quell'ora fu revocato.

Perché? Perché il re si rifiutò di firmarlo. Nella notte tra il 27 e il 28 ottobre, mentre Facta era andato tranquillamente a dormire, Vittorio Emanuele era rimasto in piedi sondando ogni possibilità di formare un governo con i fascisti ma senza Mussolini. La mattina del 28, prima di raggiungere la sede del «Popolo d'Italia», il Duce aveva ricevuto due telefonate di Luigi Federzoni, leader dei nazionalisti monarchici, che lo invitava ad autorizzare un governo Salandra. Mussolini prese tempo, perché non sapeva ancora che il re non aveva firmato lo stato d'assedio. Il povero Facta, che alle 9 del mattino portò al Quirinale il decreto per la firma che avrebbe affiancato quella del governo, fu investito da una raffica d'insulti che rasentarono l'isteria quando dovette comunicare al sovrano che sui muri di Roma erano già stati affissi i manifesti. «Queste decisioni spettano a me!» si sentì ululare in faccia.

Perché il re non firmò? La verità resterà ignota. Irritazione per non essere stato informato prima? Pressioni di monarchici, massoni e di una parte della stessa famiglia reale? Dubbi sulla tenuta dell'esercito? Sottovalutazione delle forze fasciste? È facile immaginare che, ai primi colpi sparati dalle truppe del generale Pugliese, la marcia si sarebbe interrotta. Per di più lo stesso Mussolini aveva ordinato di fraternizzare con i soldati. È un fatto, quindi, che fu Vittorio Emanuele III a consegnare l'Italia al fascismo, anche se probabilmente il fascismo sarebbe andato comunque al potere per le vie democratiche, visto il completo sfaldamento delle istituzioni liberali.

La mattina del 28 ottobre, fascisti «moderati» (De Vecchi, Ciano e Grandi) cercarono di convincere il Duce a partecipare a un governo Salandra, ma lui rispose che non aveva fatto una rivoluzione per resuscitare «don Antonio». Alle ore 18 il re diede comunque a Salandra l'incarico di formare un nuovo governo, ma la sera stessa un gruppo di autorevoli esponenti del mondo economico, ai quali era stato affidato il compito di studiare anch'essi una possibile mediazione, inviarono a Facta un fonogramma in cui invitavano Salandra a rinunciare in favore di Mussolini, come racconta lo stesso Salandra nelle sue memorie. Colpisce che tra i firmatari ci fosse Luigi Albertini, l'ex direttore del «Corriere della Sera», che l'indomani non sarebbe potuto uscire in edicola per le minacce fasciste. Era convinto che era meglio avere Mussolini a Roma per poterlo condizionare. Tragica illusione.

E nacque il governo di «unione nazionale». Con i fascisti in minoranza

A quel punto Vittorio Emanuele fece telefonare dal generale Arturo Cittadini, suo aiutante di campo, a Mussolini invitandolo a presentarsi al Quirinale. Ma il Duce, temendo una trappola, pretese un telegramma di convocazione, che arrivò a mezzogiorno del 29 ottobre nella sede del «Popolo d'Italia» a firma del generale Cittadini. Mussolini rispose che sarebbe partito subito in aeroplano, ma in realtà prese tempo per impostare il bollettino della vittoria sul giornale dell'indomani. Prese, perciò, il vagone letto delle 20 in una stazione Centrale gremita di camicie nere esultanti. Qui incontrò il giornalista americano Edgar Ansel Mowrer, che viaggiava sullo stesso treno e conosceva il capo del fascismo dal 1915. E che ricorderà più tardi, in *Triumph and Turmoil*, il loro scambio di battute: «Signor Mussolini, mi dice che succede?». «Non lo sapete? Vado a Roma per instaurare il fascismo.»

Il treno arrivò alla stazione Termini di Roma con un'ora e mezzo di ritardo, perché bloccato quasi a ogni stazione da squadre di fascisti festanti. Alle 11.15 del 30 ottobre 1922 Mussolini entrò al Quirinale per ricevere l'incarico. Indossava la camicia nera e si scusò per non aver avuto il tempo di cambiarsi, «venendo da una battaglia per fortuna non cruenta». (Era comunque passato brevemente all'hotel Savoia per rinfrescarsi e avrebbe potuto cambiarsi. Se volle presentarsi in divisa fascista, una ragione – simbolica quanto si voglia – c'era.) Uscì dal palazzo tre quarti d'ora dopo e vi tornò alle 19 con la lista dei ministri che, in larga parte, aveva preparato da tre giorni. Il suo abito da cerimonia era un puzzle di capi prestati e difettosi: un frac con le maniche troppo corte, i pantaloni a righe troppo lunghi, il cilindro e i gemelli di altri.

Il governo era di «unione nazionale», formato da fascisti, liberali e cattolici. All'ultimo momento Mussolini cancellò il nome di Luigi Einaudi, che pure avrebbe dato enorme prestigio al suo esecutivo (come abbiamo detto, aveva trovato il programma economico del fascismo aderente al liberalismo classico «della marca più autentica e pura»). Alla fine, dei 13 ministri quelli strettamente fascisti erano 3, tra cui Alberto De Stefani, stimato economista. Si tenga conto, però, che Mussolini aveva tenuto per sé Interno ed Esteri. Nel gabinetto c'erano, poi, 2 popolari, 1 liberale, 1 nazionalista, 2 democratico-sociali, 1 democratico, 2 militari di altissimo rango come Armando Diaz, il vincitore della prima guerra mondiale, alla Guerra e Paolo Thaon di Revel, che sarà l'unico grand'ammiraglio nella storia della marina militare italiana, alla Marina. All'Istruzione andò Giovanni Gentile, il maggiore filosofo italiano con Benedetto Croce, la cui amicizia non fu turbata dalla diversa visione dell'idealismo, bensì da quella del fascismo. Gentile entrò al governo come «indipendente», ma in realtà fu il più autorevole teorico del fascismo.

Mussolini avrebbe voluto nel governo Bruno Buozzi o un altro sindacalista della Cgl, ma dovette rinunciare per la ferma opposizione degli intransigenti del Pnf e del sindacato fascista. Il capo del governo avrebbe chiuso qui la partita, ma migliaia di camicie nere continuavano ad affluire a Roma e bisognava dar loro almeno il contentino di un omaggio al Milite ignoto. Il re non poté sottrarsi e vide che, secondo una tradizione squisitamente italiana, il numero di chi era saltato sul carro del vincitore era aumentato in modo spaventoso nel giro di poche ore. Molti fascisti non si accontentarono di una vittoria fino a poco prima del tutto impensabile. Un reparto agli ordini di Giuseppe Bottai volle attraversare il quartiere popolare di San Lorenzo, dove i fascisti erano particolarmente detestati. Alla fine della bravata, si contarono 13 morti tra gli antifascisti.

A quel punto Mussolini, superando le resistenze del capo delle ferrovie, ordinò e ottenne che 40.000 squadristi fossero riportati nei rispettivi luoghi di residenza su 60 treni straordinari.

Dall'«aula sorda e grigia» partì un plebiscito per Mussolini

Il Duce riscosse il consenso anche dei suoi avversari. Da Giovanni Giolitti a Giovanni Amendola, da Francesco Saverio Nitti ad Anna Kuliscioff, era un plebiscito di «lasciamolo lavorare ... ci voleva lui a trarre il paese dal fosso in cui finiva per imputridire ... solo lui poteva raggiungere la pacificazione». A dimostrare le devastanti divisioni della sinistra, basti citare Gaetano Salvemini, irriducibile antifascista: «Bisogna augurarsi che Mussolini goda di una salute di ferro, fino a quando non muoiano tutti i Turati...».

Il 16 novembre 1922 il capo del governo tenne alla Camera il discorso d'insediamento che si aprì con una frase tanto celebre quanto brutale: «Con trecentomila giovani armati di tutto punto, decisi a tutto e quasi misticamente pronti ad un mio ordine, io potevo castigare tutti coloro che hanno diffamato e tentato di infangare il Fascismo. Potevo fare di quest'aula sorda e grigia un bivacco di manipoli: potevo sprangare il Parlamento e costituire un governo esclusivamente di fascisti. Potevo: ma non ho, almeno in questo primo tempo, voluto». Frase bugiarda, perché i 300.000 giovani esistevano solo nella sua fantasia. E frase oltraggiosa per i deputati. Eppure, solo Giacomo Matteotti e il suo amico e avvocato Giuseppe Emanuele Modigliani si alzarono per gridare «Viva il Parlamento!», mentre i socialisti massimalisti e i comunisti li sopraffecero urlando: «Abbasso il Parlamento!».

Il governo Mussolini ottenne la fiducia della Camera con 306 voti a favore e 116 contrari. I deputati fascisti erano 35 e furono affiancati dai liberali come Antonio Salandra, Vittorio Emanuele Orlando e Giovanni Giolitti. E dai cattolici come Alcide De Gasperi, Filippo Meda, Giovanni Gronchi. Al Senato, Mussolini fu più conciliante ed ebbe 196 voti favorevoli e soltanto 16 contrari. Votò a favore anche il senatore Luigi Albertini, che pure aveva assaggiato di persona la prepotenza fascista. Invocò lo scioglimento delle squadracce, ma riconobbe che il programma di Mussolini «aveva soddisfatto le migliori aspettative». Scrisse l'indomani il quotidiano milanese: «Un programma politico che qualunque Parlamento avrebbe potuto e dovuto liberamente approvare. Nulla, o quasi nulla, in esso può sollevare una onesta opposizione». Condividendo, perciò, anche quella sua richiesta di «pieni poteri» per un anno per assumere in piena libertà drastici provvedimenti economici.

Improvvisamente l'Italia sembrò mutare aspetto. Nell'autunno-inverno 1922-1923 le giornate di lavoro perse per gli scioperi furono 247.000 contro le oltre 7 milioni dell'anno precedente. Nello stesso periodo la disoccupazione scese da 382.000 a 252.000 unità, per poi precipitare a 150.000 alla fine del 1924, quando il ministro De Stefani riuscì a portare in avanzo il bilancio dello Stato. Ma il costo sociale fu molto pesante: furono tagliati 65.000 posti nel pubblico impiego, di cui 48.000 tra i ferrovieri, i più tenaci avversari del Duce.

«Nel 1923, a pochi mesi dal suo insediamento, Mussolini è già un mito vivente per un gran numero di italiani. In un'epoca in cui la televisione non esiste e la radio muove ancora i primi passi, il capo carismatico del fascismo non ha altra scelta, per conquistarsi il favore popolare, che il contatto diretto con la folla» scrive Pierre Milza nella sua biografia del Duce. (La radio, in realtà, ha iniziato le sue trasmissioni il 6 ottobre 1924.) «Mussolini ne abusa fino all'ebbrezza. Moltiplica gli spostamenti in tutte le regioni della penisola.» Comincia a muovere il busto e il mento nel modo caricaturale che lo vedrà trasformarsi in una macchietta. Ma la gente lo adora. E se lui dice, imitando d'Annunzio, «A chi la battaglia?», la folla grida: «A noi!». «A chi l'Italia?» «A noi!» Mussolini coltiva la popolarità togliendo di mano a un muratore la cazzuola e dimostrando che non ha dimenticato il mestiere che aveva fatto in Svizzera. E fermandosi con la sua macchina da corsa davanti alla bottega di un maniscalco e lasciandolo interdetto per l'abilità con cui ripara un piccolo guasto meccanico.

Le iscrizioni al Partito nazionale fascista si moltiplicarono in due mesi, passando dalle 300.000 del 28 ottobre 1922 (data della marcia su Roma) alle 783.000 di fine anno. Ma il fascismo non aveva smesso di essere violento. Lo dimostra l'assassinio a bastonate di un giovane, popolare parroco di Argenta, un comune in provincia di Ferrara: don Giovanni Minzoni, che nella Grande Guerra aveva guadagnato la medaglia d'argento combattendo con gli Arditi, ma era giudicato dai fascisti troppo vicino agli interessi dei lavoratori.

Hitler scrisse il «Mein Kampf» in prigione

Nell'autunno del 1923 Hitler aveva perso la testa. La marcia su Roma di Mussolini lo aveva convinto che si potesse marciare su Berlino. Il 5 settembre aveva detto: «Ci sono due possibilità: o Berlino si mette in marcia e finisce a Monaco o Monaco si mette in marcia e finisce a Berlino!». Tre settimane dopo ripeté la stessa frase al corrispondente dell'agenzia americana United Press, e la notizia, che mise in allarme il governo tedesco, fu rilanciata dal «Washington Post».

La sera dell'8 novembre 1923, vigilia del quinto anniversario della caduta degli Asburgo, alla guida di un gruppo di scalmanati Hitler irruppe nella birreria Bürgerbräukeller di Monaco dove erano riuniti alcuni sostenitori del governo conservatore bavarese. Sparò un colpo di pistola in aria e annunciò la «rivoluzione tedesca», assumendo il comando di un governo bavarese con poteri estesi all'intera Germania. Naturalmente fu chiaro che il golpe sarebbe morto nella culla e qui si manifestò la follia politica di Hitler. Il mattino dopo si diresse con 2000 uomini armati verso la Loggia dei Marescialli (Feldherrnhalle), nel cuore della città, ma fu fermato dalla polizia: nello scontro morirono 16 rivoltosi e 4 poliziotti. (La Loggia sarebbe diventata un luogo di culto del nazismo: dal 1933 al 1945 i passanti furono obbligati al saluto in memoria dei «martiri».)

Il «Führer», così ormai era chiamato dai suoi compagni, se la cavò con la rottura di una spalla e si fece arrestare senza opporre resistenza. I giudici del Tribunale popolare, vista l'aria e date le loro probabili simpatie filonaziste, lo condannarono al minimo della pena per alto tradimento: solo cinque anni di «detenzione onorevole», ridotta poi a nove mesi. Ma fu un periodo decisivo per Hitler che, appena entrato in prigione, ebbe in dotazione una macchina per scrivere (poi sostituita da una nuovissima Remington, dono di un'ammiratrice). Un ticchettio frenetico si avvertiva fino a notte fonda. Si è parlato di Rudolf Hess, suo compagno di cella destinato a un grande futuro nel regime nazista, come autore di alcuni brani o come dattilografo sotto la dettatura di Hitler. Ma, come sostiene Othmar Plöckinger in *Geschichte eines Buches: Adolf Hitlers «Mein Kampf» 1922-1945* (Storia di un libro: il *Mein Kampf* di Adolf Hitler 1922-1945), alcuni fogli e appunti trovati solo nel 2006 dimostrerebbero che Hitler ha fatto tutto da solo.

A parte la lunga premessa autobiografica, i punti centrali del libro sono tre. Primo. Hitler si dimostra molto all'avanguardia nello studio della propaganda come elemento decisivo per ogni tipo di vittoria, tanto da attribuire a quella alleata la spinta determinante per la sconfitta degli Imperi centrali nel 1918. Secondo. Traccia fin da allora il disegno per la conquista dell'Europa dell'Est. Gli piacerebbe allearsi non con una grande potenza di terra come la Russia (cosa che invece farà nella prima parte del conflitto), ma con una grande potenza di mare come l'Inghilterra, che viceversa si rivelerà, grazie a Churchill, una sua nemica mortale. Terzo. Come annota un suo recente e accurato studioso, Sven Felix Kellerhoff, Hitler manifestò nel libro «un antisemitismo radicale, esasperato fino a sfociare in fantasie di annientamento», che purtroppo si trasformeranno in una tragica realtà.

Partendo dal principio che ogni animale si accoppia con individui della sua stessa specie, Hitler sostiene che ogni incrocio tra «esseri ineguali, l'ariano superiore, l'ebreo inferiore, dà come prodotto un termine medio tra il valore dei due genitori. Per questo il più forte deve dominare e non fondersi con il più debole». Secondo il *Mein Kampf*, gli ebrei non pensano affatto di «costruire uno Stato ebraico per abitarci, bensì ciò che vogliono è solo una centrale organizzativa della loro truffa mondiale che abbia i diritti di sovranità per sottrarsi all'ingerenza degli altri Stati: un rifugio per straccioni matricolati e una scuola superiore di aspiranti truffatori». (Mai Hitler avrebbe immaginato che gli ebrei sopravvissuti all'Olocausto avrebbero dovuto combattere per tanti decenni per difendere il loro Stato dalle aggressioni dei vicini.) Tragica la sua conclusione. Hitler è convinto che gli ebrei stavano vincendo la loro battaglia di soggiogamento degli ariani, ma anche l'ebraismo sarebbe finito male: «La fine non è soltanto la fine della libertà dei popoli sottomessi dagli ebrei, ma anche la fine del parassita stesso. Dopo la morte della vittima perirà, prima o poi, anche il vampiro».

Rilasciato per buona condotta con la condizionale alla fine del 1924, Hitler fu ospitato due volte, tra il 1925 e il 1926, a Berchtesgaden, una deliziosa località bavarese, nella pensione dei coniugi Büchner. E qui completò il libro con dattilografe d'occasione. Tentò anche di ottenere l'agognatissima cittadinanza tedesca, ma, visto il personaggio, si trovò prudente negargliela.

La lampada del fascismo illuminò la strada di Hitler

La nascita e i progressi del fascismo furono per Hitler la lampada che gli indicò la strada maestra. Come osserva Joachim Fest nella sua biografia, nel conservatorismo fascista lui vedeva il desiderio di rovesciare in maniera rivoluzionaria lo sviluppo della storia per tornare al punto di partenza, cioè alla bella età dell'armonia dell'uomo con la natura che aveva preceduto il traviamento. E se non si fosse riusciti a ristabilire il passato, se ne sarebbero almeno ristabiliti il sistema di valori, lo stile, il rigore, la morale, arginando le forze della dissoluzione irrompenti da ogni parte: «Insomma, finalmente una diga di fronte al caos che avanza». Osserva Fest, giornalista e storico tedesco tra i più autorevoli e certo non sospettabile di simpatie nazifasciste: «Nonostante tutti i suoi risvolti innegabilmente reazionari, il fascismo seppe venire incontro alle esigenze dell'epoca, quali si erano configurate dopo un totale rivolgimento, assai più efficacemente dei suoi antagonisti; solo il fascismo sembrò in grado di dare espressione articolata al sentimento, proprio del periodo, che tutto fosse andato a catafascio e che il mondo si fosse pericolosamente sviato». Secondo Fest, il comunismo non poteva assolvere allo stesso compito, sia perché ritenuto ausiliario di una potenza straniera (l'Urss), sia perché considerato più come causa della malattia che come cura. Per tale ragione Hitler si considerava destinato a un'eroica missione salvifica.

Il successo della marcia su Roma lo convinse di poter conquistare il potere per via democratica, pur mantenendo in perfetta efficienza reparti militari simili alla Milizia fascista. Nell'estate del 1921 aveva costituito le *Sturmabteilungen*, le Squadre d'assalto, identificate con la sigla SA, il cui grido di battaglia era «Sturm! Sturm! Sturm!» (Assalto! Assalto! Assalto!). Le SA arringavano il popolo tedesco urlando «Deutschland erwache!» (Germania, svegliati!). Il timido caporale che doveva aspettare il suo turno per parlare a piccole platee si era trasformato in un violento caporione. Quello che lui stesso nel *Mein Kampf* definì il «battesimo del fuoco» delle SA avvenne il 4 novembre 1921 durante un suo comizio in una birreria. I socialisti gli scagliarono addosso boccali vuoti che avevano nascosto sotto i tavoli e le SA intervennero ottenendo il loro primo successo militare. «Pur largamente inferiori di numero, eppur trionfanti sul nemico socialista.»

La tecnica era ormai collaudata. Il 14 settembre 1921, per impedire di parlare a un brillante ingegnere della Lega bavarese, Hitler scatenò le SA, che lo picchiarono a sangue. Il 14 ottobre 1922 guidò 800 SA in un viaggio in treno da Monaco a Coburgo, una piccola città bavarese, per battersi con i comunisti. Due settimane dopo, Mussolini prendeva il potere con la marcia su Roma. Per Hitler fu il segno del destino. Gemellata con quella di Roma, la marcia su Coburgo era la prima tappa verso la conquista del potere, che sarebbe avvenuta soltanto undici anni dopo.

Nel frattempo, la situazione politica tedesca era sempre più instabile. Il 16 aprile 1922, a Rapallo, la Germania stipulò con la Russia di Lenin un trattato di collaborazione che azzerava il contenzioso postbellico. L'estrema destra protestò, e il 24 giugno due suoi esponenti uccisero il ministro degli Esteri del Reich di Weimar, Walther Rathenau, che insieme al trattato aveva firmato la propria condanna a morte. La conseguenza fu la divisione politica della Germania: i Länder socialisti approvarono il trattato e dichiararono fuorilegge il partito bavarese di Hitler, che aveva già raggiunto 50.000 iscritti.

Ebbe così inizio un periodo delicatissimo per Hitler. Un anno dopo, insieme agli altri leader dell'Arbeitsgemeinschaft der Vaterländischen Kampfverbände (Gruppo di lavoro delle associazioni patriottiche combattenti), provò a impedire che le sinistre svolgessero a Monaco la tradizionale manifestazione del Primo maggio, considerandola una provocazione, e a organizzare una propria contromanifestazione per celebrare il quarto anniversario del fallimento di quello che fu chiamato il «governo dei Consigli», una Repubblica sovietica bavarese durata poche settimane nell'aprile 1919. Il governo bavarese si limitò ad autorizzare la manifestazione delle sinistre, pur proibendo i cortei. In un accesso di collera, Hitler (che aveva appena nominato Hermann Göring capo delle SA) si presentò al comandante militare della zona esigendo la consegna delle armi delle associazioni patriottiche custodite nei depositi dell'esercito. Il generale Otto von Lossow non solo si rifiutò, ma dichiarò che avrebbe fatto sparare contro chiunque avesse tentato una forzatura.

All'alba del giorno fatale, la freddezza degli alleati dinanzi alla prospettiva di un sanguinoso colpo di Stato e l'indecisione degli ufficiali «lealisti» che avrebbero dovuto appoggiarlo indussero Hitler a cedere. Era la prima sconfitta dopo anni di ascesa. Fu condannato a due mesi di carcere, perché i suoi avevano sottratto armi ai depositi, e rischiò di dover scontare la pena, vista la sospensione di una condanna precedente. Ma, soprattutto, rischiò di essere espulso dalla Germania, dato che era ancora cittadino austriaco. La pratica fu messa a dormire, tuttavia per alcuni mesi la sua popolarità calò. Ne fu vistosa conferma il fatto che nelle manifestazioni patriottiche autunnali gli applausi più calorosi non furono per lui, ma per i militari di grande prestigio, a cominciare dal generale Erich Ludendorff, eroe della Grande Guerra.

La «stupida» legge elettorale e la vittoria del 1924

Il periodo intercorso tra l'ascesa di Mussolini a palazzo Chigi (allora sede del ministero degli Esteri, prima di andare al Viminale e, infine, a palazzo Venezia), nel novembre 1922, e il delitto Matteotti (giugno 1924) mostra un Duce con molte facce, trasformista e inafferrabile. Scrisse Piero Gobetti in *La rivoluzione liberale*: «Non è facile resistergli perché egli non resta fermo a nessuna coerenza, a nessuna posizione, a nessuna distinzione precisa, ma è pronto sempre a tutti i trasformismi». La remissiva prudenza di Gobetti si affianca alla lucida analisi fatta sul primo numero della rivista «Il Caffè» (1° luglio 1924) da colui che sarebbe stato un antifascista a 24 carati come Ferruccio Parri: la gente comune aveva posto Mussolini «su un piedistallo di fiducia inconscia, di ammirazione ingenua e quasi fisica, di stupore estatico sul quale larga parte del popolo italiano contemplava il suo Duce dinamico agitarsi e recitare».

L'adorazione popolare e il sostanziale rispetto delle istituzioni indispettiscono i fascisti duri e puri, che non sono amati dalle classi dirigenti e da larga parte della pubblica opinione. Tant'è vero che la gente opera subito una distinzione netta tra Mussolini e il fascismo, come se il secondo potesse esistere senza il primo. Il mito del Superuomo edificato a tambur battente sembra quasi possedere un'identità autonoma. La sostanziale diversità del fascismo dal nazismo e dal comunismo è che mentre Hitler e Stalin misero lo Stato al servizio del partito, Mussolini fece il contrario: lo Stato fascista assorbì e ridimensionò il Partito fascista.

Eppure, anche il Duce compì subito due atti estranei alla correttezza costituzionale. La sera del 15 dicembre 1922 convoca nel suo appartamento al Grand Hotel, dove risiede, alcuni dirigenti del partito e istituisce il Gran Consiglio del fascismo, che avrà dignità costituzionale soltanto nel 1928 come supremo organo che sovrintende alle attività del partito nato dalla rivoluzione fascista. Il Gran Consiglio, in realtà, è da subito una scatola vuota, che verrà riesumata soltanto il 25 luglio 1943 per congedare il Duce. Ma la sua prima seduta va ricordata perché decide l'assorbimento nell'organizzazione militare dello Stato dell'esercito squadrista. Nasceva così la Milizia volontaria per la sicurezza nazionale (Mvsn), un corpo armato alle dirette dipendenze del Duce, che sostituiva l'esercito nella tutela dell'ordine pubblico, insieme agli agenti di pubblica sicurezza e ai carabinieri reali.

Mussolini, in minoranza nel suo partito dove prevaleva l'ala dura, lo era clamorosamente anche alla Camera, dove il Pnf poteva contare solo su 35 seggi su 535. Si aggiunga che il tormento dei cattolici non lo rassicurava. Una parte gli si era consegnata – Alcide De Gasperi, anticipando il tipico fraseggio democristiano di Aldo Moro, parlava di «collaborazione dinamica» –, mentre il fondatore del Partito popolare, don Luigi Sturzo, gli era contrario.

E qui si apre una brutta pagina per il fascismo, bruttissima per la Chiesa. Il rigido sacerdote fu prima attaccato da giornali cattolici fiancheggiatori del regime e poi «licenziato» da Pio XI con una lettera del cardinale Pietro Gasparri, segretario di Stato. (Costretto a dimettersi dalla guida del Partito popolare, trascorse in esilio sedici anni, peregrinando tra Parigi, Londra e New York. In una lettera rimasta inedita fino al 2006 Sturzo contestava rispettosamente al pontefice di aver schierato la Chiesa a fianco del fascismo: sarebbe stata questa l'interpretazione che dava delle sue dimissioni ed è, in effetti, l'interpretazione più corretta.)

Mussolini aveva bisogno di nuove elezioni che legittimassero il suo potere con il voto popolare. Trattò con De Gasperi una legge che avrebbe assicurato la maggioranza assoluta alla coalizione che avesse riportato il 40 per cento dei seggi. E invece fece approvare un provvedimento (la cosiddetta «legge Acerbo», che entrò in vigore nel novembre 1923) che avrebbe premiato con i 2/3 dei seggi chi avesse ottenuto almeno il 25 per cento dei voti. Ci fu una forte battaglia parlamentare: i fascisti vinsero prima per 10 a 8 nella commissione parlamentare istituita dal presidente della Camera Enrico De Nicola, e poi in aula con 223 sì contro 123 no. A favore votò la gran parte dei liberali, oltre a fascisti e nazionalisti; contro, i cattolici amici di Sturzo e le sinistre. Fu una legge stupida, perché Mussolini sapeva benissimo di poter contare su un consenso maggiore, mentre così diede il brutto segnale di voler a ogni costo soggiogare il Parlamento.

La campagna elettorale fu molto violenta. Gli squadristi tornarono in azione. Giovanni Amendola e Giacomo Matteotti vennero pesantemente aggrediti. A Francesco Saverio Nitti, che non era certo un pericolo pubblico, fu saccheggiata l'abitazione. L'«Avanti!» parlò di 25 antifascisti uccisi, Mussolini fece l'elenco nominativo di 18 fascisti eliminati. Alle elezioni del 6 aprile 1924 il Duce si presentò con una Lista nazionale in cui il Pnf era affiancato da vecchi liberali come Vittorio Emanuele Orlando e Antonio Salandra, dai nazionalisti (ormai assorbiti), da ex popolari e da liberali di varia condizione. La Lista fascista ottenne il 64,9 per cento dei voti (4 milioni 650.000), mentre i socialisti (11 per cento, divisi a metà tra massimalisti e riformisti di Matteotti) e il Partito popolare (9 per cento) dimezzarono i consensi rispetto alle elezioni precedenti. I comunisti migliorarono rispetto alle amministrative del 1923, fermandosi comunque al 3,7 per cento.

Le sinistre parlarono di brogli, ma a Mussolini fu facile rispondere che le dimensioni della sua vittoria erano tali da rendere vano qualunque ipotetico riconteggio. Uno dei critici più severi del fascismo, Denis Mack Smith, scrive in *Storia d'Italia dal 1861 al 1969*: «Prima d'allora, il fascismo aveva avuto dietro di sé in maniera inequivocabile l'autorità del re e delle due Camere: da allora in poi poté pure sostenere di rappresentare la volontà dell'elettorato». Nessuno in quel momento sospettava la svolta totalitaria che non sarebbe tardata. Gobetti lo definì un «Super Giolitti», perché era riuscito ad assorbire le vecchie glorie liberali: «Che De Nicola, Orlando, Salandra debbano la rielezione al manganello, che con tutti i loro discorsi di costituzionalità e di democrazia rimangano complici della pressione fascista, ecco il capolavoro del mussolinismo».

Mussolini: «Quell'uomo, dopo questo discorso, non dovrebbe più circolare»

Le sorti del fascismo, e forse dell'Italia, cambiarono con il delitto Matteotti. Giacomo Matteotti fu un uomo e un socialista fuori degli schemi. Polesano di Fratta, nella povera provincia di Rovigo, nacque nel 1885 da un padre bravo negli affari e cinico nell'usura e da una madre senza istruzione, ma d'intelligenza vivace e di buonsenso nell'amministrazione dei beni di casa. Nato e cresciuto in una famiglia ricca, l'agiatezza gli consentì ottimi studi, che seguì con il massimo profitto, e viaggi in tutta Europa per imparare le lingue e fare ricerche scientifiche di alto livello durante la preparazione di una tesi in diritto penale sulla recidiva. Giacomo, però, stava dalla parte dei poveri, che nel Polesine erano tanti, mangiavano solo polenta, si ammalavano di pellagra, facevano figli destinati a morire come mosche. (La stessa cosa accadde nella pur agiatissima famiglia Matteotti: Giacomo era il secondogenito, ma solo perché tre suoi fratelli maggiori erano morti in fasce.) I ricchi gli rimproveravano di non fare gli interessi della sua classe sociale, i compagni di partito di essere troppo benestante. Lui aveva un carattere difficile, che spesso lo isolava anche tra i suoi, e il suo spirito battagliero gli era valso il soprannome di «Tempesta». Tale sua asperità caratteriale finì per rendere difficile anche il rapporto con la moglie Velia, madre dei suoi tre figli: ancorché amatissima, non lo fu abbastanza per costruire un'unione felice. Pur essendo tanto «moderato» da subire con Turati l'espulsione dal Partito socialista a guida massimalista, quando nel 1922 fondò il Partito socialista unitario rimase l'avversario più irriducibile di Mussolini, una spina nel fianco che il Duce si sarebbe tolto volentieri.

Il 30 maggio 1924 Matteotti pronunciò alla Camera, davanti al presidente del Consiglio, un discorso di straordinaria asprezza che durò un'ora e mezzo per le continue interruzioni dei fascisti. Egli fece una puntigliosa analisi dei brogli elettorali, delle violenze fasciste, e chiese che il risultato delle urne venisse annullato. Ma era un uomo troppo intelligente per non sapere che Mussolini aveva vinto con quasi i due terzi dei voti. Impensabile, quindi, che la gran parte dell'opinione pubblica lo seguisse su questa strada. Crediamo piuttosto, come Renzo De Felice, che Matteotti volesse semmai aprire una durissima campagna politica contro il regime portando su posizioni più radicali lo stesso Turati, influenzato dalla sua compagna Anna Kuliscioff che contestava il «catastrofismo» del coraggioso deputato polesano, convinta che il regime fosse ancora politicamente gestibile. Sapeva di aver provocato freddamente Mussolini e consegnò alla storia una frase drammatica in risposta alle congratulazioni dei compagni: «Io il mio discorso l'ho fatto. Adesso preparate il discorso funebre per me».

Matteotti incrociò lo sguardo furibondo del Duce, che disse a Cesare Rossi, uomo tra i più fidati: «Cosa fa questa Ceka? Cosa fa Dumini? Quell'uomo, dopo questo discorso, non dovrebbe più circolare...». La Ceka – nome tristo mutuato dal vocabolario sovietico – era un servizio di sicurezza istituito pochi mesi prima e affidato dal Duce a Giovanni Marinelli, funzionario del partito, il quale aveva nominato capo operativo dell'organizzazione Amerigo Dumini (pronuncia Dùmini), ex Ardito e medaglia d'argento in guerra, che aveva trasformato il valore militare in ferocia.

La sera del 10 giugno 1924 Matteotti non tornò a casa. Siccome, quando era a Roma, rientrava regolarmente verso le 20, Velia rimase in apprensione tutta la notte. La mattina dell'11 mandò la domestica a recapitare lettere per il marito alla Camera dei deputati e alla sede del partito, e solo alle 17 ne comunicò la scomparsa all'amico e collega Giuseppe Modigliani, che fece immediata denuncia. Il 13 Velia fu ricevuta da Mussolini, al quale sollecitò le ricerche del marito e – con realistico e tragico sospetto – la consegna del cadavere.

Giacomo Matteotti era stato rapito alle 16.30 del 10 giugno sul lungotevere Arnaldo da Brescia, poco dopo essere uscito da casa. La squadraccia guidata da Dumini aveva aspettato il deputato socialista dentro una Lancia Lambda, ed era composta da quattro delinquenti già noti alla giustizia: Albino Volpi, Giuseppe Viola, Augusto Malacria e Amleto Poveromo. La banda faticò non poco per trascinarlo dentro l'automobile. È verosimile che lui, scalciando, abbia colpito ai testicoli Viola, che avrebbe risposto con una coltellata omicida (o con tre colpi di lima, come avrebbe sostenuto Matteo, figlio di Giacomo). Il paradosso è che i primi a meravigliarsi del delitto furono gli assassini: del tutto impreparati ad avere un cadavere tra le mani e non avendo idea di come sbarazzarsene, girarono a vuoto nella campagna romana fermandosi al bosco della Quartarella, 23 chilometri a nord della capitale. Non avendo attrezzi idonei alla sepoltura, scavarono con il cric dell'auto una fossa profonda mezzo metro. Il 16 agosto bastò il fiuto di un cane a scoprire il cadavere.

Ancora un secolo dopo: fu Mussolini a ordinare il delitto?

A un secolo di distanza, la domanda è la stessa: fu Mussolini a ordinare un delitto che fu definito «stupidissimo», ma dalle conseguenze eccezionali?

Riavvolgiamo il nastro. La Lancia Lambda era un'automobile di gran lusso: ne giravano poche e non passavano inosservate. Gli squadristi fecero parecchi sopralluoghi sotto casa di Matteotti, consentendo al portiere dello stabile di annotare il numero di targa, cosa che portò all'immediata identificazione del noleggiatore: Filippo Filippelli, un avvocato-editore vicinissimo al regime. Insomma, un omicidio firmato fin dal primo momento. Ma si voleva davvero il delitto? Qui non si parla di una scelta umanitaria, ché

Mussolini avrebbe volentieri polverizzato Matteotti, ma di una scelta politica. Nel discorso parlamentare del 7 giugno 1924, il primo dopo la vittoria elettorale, Mussolini ventilò di nuovo un'apertura a sinistra per rafforzare l'immagine del governo, affidando l'Assistenza sociale al sindacalista della Cgl Ludovico Calda (con il consenso del segretario Ludovico D'Aragona) e accarezzando l'idea di nominare il cattolico Filippo Meda alle Finanze e di far rientrare dalla Francia il leader sindacale Alceste De Ambris, espatriato volontariamente. «Abbiamo il diritto e il dovere di disperdere le ceneri dei vostri e anche dei nostri rancori» disse a conclusione, incassando gli applausi della destra e il silenzio (non i fischi) dell'opposizione.

Matteotti era ferocemente contrario a questa soluzione, che l'avrebbe indebolito. E per le stesse ragioni lo era il fascista più duro, Roberto Farinacci. Aveva dunque ragione Benedetto Croce quando disse: «Credo anche io che quel delitto orroroso, anziché esser voluto dal Mussolini, fosse, lui ignaro, preparato per propria iniziativa dalla mala gente che lo circondava»? Il 24 giugno Croce votò in Senato a favore del governo chiarendo: «Non si può aspettare e neppure desiderare un'improvvisa caduta del fascismo. Esso non è stato un infatuamento o un giochetto. Ha risposto a seri bisogni e ha fatto molto di buono, come ogni animo equo riconosce. Avanzò col consenso e tra gli applausi della nazione. ... Bisogna dare tempo di svolgersi al processo di trasformazione». Poi accadde quel che accadde, e Croce sarebbe diventato ben presto un antifascista tanto risoluto quanto indisturbato.

«Non è soltanto un delitto, è anche un errore» disse all'assemblea il Duce facendo proprio un motto di Talleyrand. In *Perché l'Italia diventò fascista* abbiamo esposto tutte le tesi, favorevoli e contrarie, all'ipotesi che Matteotti sia stato ucciso per impedirgli di rivelare scandali finanziari che avrebbero coinvolto il fascismo e persino la Corona. Tuttavia, Turati non pubblicò mai documenti compromettenti che gli avrebbe consegnato il deputato polesano e negli archivi della London School of Economics sono conservate le deposizioni di Modigliani e di altri intimi amici di Matteotti che escludono che lui fosse in possesso di documenti riservati senza averne fatto parola con loro.

Che dietro questo sequestro potesse esserci un «putrido ambiente di finanza equivoca» lo confessò lo stesso Mussolini nei suoi ultimi giorni di vita a Salò al giornalista antifascista Carlo Silvestri, convintissimo della sua innocenza. Il Duce riteneva da un lato che alcune persone temessero l'apertura a sinistra del capo del governo, dall'altro che avessero sequestrato Matteotti per farsi consegnare documenti compromettenti. Alla luce delle conseguenze, oggi la famosa frase «Quell'uomo non dovrebbe più circolare» avrebbe portato Mussolini dritto all'ergastolo come mandante del delitto. Eppure, in quel momento nemmeno una bastonatura gli sarebbe servita. Matteotti aveva già dimostrato di essere un uomo di ferro e l'operazione avrebbe danneggiato assai più il mandante della vittima. In seguito Cesare Rossi avrebbe detto che lui, conoscendo le sfuriate del Duce, non si sarebbe mosso, mentre un uomo ignorante come Marinelli...

L'aiuto finanziario del Duce alla famiglia Matteotti

Nessuno dei libri usciti nel 2024 in occasione del centenario del delitto Matteotti (tra gli altri, quelli di Federico Fornaro, Gianpaolo Romanato, Concetto Vecchio e Antonio Funiciello) aggiunge prove decisive sulle responsabilità di Mussolini. Lo stesso Emilio Gentile, nella sua *Storia del fascismo*, scrive: «Se non fu il mandante del delitto, Mussolini ne fu l'istigatore, quanto meno indirettamente». Cita la frase sulla Ceka, ma riconosce che già allora furono fatte altre ipotesi sul movente «non politico o non solo politico» relativo al tentativo di soffocare denunce sullo scandalo della compagnia petrolifera americana Sinclair, che avrebbe coinvolto membri eminenti del fascismo. Tuttavia, nella sua già citata biografia di Mussolini, Pierre Milza ricorda che lo scandalo Sinclair scoppiò ugualmente dopo l'assassinio di Matteotti.

Mauro Canali ha scritto nel 1997 il libro più documentato sul delitto Matteotti e nel 2024 ne ha pubblicato un'edizione aggiornata nella quale ribadisce che le ragioni del delitto furono probabilmente estranee al discorso del 30 maggio e più legate all'affare Sinclair e relativi interessi finanziari fascisti. Secondo Canali, il delitto fu programmato con largo anticipo e, se Mussolini ne fosse stato veramente estraneo, sarebbe stato molto più severo nei confronti degli autori materiali. Il delitto non fu dunque, a suo avviso, «una sorta di fungo mostruoso cresciuto nel deserto», ma il frutto dei rapporti interni al primo fascismo, a lungo sottovalutati. Detto questo, nemmeno Canali spiega come mai gli incaricati di un delitto del genere facessero di tutto per essere identificati ancor prima di commetterlo (i lunghi, visibilissimi sopralluoghi sotto casa del deputato), non portassero armi idonee a compierlo e, soprattutto, non sapessero dove seppellire il cadavere senza avere a bordo niente di utile per scavare la fossa (come abbiamo visto, fu usato il cric dell'automobile). E nelle 120 ore di colloqui con Silvestri a Salò, Mussolini disse che i figli di Matteotti non avrebbero mai accettato il suo aiuto se l'avessero considerato l'assassino del padre.

Dopo la scomparsa del marito, la vita di Velia si fece, se possibile, ancora più difficile. Il regime la spiava continuamente, nel timore che potesse fuggire all'estero e rilanciare l'antifascismo. Lei rifiutò le offerte di espatrio che le vennero fatte e continuò a vivere nella casa di via Pisanelli, sempre sotto stretta sorveglianza delle guardie. All'inizio del 1931 morì Isabella, madre di Giacomo. L'attività di famiglia andò progressivamente in rovina e Velia accumulò debiti insostenibili, per un importo di 1 milione 800.000 lire. Chiese aiuto agli antifascisti rifugiati in Francia, che glielo negarono (secondo alcuni, per gli intrighi di una spia del regime che ne aveva carpito la fiducia). A quel punto intervenne Mussolini, che le fece avere prima mezzo milione, poi un contributo annuo di 29.000 lire dal ministero dell'Agricoltura, mentre l'istituto San Paolo rinegoziò il mutuo. Alla fine, il debito residuo era comunque superiore al milione di lire. Quando il fratello, anch'egli controllato dalla polizia, le rimproverò di essersi compromessa con il regime, Velia gli rispose: «Ho chiesto al governo di concedermi qualche appoggio per non vedere andare alla rovina i miei figli. La mia preghiera è stata accolta con cordialità. Non ho nulla da nascondere, ma le uniche porte alle quali ho bussato e che mi sono state aperte – dico le uniche – sono state quelle del capo del governo e del Viminale. Voi tutti anziché aiutarmi mi avete deriso. Da oggi mi farete la cortesia di non venire più a casa mia».

Velia era ossessionata dal debito e voleva iniziare a restituirlo, ma il regime non aveva interesse a che la sua gratitudine si alleggerisse. Lei e i suoi figli vissero in difficili condizioni psicologiche gli anni successivi. Fino a quando Velia non sopravvisse a un intervento chirurgico che si annunciava senza rischi e morì il 5 giugno 1938. Aveva 48 anni.

La cosa più scandalosa furono le pene comminate nel 1926 soltanto a Dumini, Volpi e Poveromo: nemmeno sei anni di carcere, di cui quattro cancellati da un'amnistia. Nel 1947 un tribunale libero li condannò all'ergastolo, poi commutato in trent'anni di reclusione. Poveromo morì in carcere. Dumini, libero dal 1953 e tornato in carcere nel 1954, fu graziato nel 1956.

Il vero riscatto di Giacomo Matteotti è avvenuto il 30 maggio 2024. Nel centenario del suo ultimo discorso, la Camera ha deciso che il seggio dal quale lo pronunciò non sarebbe stato mai più occupato.

Tarabella: «Che capo di una rivoluzione siete se vi impressionate di un cadavere?»

Per essere il mandante di un omicidio, nei giorni successivi all'assassinio di Matteotti Mussolini chiedeva consolazione come fosse il parente più stretto della vittima. Confidò subito a Margherita Sarfatti: «È stato un complotto contro di me. È stato uno dei miei diabolici nemici. Avevo in mano tutta l'Italia con l'approvazione di tutto il mondo.

No! Il complotto contro Matteotti è stato opera di un demonio». E alla vecchia amica Matilde Serao, che, da buona napoletana, gli si presentò con un corno prezioso, disse: «Cara Matilde, i miei peggiori nemici non avrebbero potuto farmi quel che mi hanno fatto i miei amici...».

Recitava? Il fidatissimo usciere Quinto Navarra racconta nelle sue memorie che un giorno, aprendo la porta, sorprese il Duce mentre sbatteva la testa alternativamente sui due grandi pioli di legno dorato che sorreggevano la monumentale poltrona dinanzi allo scrittoio. E Paolo Monelli, antifascista contemporaneo: «Si presentava ai visitatori con la barba di tre giorni, gli occhi febbricitanti di un commerciante che stava per dichiarare fallimento». In realtà, i visitatori erano pochissimi. Palazzo Chigi era ormai semideserto. I fascisti di nuovo conio si mimetizzarono subito e più d'uno si sfilò il distintivo dall'occhiello della giacca. Non sappiamo se davvero il Duce pensasse alle dimissioni cedendo il posto a Turati o meditasse il suicidio da attuare in modalità diverse (un colpo di pistola? un salto dal balcone del suo studio affacciato su piazza Colonna?).

I partiti dell'opposizione se ne andarono sull'Aventino, termine del gergo politico mutuato dall'iniziativa dei plebei romani di ritirarsi su quel colle per sollecitare la concessione di diritti civili uguali ai patrizi. Fu probabilmente un errore, come disse subito Giolitti, perché lasciarono le istituzioni totalmente in mano ai fascisti. Gli «aventiniani» speravano di far cadere il governo («La pietra che ci sta sullo stomaco da anni si va disfacendo in sabbia» scriveva Turati alla Kuliscioff), ma non avevano calcolato che il re non l'avrebbe permesso senza un (impossibile) voto di sfiducia parlamentare. Anche perché Vittorio Emanuele non amava i salti nel buio: e se, di dritto o di rovescio, fossero tornati i socialisti?

Un Gran Consiglio convocato in luglio cercò di rimettere in sesto i fondamenti del fascismo, ma l'ala dura guidata da Farinacci rumoreggiava. La situazione peggiorò dopo il 16 agosto, quando fu trovato il corpo di Matteotti; il 5 settembre, quando Piero Gobetti fu bastonato selvaggiamente, e il 12 settembre, quando il muratore comunista Giovanni Corvi uccise con tre colpi di pistola Armando Casalini, fascista della prima ora e sindacalista di punta. L'attentatore, poi riconosciuto affetto da problemi psichici, sparò gridando «Vendetta per Matteotti!». Questo distrasse per un po' l'opinione pubblica, ma acuì la battaglia tra le fazioni politiche.

Nel frattempo Mussolini continuava a perdere consenso. Gli industriali lo avvertirono formalmente di attendersi un rapido ritorno alla normalità, lui stesso fece il giro di alcune regioni pronunciando discorsi moderati. Il gesto più forte fu il giuramento prestato al re dalla Milizia, che veniva assorbita nelle forze armate, pur rispondendo di fatto al Duce. Ma il cancro del dissenso interno al regime era ormai assai più pericoloso degli attacchi esterni, che pure avevano ripreso vigore grazie al ritrovato coraggio dei giornali. Il 30 dicembre Mussolini dovette respingere la proposta (interna al Pnf) di sostituirlo con il nazionalista Federzoni. E il 31 ricevette una visita inattesa e nient'affatto gradita.

In *Perché l'Italia diventò fascista* riportammo la testimonianza di Renzo Montagna (contenuta in *Mussolini e il processo di Verona*), uno dei consoli che sarebbe diventato capo della polizia di Salò, e che assistette al drammatico confronto tra Mussolini e quelli che fino a un attimo prima il Duce considerava tra gli uomini più fedeli. Trentatré consoli della Milizia entrarono nello studio del Duce senza dare all'usciere Navarra il tempo per annunciarli. Il manipolo era guidato da Aldo Tarabella ed Enzo Galbiati, due fascisti della prima ora. «Siamo venuti da voi per dirvi che siamo stanchi di segnare il passo» attaccò Tarabella, che parlava a nome di tutti. «Si sta facendo il processo al fascismo e voi non volete assumervi la responsabilità della rivoluzione. ... Voi che avete infiammato tanti giovani cuori, che tanto avete esaltato questa santa canaglia ... pretendete ora che questa santa canaglia a un sol colpo della vostra bacchetta magica si plachi? Via, Eccellenza, voi esagerate!»

Il Duce provò a obiettare che era stato lasciato solo, che da mesi palazzo Chigi era deserto: «In uno dei momenti più delicati della mia vita politica mi hanno gettato tra i piedi un cadavere che mi impedisce di camminare». E Tarabella replicò: «Che capo di una rivoluzione siete se vi impressionate di un cadavere?».

Dopo Matteotti, la dittatura del Duce

Uno del coro gridò: «Bisogna fucilare i capi dell'Aventino!». Mussolini rispose: «Bisognerebbe piuttosto fucilare gli assassini di Matteotti, che sono i veri responsabili di questa situazione!». Ma il Duce capì di aver perso e si convinse a fare il contrario di quel che aveva detto nel discorso parlamentare del 7 giugno: instaurare la dittatura.

Il 3 gennaio, dopo aver chiesto invano al re lo scioglimento della Camera, decise di presentarsi a Montecitorio e di pronunciare a braccio un discorso definitivo. Ricordò il messaggio pacificatore di giugno come esempio di successo politico e personale: «Come potevo pensare, senza essere colpito da morbosa follia, non dico solo di far commettere un delitto, ma nemmeno il più tenue, il più ridicolo sfregio a quell'avversario che stimavo perché aveva una certa *crânerie* [*spavalderia*]» (anche se in passato Matteotti era stato bastonato pesantemente nel Polesine e, poco prima del delitto, «Il Popolo d'Italia» aveva minacciato di rompergli la testa). Dopodiché lamentò di aver subìto una «immonda e miserabile» campagna di stampa, denunciò l'assassinio di 8 fascisti nelle ultime quarantott'ore, bollò la Ceka, autrice di gesti «inintelligenti, incomposti e stupidi», e concluse: «Io assumo, io solo, la responsabilità politica, morale, storica di tutto quanto è avvenuto. ... Se il fascismo non è stato che olio di ricino e manganello e non invece una superba passione della migliore gioventù italiana, a me la colpa! Se il fascismo è stato un'associazione a delinquere, se tutte le violenze sono state il risultato di un determinato clima storico, politico, morale, a me la responsabilità di questo, perché questo clima storico, politico e morale io l'ho creato con una propaganda che va dall'intervento fino ad oggi».

S'impegnò a garantire all'Italia «tranquillità» e «calma laboriosa», da ottenere «con l'amore ... o con la forza», e a chiarire «su tutta l'area» la situazione «nelle quarantott'ore successive al mio discorso». Non fu necessario aspettare due giorni. Nel giro di poche ore, i prefetti ricevettero istruzioni per vietare manifestazioni, cortei, comizi, chiudere i circoli antifascisti e soffocare quel poco che era rimasto della libera stampa. Nacque così il totalitarismo «imperfetto o incompiuto», come sostengono Giovanni Sabbatucci (*Storia contemporanea. Il Novecento*) ed Emilio Gentile (*La via italiana al totalitarismo*), perché il fascismo, come abbiamo visto, non solo non identificò il partito con lo Stato come il nazismo e il comunismo, ma il suo regime, sia pur in maniera assai modesta, fu in qualche modo temperato dalla Corona e dalla Chiesa.

IV

Mussolini rivaluta Hitler, disperato per il suicidio di Geli

Hitler coccolato a casa Hanfstaengl

Alla fine del 1924 Adolf Hitler era un uomo solo, nonostante l'affetto dei ricchi amici Hanfstaengl, che gli fecero trascorrere le vacanze di Natale nella nuova splendida villa immersa nel verde della zona residenziale di Monaco. Ian Kershaw lo racconta desideroso di sbarazzarsi di qualche chilo in più preso in prigione, fermo nella rinuncia all'alcol per non ingrassare ulteriormente, con la forfora che gli imbiancava il bavero del cappotto blu.

Ernst Hanfstaengl, detto «Putzi», era un ricco mercante d'arte, vissuto in gioventù negli Stati Uniti (sua madre era americana) dove fu amico del futuro presidente Franklin Delano Roosevelt e del più grande giornalista dell'epoca, Walter Lippmann. Sublime pianista, deliziava il suo ospite suonandogli Wagner. Al contrario di Ernst, che progressivamente cessò di condividere le posizioni politiche di Hitler (che lo aveva affascinato per la capacità di conquistare le masse), sua moglie Helena, nata negli Stati Uniti, fu una nazista militante fino al 1936, quando divorziò dal marito e, raffreddatosi anche il suo entusiasmo per il Führer, se ne tornò in America.

Il soggiorno di Hitler in casa Hanfstaengl fu allietato dalla presenza di due donne: Erna, la sorella maggiore di Putzi, e, appunto, la bella Helena, che fu apertamente corteggiata da Adolf. (Lo stesso Putzi, nelle sue memorie, racconta del proprio fastidio per questa situazione, ma ricorda che la moglie lo tranquillizzò: «Credimi, non è un uomo: è perfettamente neutro». Del resto, anche lui era convinto che Adolf fosse impotente: le sole femmine che era in grado di amare sarebbero state le masse.) L'assistenza che Helena gli prestò dopo il suo ferimento nel tentato putsch di Monaco le valse una gratitudine eterna. Hitler, infatti, era disperato: sottovalutando la piaggeria dei suoi giudici, era convinto che l'avrebbero condannato a morte. Pensava allora di precederli. Si puntava la pistola alla tempia gridando istericamente: «Non mi farò catturare vivo da quei porci!». Poi le cose andarono come abbiamo visto.

Hitler ebbe invece certamente una relazione con Erna, più vecchia di quattro anni e molto più alta di lui, che trovava bella, intelligente, affascinante e colta. (Geli Raubal, la nipote di Hitler di cui parleremo tra poco, ne era gelosissima.) La loro storia diventò di dominio pubblico nella primavera del 1923 quando ne diede notizia il «Münchner Neueste Nachrichten», ma è tuttora un mistero se i due abbiano avuto rapporti sessuali.

Erna ebbe un ruolo importante nel consolidare i rapporti tra Hitler e suo fratello Ernst, ma questo non le impedì, nella fase finale della guerra, di partecipare a un (fallito) complotto per abbattere il dittatore e avviare un negoziato di pace con gli inglesi, grazie alla sua amicizia con Randolph Churchill, figlio di Winston. Walter Schellenberg, uomo chiave dello spionaggio tedesco e generale delle SS vicinissimo a Heinrich Himmler, la descrive come convinta partecipante all'operazione. Amica della moglie di Himmler, Margarete, che la segnalò al marito come la persona giusta per avvicinare gli inglesi, Erna ricevette dai cospiratori mezzo milione di franchi per aprire a Parigi un negozio di copertura. Più tardi Schellenberg dichiarò che non l'avrebbe mai ingaggiata come spia se non fosse stato per l'insistenza dello stesso Himmler.

Hitler non voleva sposarsi (lo fece solo *in articulo mortis*, prima di suicidarsi nel bunker berlinese, unendosi in matrimonio con Eva Braun, che morì insieme a lui) e non voleva figli. Delle donne diceva che erano l'ossatura di una nazione e dovevano essere fattrici della razza ariana: «regalare figli al Führer» era solito ripetere. (Una volta al potere, avrebbe promulgato leggi per il congedo di maternità, ma anche a favore dell'eugenetica, sterilizzando individui che potevano trasmettere geni difettosi.) Ambiva al consenso delle donne come fosse un attore, e per questo volle mantenersi celibe e desiderabile, per tutte coloro che lo adoravano. Ai suoi diceva: «Appellatevi alle donne. Gli uomini le seguiranno».

Il catalogo delle donne che avvicinò o corteggiò e alle quali si accompagnò accomuna ragazze giovani, talvolta minorenni (cioè con meno di 21 anni), quasi tutte di aspetto efebico, bionde, slanciate (anche se non necessariamente alte). Si era convinto che il contatto con persone giovani potesse donargli forza ed energia, come stabiliva la cosiddetta «teoria della forza odica» elaborata nell'Ottocento dal naturalista tedesco Karl von Reichenbach, che si fondava sul principio secondo cui le persone trasmettono maggiore o minore energia in base a molteplici fattori individuali ma, in ogni caso, essa diminuisce con l'età. Perciò, i bambini e i ragazzi sarebbero gli esseri con maggiore capacità di trasmettere energia per contatto.

Hitler era attratto dalle donne intelligenti, ma evitava di avere con loro relazioni sentimentali, in quanto riteneva che più autorevole fosse un uomo, più insignificante dovesse essere la sua partner. Avendone però un'alta considerazione, nonostante il profondo marchio patriarcale dell'ideologia nazista, si trovava molto più a suo agio tra le donne, con le quali non doveva gareggiare o innescare confronti o comparazioni. Pensava, inoltre, che nelle disgrazie le donne si dimostrassero sempre più leali ed empatiche.

Tutte le donne del Führer

Maria Reiter conobbe Hitler nel 1926, a Berchtesgaden, all'età di 16 anni ed ebbe con lui, che di anni ne aveva 37, una storia segreta. I due si vedevano spesso, tanto che lei gli chiese di sposarla, ma Adolf, che si faceva chiamare «Wolf», fu categorico: poteva concederle solo il ruolo di amante. Con Maria, da lui soprannominata «ninfa dei boschi», faceva lunghe passeggiate alle pendici del monte Obersalzberg e le ripeteva: «Tu sei la vera immagine della bellezza», abbracciandola e baciandola appassionatamente. Poi si rifugiavano in qualche Gasthof del posto e si amavano, come riportato dalla stessa Reiter in un'intervista concessa al «Daily Mirror» nel 1959: «Non c'è niente di più bello che tirare su una cosa giovane: una ragazza di 18, 20 anni è malleabile come la cera». Il nipote della Reiter affermò che il futuro Führer la fece «sterilizzare», ossessionato dal terrore di avere figli suoi. Il che farebbe supporre che i due avessero rapporti sessuali completi, in contraddizione con la presunta impotenza di Hitler.

Adolf e Maria continuarono a vedersi nei mesi successivi, in una relazione intermittente e distruttiva per la ragazza, che cadde in depressione quando gli impegni politici dell'amante iniziarono ad affastellarsi, e mantennero una fitta corrispondenza epistolare («Mia cara bambina» era l'incipit di ogni lettera scritta da lui). Hitler le regalò un'edizione di lusso del suo *Mein Kampf* per i suoi 17 anni, prima di troncare i rapporti poco dopo. Per la disperazione, «Mizzerl» (altro nomignolo affibbiatole dall'amante) tentò il suicidio, ma fu salvata dal cognato. La Reiter si sposò tre volte, ma non dimenticò mai il Führer, al quale scrisse fino alla capitolazione nel 1945, e rimase un'irriducibile nazista fino alla morte, avvenuta nel 1992.

Una donna che ebbe un ruolo significativo nella vita di Hitler, anche se senza risvolti sentimentali, fu Leni Riefenstahl. Fu lui che volle conoscere la poliedrica artista (regista, ballerina, fotografa) invitandola a uno dei suoi comizi, che riempivano sale e teatri. La visionaria Leni aveva appena declinato un invito a collaborare rivoltole dal Vaticano. Alcuni alti prelati, infatti, avevano potuto visionare *Das blaue Licht* (*La luce blu*), un film incentrato sul tema della spiritualità, e si erano convinti che l'arte della Riefenstahl potesse tornare utile alla causa e alla propaganda del cattolicesimo.

Le sue opere erano piaciute anche al Führer, che si sentiva attratto dall'intelligenza dell'artista. Leni entrò nel palazzetto dello sport di Berlino il 22 febbraio 1932 e cominciò a osservare e ad analizzare quella massa di persone adoranti, che urlavano eccitate «Heil! Heil! Heil!». Si era sempre chiesta se Hitler fosse un ciarlatano e non l'uomo della Provvidenza atteso dalla Germania per riprendersi dalla recessione. Ma quando s'incontrarono di persona, e venne risucchiata dal profondo blu dei suoi occhi, non ebbe più dubbi. Si frequentarono, discutendo di architettura, musica, arte. Si racconta che durante una passeggiata, mentre parlava della sua totale dedizione alla patria, d'un tratto il Führer si fermò, ammutolì e la strinse forte a sé. Poi, con un moto di stizza, stringendo il pugno in aria, allentò la stretta, come a voler bloccare un impulso fisico: «Non mi è permesso amare, fino a quando non avrò concluso la mia missione».

Hitler aveva comunque conquistato, se non il cuore, l'anima della Riefenstahl, che divenne la fotografa celebrativa del nazismo e una delle amanti di Joseph Goebbels, il quale sfruttava il suo potere per concedersi molte avventure, tutte note alla paziente moglie Magda, madre dei suoi sei figli. Hitler la consolò sempre dei molti tradimenti del marito. Leni, che fu allontanata dal gotha del nazismo proprio dalla cerchia di Goebbels, sarebbe morta a 101 anni nel 2003.

Assai più breve e drammatica fu la vita di Renate Müller, attrice famosa e strepitosa bellezza nordica, la cui popolarità eguagliò quella di Marlene Dietrich. E giacché quest'ultima, raggiunto il successo con *L'angelo azzurro*, se ne andò a Hollywood, Renate fu assiduamente corteggiata dal partito affinché ne prendesse il posto nella diffusione della propaganda nazista. Non si è mai saputo se abbia avuto una fuggevole relazione con Hitler, ma tenderemmo a escluderlo. Racconta Antonio Spinosa nella biografia del dittatore tedesco: «Una sera erano insieme a casa di Goebbels, soli in una stanza. Era trascorsa una mezz'ora e Adolf ... non si decideva all'approccio amoroso. Renate gli disse, con fare imperioso: "Che cosa aspetti!". Adolf scattò in piedi e, come se eseguisse un ordine, levò il braccio nel saluto nazista. Renate si mise a ridere, e lui, di rimando, esclamò: "Che c'è da ridere? Posso tenere il braccio levato tutto il tempo che voglio!". "Certo," ribatté la giovane guardandolo al di sotto della cintura "per una sorta di compensazione"».

Il rifiuto di Renate di prestare il suo volto al nazismo indispettì Goebbels, che scoprì una sua relazione con un attore ebreo residente a Londra. L'attrice morì nel 1937, a 31 anni, in circostanze mai chiarite (si parlò di epilessia e di suicidio), ma è verosimile che sia stata la Gestapo a eliminarla.

Una nobildonna inglese che sacrificò la vita al Führer e al nazismo fu Unity Mitford. (Sua sorella Diana era la seconda moglie di sir Oswald Mosley, fondatore dell'Unione britannica dei fascisti.) Unity – che aveva un corpo alto e slanciato, quasi teutonico – era una giovane camicia nera (anche in Gran Bretagna era questa la denominazione usata per indicare i fascisti) quando conobbe Putzi Hanfstaengl, che la invitò in Germania, dove lei voleva stabilirsi per amore del progetto nazista. Il suo più grande sogno era di conoscere il Führer. (Le due sorelle Mitford lo avrebbero incontrato nell'estate del 1933.)

Unity si era convinta che la Germania e la Gran Bretagna fossero alleate naturali, per certe ascendenze genetiche di cui anche il Führer era fermo propugnatore. Perciò si diede anima e corpo al Partito nazista, imparò il tedesco e divenne un personaggio noto per le sue scorribande su una Triumph equipaggiata con la bandiera britannica e la svastica tedesca. Passava i pomeriggi alla birreria Osteria Bavaria, un locale nel quartiere di Schwabing, sperando di incontrare Hitler e, quando lui entrava, alzava la voce e cominciava a parlare inglese in modo concitato, per farsi notare. Più che perdutamente innamorata di lui, era una fanatica della sua ideologia. Annuiva quando il Führer tuonava contro gli ebrei che, fuggiti dalla Germania, si erano rifugiati a migliaia anche in Gran Bretagna.

Hitler riteneva che la Mitford, appartenente all'alta società inglese, potesse essere utile alla causa nazista all'estero. Perciò la frequentava, la invitava anche a cerimonie importanti e si faceva accompagnare in trasferta (con grandissimo disappunto di Eva Braun), nella convinzione che lei riportasse in patria l'eco dell'immenso gradimento che il nazismo riscuoteva in Germania. Le permise addirittura di tenere un discorso durante la Giornata della Franconia, davanti a 20.000 persone. Eva bruciava di rabbia, ma Hitler la rabbonì, spiegandole che lady Mitford era utile al partito e alla patria.

Arrivò a invitarne i genitori, lord David Freeman-Mitford, 2° barone di Redesdale, e sua moglie Sydney, alle Olimpiadi del 1936, ammettendoli alla sua tavola. I baroni Redesdale ne rimasero estasiati e furono nuovamente suoi ospiti al congresso nazionale del partito a Norimberga nel 1938.

Unity rassicurava Hitler sulla neutralità della Gran Bretagna rispetto alle mire espansionistiche del Terzo Reich verso est, ma nel 1939 la storia la smentì. Dopo l'annessione di Danzica, la Gran Bretagna dichiarò guerra alla Germania. La nobildonna si disperava, anche perché sarebbe dovuta tornare nel suo paese. Nel pomeriggio del 1° settembre 1939 guidò la Triumph sotto il ministero dell'Interno a Berlino, consegnò una lettera di addio al responsabile zonale del partito e, poco dopo, si sparò un colpo di pistola alla tempia. Non morì, ma si ridusse in stato vegetativo per il resto dei suoi giorni. Il Führer andò a trovarla in ospedale, ma era contrariato dal fallimento del suo progetto: portare il verbo nazista in Gran Bretagna attraverso Unity Mitford.

La crisi del nazismo e la nascita delle SS

Nella seconda metà degli anni Venti il Partito nazionalsocialista tedesco dei lavoratori si stava smembrando. Hitler approfittò del permesso di riaprirne qualche sezione per tornare a parlare in pubblico, ma il successo del suo primo comizio (27 febbraio 1925) fu tale che gli venne nuovamente proibito di tenerne altri fino al 1927 (e, in Prussia, addirittura fino al 1928). Il che significava il totale isolamento. In quei mesi si calcolò che soltanto il 3 per cento dei tedeschi avesse fiducia nel suo partito e questa drammatica previsione trovò conferma nel 2,6 per cento ottenuto alle elezioni politiche del 1928. I tedeschi, logorati da una guerra devastante, dalle umiliazioni subite e dalla guerra civile strisciante che ne seguì, avevano voglia di tranquillità e di benessere.

La seconda metà degli anni Venti registrò una poderosa ripresa dell'edilizia pubblica e privata. Le architetture avveniristiche del Bauhaus, la svolta commerciale introdotta dai grandi magazzini, l'esplosione del charleston nelle sale da ballo erano l'espressione di una società proiettata nel futuro. La letteratura (Thomas Mann e Bertolt Brecht), le arti figurative (Paul Klee e Wassily Kandinsky) e la musica (Arnold Schönberg e Paul Hindemith) tedesche hanno lasciato una profonda impronta sul Novecento. Kershaw osserva, con qualche ragione, che senza la crisi del 1929 Hitler non avrebbe mai avuto successo, e il suo nome sarebbe forse comparso solo nelle note dei libri di storia.

Tuttavia, anche nel momento di maggiore difficoltà, il Führer non mancò di rafforzare le strutture militari di partito. Nel 1925, giudicando insufficienti le SA, allestì un'organizzazione armata preposta alla sua sicurezza personale: le *Schutzstaffeln* (SS), le Squadre di protezione. Le due formazioni paramilitari diventarono progressivamente veri e propri eserciti. Ernst Röhm, nominato nel 1931 capo delle SA, si allontanò progressivamente da Hitler fino a essere eliminato, come vedremo, nella «notte dei lunghi coltelli». Crebbe così il potere di Heinrich Himmler, che trasformò gradualmente le SS in una feroce e fedelissima arma dell'esercito tedesco. Himmler si vantava di scegliere i suoi uomini solo tra soggetti fisicamente di inconfondibile razza nordica. Agli arruolati veniva imposta questa formula di giuramento: «A te, Adolf Hitler, nostro Führer, giuro fedeltà e valore. A te e a tutti coloro che designerai come capi prometto obbedienza fino alla morte. E che ciò si avveri con l'aiuto di Dio». (Questo richiamo religioso è abbastanza sorprendente, perché Himmler ebbe atteggiamenti duramente anticristiani e le SS, durante la guerra, furono particolarmente spietate nei confronti dei sacerdoti.

Nel *Mein Kampf* Hitler si dichiara cristiano, ma, alla luce di alcune professioni private di ateismo e della persecuzione nei confronti della Chiesa cattolica tedesca, è singolare la sua ammirazione per Gesù Cristo come «combattente ariano contro l'ebraismo».)

Le SS sfilarono per la prima volta insieme alle SA nel luglio 1926 a conclusione del congresso del Nsdap in cui Hitler rafforzò ulteriormente i suoi poteri e ne diede una plastica dimostrazione passando in rassegna le truppe stando in piedi a bordo di un'auto scoperta.

La nipote lolita del Führer

Nel 1927, in un febbrile tripudio di croci uncinate, SA e SS presenziarono insieme al III congresso del Partito nazista. In questa occasione Hitler si presentò per la prima volta in compagnia della nipote Angelika Raubal detta «Geli», figlia della sorellastra Angela, con la quale aveva ripreso i rapporti dopo le rotture giovanili per questioni ereditarie e che diventò la sua governante presso il Berghof, la casa nell'Obersalzberg, sulle Alpi salisburghesi, dove Hitler si era rifugiato dopo la scarcerazione seguita al fallito colpo di Stato del 1923.

Geli, nata nel 1908 a Linz (Austria), è un'adolescente senza fronzoli, spontanea, diretta e non proprio studentessa modello. Frequenta dapprima il liceo femminile Mariahilfer di Vienna, ma con risultati deprimenti, e quindi la madre la iscrive al Realgymnasium. Per completare gli studi si trasferisce dalla zia Maria Raubal a Linz, dove frequenta l'Akademisches Gymnasium. Ha 15 anni quando, nel 1923, lo zio Adolf, più anziano di diciannove anni, ne diventa il tutore. Lo incontra per la prima volta solo l'anno dopo, insieme al fratello Leo, a Landsberg am Lech, in Baviera.

Nel 1927 Geli si diploma, cosa non scontata per le donne dell'epoca, e insieme alla madre accompagna lo zio al congresso del Partito nazista a Norimberga. Poi si iscrive alla facoltà di medicina dell'università Ludwig Maximilian di

Monaco di Baviera e prende alloggio in una pensione non lontana dall'abitazione dello zio, ma abbandonerà presto gli studi. A Monaco, Geli frequenta lo studio fotografico di Heinrich Hoffmann, diventato poi fotografo ufficiale del Führer, per il tramite di sua figlia Henriette, che dirà di lei: «Con la sua natura spontanea diventava sempre il centro dell'attenzione di chi le stava attorno».

In questo periodo, Geli stringe un'amicizia più che affettuosa con l'autista di Hitler, Emil Maurice, cofondatore delle SS (tessera n. 2), che vorrebbe sposarla. Il Führer viene a saperlo da Rudolf Hess e, in un accesso di gelosia, nel gennaio 1928 licenzia Maurice, costringendolo letteralmente alla fuga. (Ricomparirà nel 1937 come presidente della Camera di commercio di Monaco.)

Adolf vuole che la nipote vada a stare da lui. I dirigenti nazionalsocialisti non apprezzano questa decisione, perché spesso il Führer diserta le riunioni di partito per accompagnare Geli in piscina o a comprare abiti, anche costosi. Nell'ottobre 1929 zio e nipote si trasferiscono in un appartamento al numero 16 di Prinzregentenplatz, da non confondere con la Casa bruna (quella con il busto di Mussolini) usata da Hitler come ufficio. Geli ha 21 anni, Hitler 40.

Così Eugen Dollmann in *Hitler e le donne* descrive l'abitazione: «Una modestissima dimora, molto borghese, una camera da letto quasi conventuale, una camera da pranzo, un grande studio dai mobili scuri, una semplice cucina. Lì erano stati a colazione Chamberlain, Daladier e Mussolini. E poi c'era una stanza, una stanza di fanciulla dai mobili chiari coi vestiti ancora nei cassetti, e il busto di bronzo di una ragazza sorridente [*commissionato da Hitler allo scultore Ferdinand Liebermann*]».

Adolf asseconda la sua «lolita» in ogni desiderio, pagandole addirittura velleitari studi di canto. Lei è una viennese autentica: sicura di sé, ironica, con un corpo magnifico. I due passeggiano per le strade di Monaco, vanno all'Opera e nei teatri di prosa, s'intrattengono per ore nei giardinetti dell'Osteria e fanno picnic in riva al lago Chiemsee, il «mare bavarese».

Il 14 settembre 1930 Hitler è eletto deputato al Reichstag. Geli lo segue in giro per la Germania, circostanza che innesca rapidamente tutte le più morbose illazioni possibili, sia nelle file degli avversari politici sia all'interno dello stesso Partito nazionalsocialista (basti pensare alle frasi diffamatorie che non gli risparmia Gregor Strasser, amico della prima ora, adesso caduto in disgrazia e in attesa di essere ucciso nella «notte dei lunghi coltelli»).

A far montare lo scandalo contribuiscono anche alcune ammissioni della ragazza sul fatto che la gelosia dello zio le rendeva la vita un inferno: «Non ne posso più della sua ossessione, sono seguita ovunque». E, peggio: «Mio zio è un mostro. Non si può immaginare quello che pretende da me» (*La nipote di Hitler*, in «Il Mitte», 17 marzo 2021).

Esistono dipinti eseguiti dallo stesso Hitler in cui la ventunenne Geli viene ritratta in pose pornografiche. A un certo punto la ragazza entra in un rapporto conflittuale con lo zio: lo teme e, al tempo stesso, ne è gelosa.

A Wilhelm Stocker, una delle guardie del corpo delle SA che le era stata assegnata, Geli aveva raccontato di incontri intimi e dei gusti sessuali del Führer. «Zio Alf», come lo chiamava, la sculacciava dopo averla costretta a inginocchiarsi carponi davanti a lui, o la faceva sedere nuda sul suo viso per poterla «guardare» da vicino. E tante altre perversioni, anche se non si è mai avuta la prova di rapporti sessuali completi tra zio e nipote.

Il segreto di Eva

Uno dei motivi di amarezza della povera Geli fu la comparsa sulla scena di una ragazza bionda di 17 anni di nome Eva Braun. È il suo principale, Heinrich Hoffmann, ormai fotografo ufficiale del Partito nazista, a presentarla a Hitler nell'ottobre 1929. Lei in quel momento è su una scaletta e si accorge che il compito signore con i buffi baffetti neri le guarda le gambe. Arrossisce, ma ne è molto compiaciuta.

«Herr Wolf», così usava presentarsi Hitler, le bacia la mano con esagerata deferenza: il Führer ha le unghie rosicchiate fino alla scarnificazione, segno di ansia e insicurezza. Anche Eva, però, ha un punto debole: il colore dei capelli. Li tingerà più volte cambiando pettinatura, finché un giorno Hitler non la fermerà sul taglio, la messa in piega e il colore di suo gradimento, che Eva conserverà per tutta la vita.

Ma chi era Eva Anna Paula Braun, nata il 6 febbraio 1912 a Monaco di Baviera? La donna che ha amato fino all'ultimo dei suoi giorni un dittatore così spietato, che lo ha seguito nella sua decisione di suicidarsi, che ha accettato di dissimulare, in quanto impostole, la sua relazione con lui e di vivere la sua vita all'ombra dell'altro, deve essere stata una persona davvero speciale. Troppo ingenua? Troppo egoista? Troppo frivola? Troppo vanitosa? Troppo opportunista? Troppo innamorata? E probabilmente, come tante storie e aneddoti ci raccontano, non troppo equilibrata psicologicamente?

Seconda delle tre figlie di Fanny e Fritz Braun, Eva non ama studiare, proprio come Geli. È insofferente a qualunque disciplina, giudica le sue sorelle, Ilse e Gretl, eccessivamente seria la prima ed eccessivamente spenta la seconda. È un maschiaccio terribile, il tipo di bambina che fa le smorfie e le boccacce alle spalle delle persone, che irride i professori e si fa beffe delle punizioni. Ma è dotata di quella che oggi chiameremmo «intelligenza emotiva». Capisce al volo le persone dall'espressione del volto, le loro emozioni, il loro umore, è empatica e riesce a mettere chiunque a proprio agio. Questa dote è un vantaggio decisivo, e lei ne è consapevole.

Una volta entrata nell'adolescenza si presenta un problema: la madre si accorge che Eva, ormai diciassettenne, non ha le mestruazioni. In *The Untold Story of Eva Braun* Thomas Lundmark racconta che la fece visitare da un paio di medici, finché uno specialista le rivelò che la figlia era affetta dalla cosiddetta «sindrome di Rokitansky», cioè il mancato sviluppo di un apparato genitale completo e funzionante. Nel caso di Eva, l'utero non si era per nulla sviluppato, era privo di cervice e la vagina era appena abbozzata, tanto che si dovette procedere con un'operazione di chirurgia plastica e l'inserimento nottetempo di un dilatatore per modellare il condotto uterino.

La madre cominciò a disperarsi sul futuro della figlia, senza farne parola con il ruvido e assente marito. Chi avrebbe mai sposato una ragazza condannata alla sterilità e, forse, anche a una vita sessuale irregolare e dolorosa?

Eva, invece, non si dannò minimamente alla notizia di non poter avere figli né mestruazioni, anzi la visse come una vera liberazione. Si vergognava, questo sì, di dover inserire il dilatatore ogni notte durante i mesi di collegio a Simbach (un paesino non lontano dal comune austriaco di Braunau, dove nacque il Führer), così un bel giorno decise di farne a meno. La diagnosi di malformazione uterina di Eva, scoperta alla fine degli anni Novanta, sembrerebbe confermare i dubbi sull'assenza di attività sessuale nella vita di Hitler, che affermava di essere sposato alla Germania e di non volere figli (anche perché sarebbero stati intellettualmente inferiori a lui e questo, ai suoi occhi, sarebbe stata una vergogna).

Una moderna Madame Bovary

Si vuole che, da giovane recluta, Adolf aborrisse i discorsi cameirateschi e goliardici sul sesso, quelli che si fanno tra commilitoni, definendoli volgari e preferendo di gran lunga trascorrere il tempo in compagnia dei suoi cani: li adorava e ne ebbe numerosi. I suoi sodali lo irridevano per il suo puritanesimo, tanto che lo chiamavano «il monaco». La stessa Eva non si è mai confidata con nessuno sulla loro intimità, anche se si lasciò sfuggire che il Führer le faceva richieste indicibili e la usava solo per certi scopi. (Albert Speer, ministro degli Armamenti e architetto visionario del nazismo, disse di averli visti «giacere» assieme, mentre Lundmark sostiene che alcuni medici confermano «la correlazione tra la sindrome di Rokitansky e serie conseguenze psicologiche», tali da compromettere la possibilità di avere una vita sessuale normale.)

Hitler aveva un ristrettissimo «cerchio magico», composto dai maggiorenti del partito, da ufficiali dell'esercito, dattilografe, fotografi e film-maker. Ebbene, anche queste persone si chiedevano come potesse una ragazza giovane ed esuberante (alcuni aggiungevano, però, giuliva e insipiente) stare accanto a un uomo così complessato, ipocondriaco, più anziano, con i denti gialli (il Führer portava la dentiera), l'alitosi e seri problemi intestinali.

Ma torniamo alla giovinezza di Eva, che, da indisciplinata qual è, cambia molte scuole, tuttavia si diploma e si iscrive a medicina. I suoi insegnanti la definiscono selvaggia, ostinata, incontrollabile, un vero incubo. Ogni critica le scivola addosso, è coriacea e ha come stella polare il successo, a qualunque costo, perché è convintissima di valere, di avere doti speciali, di essere destinata a grandi cose. Sembra una moderna Madame Bovary: insoddisfatta della vita che conduce, bramosa di emergere e scoppiare di felicità. Con Madame Bovary ha anche altri punti in comune: i tentati suicidi e l'illusione dell'Amore Assoluto.

Il padre, luterano, severissimo, ma dedito all'alcol, tanto da percuotere in molte occasioni la moglie e ignorare sistematicamente le figlie (desiderava un maschio), le impone di trovarsi un lavoro. Eva, in famiglia «Effie», sogna invece di diventare ricca e famosa, di sposare qualcuno d'importante, di essere, addirittura, attrice protagonista di un film dedicato alla sua vita. È una ragazza molto carina, bionda, occhi azzurri. Ha un corpo tonico, pratica sport, preferisce lo sci a ogni altra disciplina, ama ballare e fare le imitazioni, legge moltissimi romanzi rosa. Talvolta esagera con il cibo, ma sa rimettersi in forma, perché a Eva piace piacere. Mantiene alto l'umore di una compagnia, fa battute e conosce tanti aneddoti, avida com'è di gossip, cinema, moda e soprattutto oroscopi, sui quali orienta le sue decisioni e le sue aspirazioni.

Nella sua biografia troviamo anche l'incontro con una chiromante, la quale le predice un'esistenza splendida e un grande amore con un uomo adorato e ammirato da tutti, e che sulla sua vita meravigliosa avrebbero realizzato un film. Eva non stava nella pelle dalla soddisfazione e dall'ansia di avere tutto, possibilmente subito. Non smetterà mai di vantarsi di aver buon gusto nel vestire, spendendo quasi interamente ciò che ha (prima lavorando, poi attingendo a una sorta di vitalizio assegnatole da Hitler), e terrà addirittura uno schedario di tutti i suoi abiti e dei suoi gioielli (perché arriverà a possederne davvero tanti).

Così, dopo qualche breve apprendistato in occupazioni che trovava noiose, accettò di prestare servizio presso lo studio fotografico che Heinrich Hoffmann aveva appena aperto, nel settembre 1929. Era il luogo di lavoro più vicino al mondo dello spettacolo, tutto lustrini e paillette, e le avrebbe dato l'occasione di conoscere le persone che contano, immortalate dal fotografo. Avrebbe imparato a vestirsi con maggior stile, a truccarsi da diva, insomma a splendere come le attrici.

Dopo il tentato suicidio, la svolta

È dalla primavera del 1930 che Hitler inizia a frequentare con una certa assiduità lo studio Hoffmann e definisce Eva una «straordinaria giovane donna», come riferisce Lundmark. Si scambiano confidenze sulla durezza dei loro genitori, spesso pranzano assieme. Eva si convince che Adolf è pazzo di lei, anche se il gossip in quei mesi insiste sull'infatuazione del Führer per sua nipote Geli, che non a caso era gelosa di Eva. Ma un anno dopo, con Geli ormai fuori gioco, lei pensa che il cuore di Adolf sia ormai tutto suo.

In un accesso di bovarismo, però, depressa psicologicamente e disperata per un amore che non si dichiara, e forse per attirare l'attenzione o almeno la compassione di Hitler, così galante, cortese, premuroso nei suoi confronti (ma non di più), il 1° novembre 1932, la notte di Ognissanti, Eva si spara un colpo in gola con la Browning 6.35 del padre, combattente nella prima guerra mondiale, ancora all'oscuro della frequentazione di sua figlia con il Führer.

Il colpo non è letale, perché il proiettile schiva la carotide. La ragazza si salva e confessa al medico che la cura, cognato di Hoffmann, la sua disperazione: la persona che ama la ignora. Hitler interrompe «la sua campagna elettorale e si precipita da lei con un gran mazzo di fiori» racconta Angela Lambert in *La donna che amò Hitler*.

Adolf rimane sconvolto dal gesto e dalle sue motivazioni, e decide subito di prendersi cura della ragazza, in ogni modo possibile. (Il suicidio della nipote, come vedremo, aveva inciso profondamente sulla sua psiche e non sopportava che altre donne potessero soffrire a causa sua, al punto di arrivare a togliersi la vita.)

Secondo Alois Winbauer, zio di Eva, dopo la catastrofe sfiorata dal tentato suicidio Hitler non si limitò a farle concessioni, ma iniziò ad amarla davvero. La Lambert riporta alcune sue affermazioni contenute nelle memorie private di famiglia: «Hitler era il suo ideale romantico e l'incarnazione dell'uomo che il suo destino richiedeva». E ancora: «Il punto di svolta arrivò nel 1933: Hitler dichiarò apertamente a Eva il suo affetto. Il nuovo cancelliere del Reich il 6 febbraio, giorno del compleanno di Eva, confessò alla figlia di un insegnante di un Istituto tecnico di Monaco che la ragazza era l'eletta del suo cuore. Eva fu commossa e colma di gioia». Quel giorno Hitler le fece recapitare una parure di tormaline (collana, anello, orecchini), oltre al solito mazzo di fiori. Nel 1932 il compleanno di Eva era stato ignorato, ma dal 1933 non ci sarà più anniversario che non verrà ricordato.

Hitler rinuncia al Sud Tirolo per collaborare con l'Italia

Facciamo un passo indietro. Nel 1928 Hitler scrisse il seguito del *Mein Kampf*, un testo rimasto inedito fino al 1962 quando uscì in Germania e in Italia con il titolo *Il libro segreto di Adolf Hitler*. Intervistato dal «Corriere della Sera» nel 2003, quando ne uscì una seconda edizione, Ian Kershaw ne spiegò la clandestinità con l'insuccesso iniziale del *Mein Kampf* (vendette subito 10.000 copie, ma poi si fermò). L'editore non se la sentì di affiancare un secondo libro a uno già commercialmente zoppicante. Eppure, *Il libro segreto* è importante per noi italiani perché anticipa le ragioni che avrebbero portato l'Italia all'alleanza con il Terzo Reich: «Come nazionalsocialista, oggi vedo l'Italia come prima alleata possibile della Germania che possa lasciare il campo della vecchia coalizione di nemici, senza che questa alleanza voglia dire per la Germania una guerra immediata, guerra per la quale non siamo militarmente preparati», «Solo una Germania nazionalsocialista troverà la strada per una definitiva comprensione con l'Italia fascista e finalmente eliminerà il pericolo di una guerra tra i due popoli».

In una Germania lacerata dalle perdite territoriali, frutto della sconfitta nella Grande Guerra, Hitler si dice pronto a chiudere la vertenza dell'Alto Adige: «Il Sud Tirolo dovrà così un giorno compiere un'alta missione al servizio di entrambi i popoli. Se gli italiani e i tedeschi di quel territorio, una volta consapevoli delle responsabilità verso i loro popoli, percepiranno e capiranno le grandi imprese che Italia e Germania devono compiere, le meschine dispute del momento scompariranno di fronte alla più alta missione di costruire un ponte di sincera, reciproca comprensione sui precedenti confini dell'Italia e della Germania». Questa idea, accennata nel *Mein Kampf,* frullava nella testa del Führer già prima che il fascismo andasse al potere, come puntualizzano Eberhard Jäckel e Alex Kuhn, curatori di una raccolta dei suoi discorsi dal 1905 al 1924.

Già nel 1921 Hitler seguiva con attenzione la crescita di Mussolini e riteneva utile un accordo con l'Italia in funzione antifrancese. Affidò a un simpatizzante nazista, Kurt Lüdecke, la missione di sensibilizzare i fascisti verso le posizioni nazionalsocialiste. E lui incontrò due volte il Duce, prima e dopo la marcia su Roma: nel settembre 1922 e nell'ottobre 1923. Nel primo incontro, avvenuto a Milano, Mussolini fu chiaro nel dire all'emissario di Hitler che non considerava importante la questione ebraica. Per ingraziarsi il Duce, Lüdecke lo informò a nome di Hitler che i nazisti non erano interessati al Sud Tirolo, ma questo non commosse l'interlocutore, che considerava fuori discussione l'italianità dell'Alto Adige. Poi Lüdecke provò a sondare la disponibilità italiana ad aiutare economicamente la Germania in caso di guerra con la Francia, ma anche qui fece un buco nell'acqua, come ricorda lui stesso in *I Knew Hitler*. L'unica cosa che riuscì a ottenere fu un'intervista a Hitler da parte del corrispondente in Germania del «Corriere italiano», Leo Negrelli, in cui il leader nazista dichiarò di detestare gli austriaci, di guardare a nord e non a sud: «Per noi Strasburgo vale assai più di Bolzano e Merano». (Nel suo *Mussolini e Hitler. I rapporti segreti 1922-1933*, Renzo De Felice cita un rapporto diplomatico dell'ambasciata tedesca in cui si dice che, dinanzi alla sollevazione provocata dalla rinuncia al Sud Tirolo, Hitler aveva precisato che la sua era una posizione politica e che quella terra gli stava a cuore come a tutti i cittadini di lingua tedesca.)

Il secondo incontro di Lüdecke con Mussolini avvenne, sempre a Milano, nell'ottobre 1923. L'emissario tedesco presentò al Duce una lettera credenziale di Hitler e gli chiese «un lungo colloquio». Mussolini lo illuse, invitandolo a rientrare a Roma con il suo vagone letto. La carrozza presidenziale, infatti, fu attaccata a un convoglio normale e «lungo tutto il viaggio e per tutta la notte a ogni stazione vi erano moltitudini acclamanti». Lüdecke venne convocato alle 4 del mattino e avvertito che il colloquio sarebbe durato solo qualche minuto. Allora l'emissario di Hitler dichiarò che non era venuto in Italia per ammirare Raffaello, ma per spiegare che i rapporti tra Monaco (Hitler) e Berlino (il Reich) avevano «quasi raggiunto il punto di ebollizione» e per acquisire simpatie per il Führer. Mussolini liquidò l'ospite con fredda cortesia. «Era evidente che non voleva impegnarsi in alcun modo» annota Lüdecke. Tant'è vero che nello stesso periodo, in un'intervista a Oscar Levy, che poi sarebbe diventato l'esperto di fascismo del «New York Times», il Duce negò qualsiasi parentela tra fascismo e nazismo: «La banda di Hitler, Wulle e Ludendorff ... Uno di essi, non ricordo quale, è anche venuto a chiedermi di riceverlo. Io ho rifiutato, naturalmente, per non aver nulla a che fare con loro».

Il nazismo, oggetto misterioso per gli italiani

Per gli italiani, ma non solo, il nazismo era ancora un oggetto misterioso. La curiosità internazionale si svegliò dopo il fallito colpo di Stato di Monaco dell'8 novembre 1923. Così la settimana seguente, il 15 novembre, il filosofo idealista anticrociano Widar Cesarini Sforza spiegava ai lettori del periodico ufficiale del regime, «Critica fascista», i canoni del «Socialnazionalismo» ricordando la posizione di Hitler sugli ebrei: «La questione ebraica in Germania è la questione dell'esistenza stessa dello Stato. Gli ebrei tedeschi sono nazionalisti della loro razza e quindi avversari della nazione tedesca. Secondo i nazisti, essi lavorano poco e si danno alla speculazione, traviando anche i tedeschi cristiani ... Si tratta della lotta tra il principio nazionale e il principio ebreo marxista». I socialnazionalisti, insomma, ritengono che «l'organizzazione internazionale del semitismo sfruttatore mira all'indebolimento delle nazioni attraverso la lotta del proletariato contro la borghesia, invenzione dell'ebreo Marx». Come annota De Felice, curiosamente la principale divergenza tra Hitler e Mussolini era proprio il rapporto con gli ebrei, di cui si parla nel *Mein Kampf*. Il primo rimproverava al secondo di «non essersi reso conto del pericolo giudaico, del dissidio esistente tra la migliore politica italiana e la volontà del giudaismo borsistico», facendo l'esempio della Francia, dove gli interessi economici degli ebrei sarebbero stati la causa della «mentalità sciovinistica» transalpina.

Hitler non considerava il nazismo eredità diretta del fascismo, ma ammetteva che, senza il secondo, il primo non sarebbe mai nato. Nei primi anni Quaranta Martin Bormann, uno dei gerarchi nazisti più crudeli e anticristiani, riordinò centinaia di appunti di colloqui con il Führer (*Conversazioni segrete*). In alcuni di questi, Hitler rivendica l'originalità del movimento nazionalsocialista: «Il nostro programma è stato elaborato nel 1919 e in quell'epoca io non sapevo nulla di Mussolini. La nostra dottrina si fonda su basi proprie ... ma non si dica che gli avvenimenti italiani non abbiano influito su di noi. Probabilmente la Camicia Bruna non sarebbe mai esistita senza la Camicia Nera. La marcia su Roma del 1922 fu una svolta decisiva nella storia. Il semplice fatto che una cosa simile si sia potuta tentare e condurre felicemente a termine ci ha dato vigore ... Se Mussolini fosse stato vinto in velocità dal marxismo, non so se noialtri saremmo riusciti a mantenerci in piedi. In quell'epoca il nazionalsocialismo era una ben gracile pianta».

Curiosamente, Mussolini sembrava più interessato agli altri movimenti della destra tedesca che al nazismo. Affidò un'accurata perlustrazione a Luigi Capello, uno dei migliori generali italiani durante la Grande Guerra, che abbandonò ben presto il fascismo in quanto massone e venne poi arrestato nel 1925 come complice di Tito Zaniboni nel primo dei sei attentati subiti dal Duce. La rottura con il mondo della destra tedesca avvenne nel 1926 quando, il 6 e il 10 febbraio, il Duce pronunciò alla Camera e al Senato due durissimi discorsi, rivendicando la piena italianità dell'Alto Adige. Per le stesse ragioni Mussolini vedeva malissimo le aspirazioni hitleriane (e non solo) di annessione dell'Austria (l'Anschluss), che Hitler avrebbe compiuto il 13 marzo 1938 in barba al Duce. L'affronto sarà tragicamente completato il 25 luglio 1934 con l'assassinio del cancelliere austriaco Engelbert Dollfuss, la cui famiglia era ospite di Mussolini sulla riviera romagnola.

In assoluta minoranza, Hitler si diede da fare per soffocare queste rivendicazioni irredentistiche, aiutato da Hermann Göring, che aveva trascorso in Italia un lungo periodo di esilio volontario dopo il fallito putsch del 1923. Il suo obiettivo principale era impedire qualunque alleanza dell'Italia con la Francia. E nel *Libro segreto* del 1928 vagheggia una triplice alleanza con Italia e Inghilterra in chiave antifrancese. Scrive che i rapporti tra Roma e Londra sono buoni e non è prevedibile che si guastino nel futuro. Purtroppo per l'Europa, questa previsione si rivelerà fallace, e anzi sarà proprio il Führer a infilarsi nelle dispute coloniali tra regime fascista e governo inglese, ipnotizzando il Duce fino a indurlo alle inconcepibili leggi razziali e al folle coinvolgimento nella seconda guerra mondiale.

Hitler ribadì più volte che l'amicizia con l'Italia valeva la rinuncia all'Alto Adige: per questo la Repubblica di Weimar lo accusò di tradimento e alcuni anche di essersi venduto a Mussolini. Il Führer privilegia il rapporto con l'Italia considerandola l'unica che mira solo a difendere gli interessi nazionali, che non collidono con quelli tedeschi. Gli altri grandi paesi europei, a suo giudizio, rispondono a logiche diverse, per esempio il «giudaismo internazionale che istigò una mostruosa propaganda di guerra». «A causa della mancanza di capacità produttive proprie» scrive nel *Libro segreto* «il popolo ebraico non può arrivare alla costruzione di uno Stato nel senso territoriale, ma come fonte della sua esistenza ha bisogno del lavoro e delle attività creative di altre nazioni. Perciò l'esistenza stessa dell'ebreo diviene parassitaria nei confronti della vita di altri popoli.» Di qui la necessità per gli ebrei di sottomettere popoli produttivamente attivi. D'altra parte, osserva George L. Mosse in *Le origini culturali del Terzo Reich*, l'antisemitismo di Hitler non si fondava su «sentimenti personali nei confronti del singolo ebreo, per quanto odioso questi potesse riuscire. Al contrario, i mali di cui gli ebrei erano il simbolo erano insiti nella loro razza».

«Hitler è tutt'altro che quel buffone che ci è stato dipinto»

Nel dicembre 1927 Hitler chiese d'incontrare l'addetto stampa dell'ambasciata italiana a Berlino, il marchese Francesco Antinori. L'incontro avvenne in casa della proprietaria della Bechstein, celebre azienda produttrice di pianoforti, che aveva «adottato» il Führer. Il rapporto di Antinori ci fa capire che Hitler aveva sempre avuto in testa l'idea dello smembramento della Cecoslovacchia (che avrebbe invaso nel 1939), dove vivevano 4 milioni di tedeschi «abbandonati dal Reich». Chiedeva il contributo diplomatico dell'Italia per indebolire una nazione che premeva «sul fianco della Germania» e stava paralizzando ogni azione dell'Ungheria contro un nostro scomodo vicino di casa, la Iugoslavia. (Un'altra sinistra anticipazione sarebbe stata fornita nel luglio 1930 da Hitler all'ambasciatore Luca Orsini Baroni, che ne avrebbe riferito a Dino Grandi: «Si dia alla Germania possibilità di espansione verso il Baltico delle cui province produttrici di grano la Germania ha bisogno per nutrire 20 milioni di tedeschi». In caso contrario, sarebbe scattata una concorrenza rovinosa per tutti gli Stati europei.)

Nel 1928 Hitler iniziò a insistere per incontrare Mussolini, il quale si dichiarò formalmente disponibile, rinviando però il colloquio a una data indefinita. Voleva testare la forza del suo interlocutore alle elezioni tedesche di quello stesso anno, ma poiché il Partito nazista prese meno voti che alla consultazione precedente e ottenne soltanto 12 deputati, Mussolini ritenne inadeguato il livello del Führer per un incontro ufficiale e lasciò aperto un canale comunicativo con lui solo per non compromettere la sua posizione in favore dell'italianità dell'Alto Adige. Ribadita a Ferragosto del 1928 da Hitler al senatore italiano Ettore Tolomei, oltranzista sull'Alto Adige italiano, in un incontro segreto in Germania, insieme alla conferma di una battaglia per l'annessione dell'Austria («Non capisco perché voi italiani vi opponiate: la vertenza sudtirolese sarebbe chiusa una volta per tutte»).

Nel 1929 l'interesse fascista nei confronti del nazismo cominciò ad accentuarsi. Il 18 maggio Eugenio Morreale, corrispondente del «Popolo d'Italia» da Vienna e funzionario del ministero degli Esteri, dopo un incontro con il Führer scriveva: «Perché Hitler è tutt'altro che quel buffone, quel farneticante di improvvisazioni politiche che ci fu per tanto tempo dipinto. Giovane, robusto e strafottente, si lascia andare talvolta a quelle mosse agili che fanno ridere i lettori del "Simplicissimus", ma la robustezza e l'agilità del capo vanno in definitiva a tutto vantaggio della sua organizzazione e la parola, che scansa la fioritura della retorica, lo serve bene: trova ricordi storici per i più eruditi e frasi popolari per le masse, passa dall'aspirazione patriottica all'arguzia che dà con un sol tratto il segno caricaturale di una situazione politica o di un avversario. Sicché Hitler fa scuola e c'è da credergli quando afferma che il suo partito conta oggi i migliori oratori della Germania i quali si prodigano in comizi su comizi per la propaganda verbale a ritmo accelerato». Fino ad allora Mussolini aveva considerato il nazismo una formazione marginale nel panorama politico tedesco. Secondo De Felice, la svolta del 1929 si deve all'ingresso dei nazisti nel Comitato del Reich per il referendum sullo scioglimento della Dieta prussiana istituito da Alfred Hugenberg, magnate del cinema e dell'editoria e figura carismatica della destra tedesca.

Dalla crisi del 1929 al trionfo elettorale del Führer

La primavera economica e sociale che sembrava affacciarsi sulla Germania dopo i primi tremendi anni del dopoguerra s'interruppe di colpo martedì 29 ottobre 1929. Il crollo di Wall Street ebbe conseguenze pesantissime anche nella Repubblica di Weimar. Il numero dei disoccupati schizzò subito a 3 milioni, gli iscritti alle liste di povertà ammontavano a 12 milioni, mentre dilagavano ovunque scioperi e violenze. Come sempre accade in questi casi, a giovarsene furono i sovvertitori dell'ordine pubblico, di estrema destra e di estrema sinistra. Dalla fine della guerra, i governi tedeschi cadevano uno dopo l'altro, con una frequenza impressionante. A un certo punto Heinrich Brüning, un sindacalista cattolico alla Carlo Donat-Cattin, s'illuse di essere un nuovo Bismarck e di poter salvare la Germania sia dai comunisti sia dai nazisti, ma gli andò male. Pensò di rafforzarsi indicendo nel settembre 1930 le elezioni anticipate e combinò un disastro alla Macron: i socialisti persero 5 punti (24,5 per cento), i nazionalpopolari si dimezzarono (7), i comunisti guadagnarono 2,5 punti (13,1). Ma la grande sorpresa fu la moltiplicazione dei voti nazisti, passati dal 2,6 al 18,3 per cento, con crescita dei deputati da 12 a 107. Il Zentrum (Centro) guidato da Brüning, che aveva voluto le elezioni, non andò oltre il 12 per cento ottenuto in quelle precedenti. I tre partiti antisistema raccolsero complessivamente 255 seggi sui 577 complessivi del Reichstag, quasi la maggioranza assoluta.

I deputati nazionalsocialisti festeggiarono rumoreggiando al Reichstag in stivaloni e camicia bruna, mentre in centro le SA distruggevano i negozi dei commercianti ebrei. Da questo momento Hitler diventava un potenziale leader di governo, in quanto capo del secondo partito tedesco, e cominciava a raccogliere insospettabili consensi anche all'estero. Lord Rothermere, fondatore dei giornali popolari britannici («Daily Mail» e poi «Daily Mirror»), considerava il lavoro del Führer «grande e sovrumano», e sul «Mail» scrisse un editoriale in cui festeggiava la vittoria dei nazisti, «valido bastione contro i comunisti», e aggiungeva: «Per il bene della civiltà europea ci auguriamo che la vita della Germania sia assunta da un governo che si ispiri agli stessi sani ideali grazie ai quali Mussolini negli ultimi otto anni ha rinnovato l'Italia». Si apriva così il sostegno aristocratico britannico al regime nazista, che avrebbe avuto in re Edoardo VIII il simbolo più clamoroso e controverso.

Gli squadristi in divisa delle SA affrontavano ogni giorno i militanti della Lega comunista con decine di morti da entrambe le parti. (Alla fine dell'anno Hitler parlerà di 50 nazisti uccisi negli scontri.) Nel frattempo i disoccupati erano saliti a 4 milioni. Nel luglio 1931 fallì la seconda banca tedesca, la Danat-Bank, per l'insolvenza di un grande lanificio. Immagini dell'epoca mostrano signori con il cappello a lobbia dinanzi agli imponenti cancelli chiusi della banca. Contemporaneamente fallì la Dresdner Bank, e anche qui le ricadute furono drammatiche.

Il trionfo di Hitler stupì, interessò e allarmò il fascismo italiano. Era attesa un'avanzata delle destre, ma nessuno immaginava che, in poco più di due anni, il Partito nazista sarebbe passato da 809.000 a 6 milioni 401.000 voti. In febbraio lo stesso Göring ipotizzava che i deputati nazionalsocialisti sarebbero aumentati da 12 a 40. A metà luglio, anche Hitler, nel citato colloquio con l'ambasciatore italiano Orsini Baroni, riteneva che non avrebbero superato i 50 seggi, quadruplicando quelli del 1928. Il Foglio d'ordini del Partito fascista (nonno delle attuali chat con le disposizioni dei presidenti dei gruppi ai parlamentari), non nascondendo la sorpresa per l'imprevisto trionfo hitleriano, tenne a precisare che il risultato non era «risolutivo», ma sotto il profilo «indicativo ... la loro significazione è straordinaria». Per attenuare il colpo, l'anonimo velinista annota che anche i comunisti sono aumentati, ma questo conferma la visione politica fascista: le forze intermedie del liberalismo, della democrazia comunque intesa e del socialismo erano destinate a defungere e la battaglia finale era ormai quella tra fascismo e bolscevismo.

«Critica fascista», la rivista diretta da Giuseppe Bottai, sperava, al contrario, nello sviluppo delle «possibilità moderate» presenti nella società tedesca, mentre «Gerarchia» (più vicina a Mussolini), nel fascicolo del settembre 1930, prendeva atto con soddisfazione che, archiviata «l'intesa contro natura» tra Francia e Germania, si aprissero nuove prospettive internazionali per l'Italia. La conclusione tranchant – «L'idea fascista si fa strada nel mondo» – veniva molto ridimensionata nel numero di novembre dal diplomatico tedesco Friedrich-Werner von der Schulenburg: le divergenze tra le due ideologie sono maggiori delle convergenze e l'antisemitismo hitleriano è inaccettabile.

Secondo De Felice, i fascisti a questo punto guardarono al nazismo con compiacimento, speranza, ma, al tempo stesso, timore. Compiacimento, perché la nascita in un paese importante di un movimento simile al fascismo confermava la «validità universale» della loro condanna della democrazia, del liberalismo, del comunismo. Speranza, perché la crisi della Repubblica di Weimar ampliava enormemente le prospettive della politica estera tedesca. Timore, perché la possibile crescita del nazismo avrebbe potuto alienare anche al fascismo simpatie internazionali e rafforzato paradossalmente le capacità negoziali della Francia.

Fra il 1930 e il 1932 l'atteggiamento della stampa italiana, controllata dal regime, si può riassumere in questi termini. Il nazismo era il prodotto della politica sbagliata delle potenze vincitrici – in particolare della Francia – verso la Germania. I nazisti erano troppo dogmatici e poco politici. Non avevano, insomma, la carica universale del vero fascismo, quello italiano, ispirato da un popolo che non dimentica le radici di sintesi e di equilibrio della civiltà romana. La stampa fascista, interpretando il pensiero del Duce, era più favorevole all'affermazione di tutte le destre tedesche che al predominio assoluto di Hitler.

Un «nano» politico con 6 milioni di voti

Il successo elettorale del nazismo non fu certo estraneo all'idea maturata in questo periodo da Mussolini di farsi promotore di un fascismo internazionale di cui lui stesso sarebbe stato, naturalmente, il padre riconosciuto. Affidò la stesura del progetto ad Asvero Gravelli, un giornalista bresciano fascista della primissima ora, che pubblicò sulla rivista «Antieuropa. Rassegna dell'espansione fascista nel mondo» il programma politico condiviso con il Duce, anticipandoglielo in una lettera del 6 dicembre 1930.

Secondo Gravelli, occorreva alleare tutte le forze fasciste presenti in Europa «per la propagazione e la dilatazione delle concezioni fasciste», «organizzare su base rivoluzionaria, insurrezionale, aggressiva, le forze a carattere fascista in Europa, prepararle all'azione diretta per la conquista del potere e stabilire la dittatura in Europa». Gravelli raccolse le opinioni di uomini di destra italiani e tedeschi, e le pubblicò su «Antieuropa» e poi in un volumetto uscito nel 1932, *Verso l'internazionale fascista*, che ebbe molta risonanza in Germania e in altri paesi.

Mussolini non amava Hitler, anche se era molto compiaciuto per l'ammirazione di cui lo gratificava il capo nazista. Il ridicolo tentativo di putsch del 1923 lo aveva colpito sfavorevolmente e, poco dopo, aveva definito «un mattone illeggibile» il *Mein Kampf*, che aveva scorso in tedesco. Trovava eccessivo e quasi caricaturale l'antisemitismo hitleriano e ripugnante il circolo omosessuale al quale il Führer si accompagnava. Ma il nazismo era una realtà dalla quale non si poteva prescindere. I diplomatici italiani in Germania presero a inviare rapporti con regolarità e lo stesso Mussolini ricevette due volte Göring.

La prima udienza avvenne nella primavera del 1931. Per il tramite del gerarca nazista il Duce recapitò al Führer la foto con dedica invano sollecitata negli anni precedenti, e l'8 giugno Hitler gli rispose spedendo a sua volta un proprio ritratto e auspicando una comune visione delle questioni principali. Si scusò per avergli inviato il ritratto in ritardo sostenendo di non aver trovato qualcosa che lo soddisfacesse, al punto di averne commissionato uno per l'occasione. Mussolini, però, si fermò lì: respinse ruvidamente una richiesta d'incontro avanzata da Hitler, nonostante questi avesse indicato i dettagli del viaggio, e l'anno successivo assicurò che avrebbe incontrato il Führer, senza tuttavia indicare mai una data. Al tempo stesso intensificava i rapporti con un partito paramilitare più moderato, lo Stahlhelm (Elmetti d'acciaio), sperando che un fronte delle destre più articolato potesse limitare le punte estreme del nazismo.

Gli incontri di Mussolini con Göring avvennero per intercessione di Giuseppe Renzetti, un maggiore marchigiano dell'esercito che dopo la prima guerra mondiale si era trasferito in Germania assumendo l'incarico di presidente della Camera di commercio italiana a Lipsia. Dopo l'affermazione elettorale nazista del 1930, questo diventò un incarico di copertura, giacché Mussolini affidò a Renzetti il compito di mantenere contatti segreti con il vertice nazista all'insaputa dell'ambasciata italiana. Nella corrispondenza con il Duce, Renzetti si vantò di fare da paciere tra le diverse fazioni della destra tedesca. Non era un millantatore, perché veniva invitato regolarmente a riunioni di vertice con Göring, Goebbels e altri gerarchi, non mancando di trasmettere il parere di Mussolini sulle diverse questioni. Per esempio, la netta contrarietà del Duce alla partecipazione dei nazisti a un governo di coalizione che includesse il Zentrum.

I rapporti iniziali di Renzetti rivelano la diffidenza di Mussolini: il 3 gennaio 1931 il maggiore motivava il successo del nazionalsocialismo anche con l'adesione di masse operaie deluse dall'amministrazione socialista del potere e poco convinte dalla propaganda comunista, conoscendo bene le condizioni di vita degli operai nella Russia sovietica. Al tempo stesso, secondo Renzetti, il Partito nazista era «vulnerabile»: uomini come Goebbels erano soltanto bravi organizzatori di cortei, la polizia e l'esercito diffidavano ancora del nazismo che, in definitiva, «brancola nel buio».

Il giudizio del Duce su Hitler non migliorò nel 1932, quando furono pubblicati i *Colloqui con Mussolini* di Emil Ludwig. Scrive il giornalista tedesco: «Mussolini mi chiese all'improvviso che cosa pensassi di Hitler. Io abbassai la destra a indicare l'altezza di un nano e dissi: Hitler? Così! Egli annuì, evidentemente soddisfatto, ma non disse motto, mi guardò con lo sguardo penetrante e aggiunse: "Ma... ha sei milioni di voti..."». Il libro, com'era prevedibile, fu accolto malissimo negli ambienti nazisti: si ricordarono innanzitutto le origini ebraiche di Ludwig chiamandolo con il suo cognome di nascita, Cohn, e parlandone come di uno spregiudicato affarista, di un «pagliaccio» e di un intellettuale mediocre, capace persino di falsare il pensiero del Duce. Che invece aveva riletto il testo dalla prima all'ultima riga.

Anche queste osservazioni sono contenute nei rapporti di Renzetti, la cui fortuna presso fascisti e nazisti cominciò a calare subito dopo l'arrivo di Hitler al potere, per poi crollare del tutto il 2 luglio 1933 con la cessazione ufficiale del suo incarico. Mussolini decise, infatti, di utilizzare la sola ambasciata italiana.

«Zio Alf» affranto per il suicidio di Geli

La corsa del Führer verso il potere ebbe una breve, traumatica pausa dopo il 18 settembre 1931, quando Geli (23 anni) si uccise. La sera prima aveva avuto una delle sue tante liti con lo zio, che le proibiva di andare a Vienna. Hitler temeva che volesse incontrare un giovane che la corteggiava e la costrinse a rimanere a casa. La sera, la moglie di uno degli autisti del Führer riuscì a portare la ragazza prima in birreria e poi a teatro. Al ritorno, Geli si chiuse a chiave in camera sua. La mattina dopo, quando il marito della governante, preoccupato del lungo silenzio, forzò la serratura, la trovò a terra con il petto squarciato da un colpo di rivoltella Walther 6.35. L'arma, di proprietà di Hitler, era stata avvolta in un asciugamani bagnato per attutire il rumore dello sparo.

Il Führer è a Norimberga, ma il segretario Rudolf Hess fatica non poco a trovarlo. La piccola autocolonna di Hitler ha appena lasciato la città quando Julius Schreck, il suo autista, avvisa che un'auto li sta inseguendo. L'automobile li affianca, scende un fattorino e avverte che c'è una comunicazione urgente da Monaco. Si ritorna a Norimberga, all'hotel Deutscher Hof. Hitler si fa passare la chiamata alla cabina 2: «Cosa dite mai, Hess?». Poi grida: «Ditemi la verità, Hess, sulla vostra parola d'onore di ufficiale. È ancora viva?». Quindi prende sottobraccio Hoffmann: «Torniamo a Monaco. Geli si è uccisa».

Il corpo era già stato portato via. Mentre il Führer era in preda a una sincera disperazione, da Monaco alla Germania intera si rincorrevano le voci più fantasiose. Non fu fatta l'autopsia sul corpo, e quindi non poté essere verificata la voce che la ragazza fosse incinta di un giovane ebreo. In seguito si disse che Himmler l'avesse uccisa per soffocare lo scandalo e, addirittura, che Hitler in persona fosse rientrato nottetempo da Norimberga per compiere il delitto. Fantasie. Fu il giornale socialista «Münchener Post» a riportare asciuttamente nell'edizione del 20 settembre 1931 la notizia: «Il 18 settembre 1931 Hitler ha sparato alla propria amata nipote, Geli Raubal. L'omicidio è stato archiviato come suicidio dal ministro della Giustizia bavarese [*Franz Gürtner*], che è un alleato politico». (Gürtner, che spinse per una rapida archiviazione del caso, divenne poi ministro della Giustizia del Reich.) L'autore dell'articolo, Fritz Gerlich, fu picchiato, deportato a Dachau e fucilato nel 1934 durante la «notte dei lunghi coltelli».

La causa largamente più probabile della morte è la più semplice: Geli era sopraffatta da una relazione più grande di lei e, nonostante una malizia di gran lunga superiore alla sua età, non resse a uno stress al quale in poche sarebbero sopravvissute.

Hitler rimase sotto shock per settimane. Divinizzò la povera ragazza, ordinando che la sua camera da letto, identica a come era all'ora del delitto, diventasse un sacrario. Un busto realizzato da Josef Thorak, lo scultore austrotedesco destinato a celebrare il regime nazista, fu sistemato nel punto esatto dove Geli si era suicidata. Al termine del rito funebre cattolico, il corpo fu trasportato nel cimitero centrale di Vienna, dove il Führer corse a visitarlo, dopo aver ottenuto un permesso speciale dalle autorità austriache che avrebbero potuto arrestarlo per la vecchia storia dell'espatrio non autorizzato.

Hitler non riuscì a rimanere in quella casa e si trasferì nella villa dell'editore Adolf Müller, chiedendo all'onnipresente Hoffmann di fargli compagnia. Durante il processo di Norimberga, Göring affermò che la morte della nipote ebbe un effetto devastante su di lui, conducendolo alla depressione. La morte di Geli aveva prodotto in Adolf un'irreversibile alterazione dell'umore, cambiando per sempre il suo modo di relazionarsi con gli altri, come sostengono sia William L. Shirer in *Storia del Terzo Reich*, sia Robert G.L. Waite in *The Psychopathic God: Adolf Hitler*.

Persino Heinrich Hoffmann arrivò a sostenere nelle sue memorie che, dopo il suicidio della nipote, «i semi della disumanità iniziarono a crescere in Hitler», quasi a dire che l'efferatezza delle azioni e delle decisioni del Führer fosse diretta conseguenza dell'atroce dolore che lo traumatizzò. E Joachim Fest, nella sua biografia, si dice convinto che Geli Raubal sia stata l'unica donna che il dittatore nazista abbia veramente amato.

Adolf fece conservare intatta negli anni la stanza della nipote e volle sempre con sé, nelle sue dimore, un ritratto della ragazza. Ronald Hayman, in *Hitler & Geli*, afferma che non ci fu mai una circostanza in cui lui parlasse di Geli, o gli venisse ricordata la nipote, e non gli si spezzasse la voce in gola. Bastano queste testimonianze per convincerci del suo amore per lei? Commenta Shirer: «In un uomo brutale e cinico come Hitler, che sembrava incapace di amore per qualsiasi altro essere umano, questa passione per la giovane Geli Raubal rimane uno dei misteri della sua strana vita. Come ogni mistero, esso non può essere spiegato razionalmente, ma semplicemente constatato».

La vittoria elettorale nazista e l'affaire Potempa

Le elezioni amministrative dell'ultimo scorcio del 1931 procurarono al Nsdap soddisfazioni impreviste, piazzandolo ai vertici anche in regioni dove fino ad allora non si era mai presentato. La crisi della democrazia repubblicana era così irreversibile che, osserva Kershaw, i tedeschi ormai tifavano per la dittatura, non avendo peraltro ancora deciso quale auspicare. Ma Hitler aveva seminato bene se già all'inizio dell'anno, presentandosi nell'uniforme di partito a una cena di grandi imprenditori, aveva impressionato l'uditorio. C'erano Fritz Thyssen, il magnate dell'acciaio che guidava il comitato di controllo nazionale sulla siderurgia, e Hjalmar Schacht, appena dimessosi dalla guida della Reichsbank, l'equivalente della nostra Banca d'Italia. Scrive il banchiere in *My First Seventy-Six Years*: «L'aspetto straordinario erano le sue capacità espositive. Di tutto parlava come di verità incontrovertibili; malgrado ciò le sue idee non erano irragionevoli e del tutto scevre da ogni pathos propagandistico ... Hitler era ossessionato dalle proprie parole, un perfetto fanatico che esercitava sull'uditorio un potere assoluto; un agitatore nato a dispetto di una voce rauca, talora rotta e non di rado gracchiante». Schacht notò l'attenzione posta da Hitler a non indispettire un uditorio così lontano dal suo mondo e prese atto che se l'establishment tedesco non fosse rapidamente riuscito a mettere riparo alle proprie insufficienze, «il suo potere propagandistico avrebbe esercitato una pressione formidabile sulla popolazione tedesca».

Hitler godeva di un ampio consenso nella piccola e nella media industria, mentre la maggior parte dei grandi capitalisti nutriva ancora diffidenze nei confronti del Führer, nonostante i suoi viaggi da un capo all'altro della Germania a bordo di una potente Mercedes per convincerli a schierarsi al suo fianco. Tant'è vero che il suo discorso del 27 gennaio 1932 davanti a 650 industriali di Düsseldorf lasciò l'uditorio piuttosto freddo.

Nella primavera del 1932 scadeva il mandato presidenziale di Paul von Hindenburg, l'eroe di guerra chiamato sette anni prima a illuminare con il suo carisma un paese in subbuglio permanente. Hitler negò la maggioranza per una riforma costituzionale che avrebbe consentito al vecchio militare (85 anni) di rimanere al suo posto senza il passaggio elettorale. E quando si decise di votare il 13 marzo, dopo una lunga incertezza, capì che non poteva sottrarsi alla competizione. Ma si ricordò anche di non essere ancora cittadino tedesco (sui documenti risultava apolide) perché un paio di tentativi per ottenere la cittadinanza erano andati a vuoto, vista la modesta e allarmante reputazione dell'aspirante. Si rimediò con un pastrocchio all'italiana: Hitler fu nominato consigliere del governo presso un Ufficio coltura e agrimensura di Braunschweig, una città della Bassa Sassonia. Un ruolo di secondo piano nella pubblica amministrazione.

Quella che seguì fu la campagna elettorale più spettacolare della storia tedesca, muovendosi lui in aereo con sotto lo slogan: «Il Führer vola sulla Germania». Ecco come lo descrive Fest, con il piglio giornalistico di chi è stato a lungo direttore editoriale della «Frankfurter Allgemeine Zeitung»: «Hitler non voleva saperne di discorsi introduttivi e di saluto, che avevano per unico effetto quello di distogliere l'attenzione dalla sua persona. Per alcuni istanti restava immobile sul podio, scuotendo meccanicamente le mani, muto, quasi distratto, con sguardi erratici, e tuttavia medianicamente pronto a lasciarsi colmare e trascinare dalla forza che si esprimeva nelle grida delle masse ... Con bruschi, esplosivi scatti, la voce, che intanto aveva acquistato inflessioni metalliche, saliva irresistibilmente di tono, e Hitler scagliava addirittura le parole fuori di sé, e non di rado, nel furore dell'evocazione, si portava i pugni serrati al volto contratto e chiudeva gli occhi, abbandonandosi alle esaltazioni della sua rimossa sessualità».

Al primo turno delle elezioni presidenziali, tenutosi il 13 marzo 1932, Hindenburg si fermò al 49 per cento e Hitler al 30. L'assenza della maggioranza assoluta rese necessario un secondo turno, che si svolse il 10 aprile. Come previsto, il vecchio presidente fu confermato con il 53 per cento dei voti, ma il Führer salì al 37, guadagnando 2 milioni di voti rispetto al primo turno. Il Partito nazista ne beneficiò enormemente, affermandosi quasi dappertutto nelle elezioni regionali che ebbero luogo subito dopo. Questo risultato fece apparire deludente il 37,8 per cento ottenuto dal Nsdap alle successive elezioni politiche del 31 luglio.

Hindenburg aveva nominato cancelliere Franz von Papen, un esponente della nobiltà cattolica e della destra del Zentrum. Papen, che era un pasticcione arrogante, riuscì nell'impresa di trasformarsi nell'opposto di quel che avrebbe voluto essere. Ufficiale di cavalleria, espulso per spionaggio dagli Stati Uniti dov'era addetto militare, finì per passare carte riservate agli inglesi per pura disattenzione. Leggiamo il ritratto che ne fa l'ambasciatore francese André François-Poncet nelle sue memorie: «Sempre rigido sulle lunghe gambe, pieno di presunzione e di stizzosa arroganza, lo si sarebbe detto la caricatura di se stesso: una figura tratta pari pari da *Alice nel Paese delle Meraviglie* ... Ma Papen era considerato anche un uomo fatuo e impulsivo, al punto che nessuno lo prendeva troppo sul serio. Se qualcosa gli riesce, è ai sette cieli; se gli va storta, non se ne dà la minima pena».

Papen non sarebbe mai diventato cancelliere se non per le trame di una di quelle figure che nella storia assumono un ruolo largamente immeritato, ma costruito mattone su mattone con spregiudicata determinazione. Kurt von Schleicher era un «generale da tavolino» (il fronte non faceva per lui) che, grazie ad amicizie familiari, era diventato il consigliere più ascoltato del presidente Hindenburg. Fu lui a suggerirgli Papen, nella convinzione di poterlo gestire a suo piacimento. E a chi gli diceva che l'uomo era del tutto inadeguato al ruolo, replicò: «Non ho bisogno di una testa, ma di un cappello».

Mentre Hitler pensava ancora al rispetto di un minimo di regole costituzionali, Hermann Göring, l'asso dell'aviazione tedesca diventato il suo braccio destro, andava per le spicce: «Se arriviamo al potere, non lo lasceremo più». E intanto le SA continuavano nei loro scontri con i comunisti. Appena Papen ebbe emesso un decreto che condannava alla pena di morte chi avesse ucciso un avversario in quella che era ormai una guerra civile quotidiana, per tutta risposta a Potempa, un piccolo centro della Slesia, 5 militari delle SA fecero una spedizione punitiva alla caccia di 3 militanti comunisti. Mancarono il primo, perché trovarono sbarrata la porta della capanna dove abitava, e il milite incaricato di ammazzare una donna che si era affacciata alla finestra era talmente ubriaco che non riuscì a togliere la sicura alla pistola. Entrarono invece facilmente in casa del secondo, Konrad Pietzuch, un muratore disoccupato di 35 anni, che fu seviziato e ucciso sotto gli occhi della madre. Fermati prima che uccidessero la terza vittima designata, furono condannati a morte, pena immediatamente commutata nell'ergastolo dal cinico Papen, che sperava d'ingraziarsi i nazisti per la propria riconferma.

Il processo fu un vero spettacolo. La difesa sostenne che gli assassini avrebbero meritato un encomio solenne per aver «giustamente punito» un «traditore», visto che nel 1921 Pietzuch si era distinto nel movimento separatista dell'Alta Slesia. Göring, presidente del Reichstag, espresse ai criminali la propria solidarietà aprendo con 1000 marchi una sottoscrizione in loro favore. Lo stesso Hitler mise la pietra tombale sulla sentenza: «Mi sento legato a voi da una solidarietà senza limiti. La vostra liberazione è una questione d'onore». Detto, fatto. Due mesi dopo la sua nomina a cancelliere, gli assassini ottennero una scarcerazione cautelare e il 21 marzo beneficiarono di un provvedimento di amnistia esteso a chiunque avesse ucciso «per il bene del Reich». L'omicidio Pietzuch, per le sue motivazioni e i suoi esiti politico-giudiziari, è stato indicato da Johann Chapoutot (*L'affaire Potempa. Come Hitler assassinò Weimar*) come l'episodio simbolico della fine della democrazia in Germania.

Com'era avvenuto un decennio prima con Mussolini, anche qui la mediocre miopia dei vertici politici tedeschi stese a Hitler il tappeto rosso verso la conquista del potere. Triplogiochista consumato, Schleicher avrebbe tramato contemporaneamente per andare al posto di Papen, beffando Hitler, il presidente del Reich e il cancelliere in carica, pensando anche a un colpo di Stato militare.

V

Hitler al potere con Eva Braun. Mussolini e Claretta, e le «leggi fascistissime»

Laski: «Hitler invecchierà in una birreria bavarese»

Il governo Papen era più o meno tecnico (fu detto «dei baroni» perché sei ministri, con Kurt von Schleicher alla Difesa, appartenevano all'aristocrazia), privo di una maggioranza parlamentare e quindi destinato ad accompagnare la Germania alle ennesime elezioni anticipate. Quando Papen incontrò Hitler per la prima volta, non ne riportò una grande impressione. Nelle *Memorie* scrive: «Non riuscii a trovargli nessuna qualità interiore tale da giustificare lo straordinario ascendente che esercitava sulle masse. Vestiva un completo blu scuro e aveva l'aria del perfetto piccolo borghese. Aveva un colorito terreo ... "Considero il suo governo solo come una soluzione temporanea" mi disse. "Continuerò a impegnarmi per fare del mio partito il più forte del paese. Il cancellierato allora passerà a me"».

Hitler non riscuoteva le simpatie del mondo cattolico. In un rapporto del 28 giugno 1932, poco prima delle elezioni politiche, l'addetto all'ambasciata italiana a Vienna Vittorio Mazzotti riferiva al Duce («con sconfinata devozione») il durissimo giudizio sul Führer dell'arcivescovo di Monaco, monsignor Hafstein, ammiratore di Mussolini, incontrato per caso in vagone letto: «Il nazionalsocialismo significa per noi cattolici il ritorno al germanesimo contro il cattolicismo; il ritorno del ghibellismo con una sostanza demagogica ben dannosa alla società attuale e che per frutto potrebbe dare la più sanguinosa delle guerre civili ... Se non fosse frenata l'ascesa di Hitler, la Germania cattolica col cuore sanguinante agirebbe di conseguenza e si staccherebbe dal Reich». Nulla di tutto questo sarebbe avvenuto.

Con il 37,8 per cento (contro il 18,3 delle elezioni precedenti), in effetti, il Nsdap diventò il primo partito di Germania: 230 seggi su 608, contro i 133 dei socialisti (in caduta), gli 89 dei comunisti, in ascesa come i cattolici del Zentrum (97 seggi). I piccoli partiti della borghesia furono polverizzati. Ma questo ottimo risultato non era sufficiente per avere la cancelleria. E infatti Hitler non la ebbe. Il suo incontro con il vecchio presidente Hindenburg fu quello tra due mondi del tutto inconciliabili: la dignità di un nobile decaduto di fronte all'arroganza di un pericoloso parvenu. Il colloquio durò appena otto minuti. Hindenburg in piedi con il bastone era l'immagine opposta del vecchio Churchill che non voleva sedersi di fronte a Elisabetta II per un atto di riguardo: il vecchio presidente lo faceva, invece, per marcare le distanze dallo sgraditissimo ospite. Suggerì a Hitler di partecipare a un governo di coalizione con il centro e la destra, non sentendosi di affidare il potere al leader di un partito «intollerante, rumoroso, indisciplinato». Ma Hitler aveva bene in mente che Mussolini, con molti meno deputati dei suoi, era stato nominato presidente del Consiglio dal re d'Italia, e lui non aveva alcuna intenzione di accontentarsi di qualcosa di meno del cancellierato.

Il Führer chiese di essere nominato cancelliere e con pieni poteri. Hindenburg gli fece rispondere dai suoi ciambellani con una lettera di ironica cortesia curiale: «Il Signor Presidente del Reich La ringrazia, gentile Signor Hitler, per la Sua disponibilità ad assumersi la guida di un gabinetto con poteri eccezionali ... Ma non può non temere che un gabinetto del genere, da Lei guidato, si trasformi inevitabilmente nella dittatura di un partito, con tutte le conseguenze che questa può avere per quanto attiene a una straordinaria acutizzazione dei contrasti in seno al popolo tedesco». Gli fece proporre formalmente la carica di vicecancelliere di Papen, ma Hitler naturalmente rifiutò.

Papen, cancelliere uscente, tentò una forzatura per rimanere al suo posto, ma si scavò la fossa con le proprie mani. Il 12 settembre la prima seduta parlamentare della nuova legislatura fu presieduta da Hermann Göring, eletto presidente del Reichstag. La situazione era eccezionale ed è comprensibile che il capo del governo chiedesse poteri eccezionali. Ma Papen, annunciandoli nelle dichiarazioni programmatiche, per ottenerli chiese l'appoggio dei comunisti. Era la prima volta che questo accadeva in un paese occidentale e si scatenò il putiferio. I comunisti risposero con una mozione di sfiducia contro Papen, sottoscritta prontamente da Hitler, che venne approvata con 512 voti contro 42. Il cancelliere rispose lanciando a Göring una cartellina rossa che conteneva il decreto di scioglimento del Reichstag con data anteriore alla votazione. Un unicum, a quanto pare, nella storia parlamentare mondiale. Così il Reichstag fu sciolto e vennero indette nuove elezioni per il 6 novembre successivo. Che non furono brillanti per il partito di Hitler: perse 2 milioni di voti e 34 seggi, mentre i socialisti ne persero 12, che cedettero quasi interamente ai comunisti, in forte ascesa. I partiti moderati ripresero invano fiato.

La Germania era in una condizione drammatica. I disoccupati sfioravano i 9 milioni, ma erano in pochi, ormai, a contare su Hitler come «uomo della Provvidenza». Le elezioni regionali andavano male, i fondi del partito scarseggiavano. Goebbels scriveva nei suoi diari in data 23 dicembre 1932: «Uno spaventoso senso di solitudine mi piomba addosso come un cupo sconforto ... Nel 1932 tutti i propositi e le speranze sono andati completamente in fumo».

La «Frankfurter Allgemeine Zeitung» immaginava il «dissolvimento dell'alone di magia» del partito di Hitler, e Harold J. Laski, esponente laburista britannico e intellettuale controverso ma apprezzato da Benedetto Croce, dichiarava che, «a meno di imprevisti, oggi è tutt'altro che improbabile che Hitler concluda la propria esistenza invecchiando in un villaggio bavarese raccontando la sera, ai suoi fedeli ascoltatori della birreria, come una volta era quasi riuscito a rovesciare il Reich tedesco».

E l'«ozioso vagabondo» salì sullo scranno di Bismarck

Il povero Hindenburg provò a incaricare per la formazione del nuovo governo il generale Schleicher, tessitore, come abbiamo visto, di ogni trama possibile. Schleicher s'illuse d'intrappolare Hitler offrendo la carica di vicecancelliere a Gregor Strasser, capo dell'ala sinistra del Partito nazista. Ma questi fu annichilito prima da Göring e da Goebbels, poi dal Führer in persona.

Il 4 gennaio 1933 Hitler e Papen s'incontrarono in una villa situata in un bosco vicino Colonia, dopo aver cercato invano in tutti i modi di depistare i giornalisti. Papen propose al Führer una gestione consolare della Germania: due cancellieri alla pari. Lui rilanciò dicendo: io guido il governo e ti assegno molti ministeri importanti. Nel frattempo Hindenburg faceva i suoi giochi e tentò comunque di aggirare con qualche successo i paletti posti da Hitler, insistendo perché Strasser accettasse la nomina a vicecancelliere di Papen. E stava per riuscirci quando fu sommerso dalla protesta dei grandi latifondisti, contrarissimi alle riforme annunciate da Schleicher.

Questa vicenda fece emergere un grosso scandalo in cui erano coinvolti sia il presidente del Reich sia suo figlio, il colonnello Oskar. Nel 1927 alcuni importanti proprietari terrieri avevano festeggiato l'ottantesimo compleanno di Hindenburg riscattando un'importante proprietà che la sua famiglia aveva perduto, sommersa dai debiti. Il nobile proposito aveva, però, due inconvenienti: i «donatori» avevano usufruito di contributi pubblici destinati ad altro e avevano aggirato l'ostacolo della gravosa tassa di successione intestando in modo illecito la proprietà al figlio colonnello. Sia Hitler sia Schleicher minacciarono di far scoppiare lo scandalo, sicché alla fine Hindenburg si risolse a convincere Papen a fare il vicecancelliere del Führer.

Ci si arrivò dopo una serie di estenuanti colloqui nella villa di Joachim von Ribbentrop. (Diplomatico e ministro degli Esteri del Reich, firmatario il 23 agosto 1939 con Vjačeslav Molotov del patto di non aggressione con la Russia che avrebbe innescato la seconda guerra mondiale, sarebbe stato impiccato a Norimberga per crimini di guerra. Definito «boia con la feluca» per la sua crudeltà, non era stimato nemmeno da colleghi di partito e alleati. «Basta guardargli la testa» diceva Mussolini «per capire che ha poco cervello.») Avendo sposato la figlia del maggiore produttore di spumanti tedeschi (Adam Henkell), Ribbentrop era titolare di un'affermata attività di distribuzione vinicola. Si era avvicinato al nazismo soltanto nel 1932, ma era amico di Papen e si spese molto per la mediazione con Hitler. La trattativa era talmente delicata che, oltre ai vertici del Partito nazista, vi parteciparono i capi delle SA (Röhm) e delle SS (Himmler). L'incontro decisivo fu, tuttavia, quello di Hitler con Oskar von Hindenburg. Non se ne è mai saputo niente, se non che all'uscita il figlio del presidente del Reich disse: «Bisogna dare l'incarico a Hitler».

Come in tutti i complotti che si rispettino, non poteva mancare il tentativo di colpo di Stato. Per capire il clima, Hitler ordinò alle SA di circondare con discrezione la residenza di Hindenburg, in caso di necessità. Schleicher aveva infatti ipotizzato di sequestrare il presidente del Reich e la sua famiglia, di trasferirli in un luogo sicuro su un vagone piombato e di prendere il potere con l'aiuto dell'esercito. Ma Hitler sperava di avere l'appoggio del comandante delle forze armate, Kurt von Hammerstein-Equord, mentre Hindenburg aveva richiamato da Ginevra, dove partecipava alla conferenza sul disarmo, il più prestigioso ufficiale dell'esercito, Werner von Blomberg, incaricato di prevenire le manovre di Schleicher con la promessa (mantenuta) di diventare ministro della Difesa del gabinetto Hitler-Papen.

Solo il timore di essere sequestrato convinse alla fine il vecchio presidente ad accettare la designazione di Hitler come cancelliere. Del resto, si può capire la sua titubanza. Hindenburg era un eroe nazionale. Esponente dell'aristocrazia terriera prussiana, ventitré anni prima che Hitler nascesse si era distinto nella battaglia di Sadowa durante la guerra austro-prussiana. E quando il futuro Führer non riusciva a garantirsi un pasto al giorno vendendo disegni, Hindenburg – il più brillante ufficiale dell'intero esercito – era stato costretto a lasciare il servizio da generale di corpo d'armata perché, durante un'esercitazione, con una straordinaria manovra tattica si era permesso di prendere prigionieri il kaiser e i suoi reparti. Richiamato in servizio per la Grande Guerra, fu un eroe sul fronte russo. Monarchico convinto, accettò per spirito di servizio di fare il presidente del Reich in uno dei momenti più drammatici della storia tedesca. Adesso proviamo a immaginarli l'uno di fronte all'altro: il ritratto della legalità di uno dei paesi più importanti del mondo dinanzi a un artista fallito che disponeva di un potente esercito personale.

La sera del 29 gennaio 1933 fu Papen a convincere Hindenburg al gran passo. Come racconta Henry Ashby Turner jr nel suo *I trenta giorni di Hitler*, Papen architettò un imbroglio per tranquillizzare Hindenburg. Si fece assegnare il ruolo di sostituto cancelliere e non di semplice vicecancelliere, acquisendo così il diritto di assistere agli incontri tra Hitler e il presidente del Reich. I nazisti presenti nella compagine di governo furono soltanto tre: oltre al Führer, Göring, che ebbe il ruolo di ministro dell'Interno prussiano, fondamentale per il controllo delle forze di polizia, e ministro senza portafoglio per l'Aviazione, e Wilhelm Frick, che diventò titolare del dicastero dell'Interno del Reich. (Sarebbe stato giustiziato a Norimberga nel 1946.) Molti ministri uscenti restarono al loro posto, e il malizioso colpo di genio di Papen fu di lasciare libero il portafoglio della Giustizia, illudendo Hindenburg che sarebbe andato a un cattolico, pur sapendo che mai e poi mai Hitler (anche su suggerimento di Mussolini, come abbiamo visto) avrebbe aperto al Zentrum. Dal canto suo, il presidente accarezzò l'idea di non conferire al nuovo cancelliere i poteri molto rilevanti che avevano avuto i suoi tre predecessori, ma Papen gli spiegò che non era possibile.

La mattinata del 30 gennaio 1933 fu molto drammatica. Quando, all'alba, arrivò alla stazione provenendo da Ginevra, il generale Blomberg trovò due ufficiali ad aspettarlo. Il primo era un maggiore che avrebbe voluto accompagnarlo dal comandante dell'esercito, Hammerstein-Equord, il quale – insieme a Schleicher – lo avrebbe invitato a non accettare l'incarico di ministro della Difesa. Il secondo era il colonnello Oskar von Hindenburg, che doveva accompagnarlo dal padre. Blomberg disse che avrebbe seguito il secondo, perché di grado più elevato del primo. In realtà, andò dove voleva andare. Hindenburg aveva stabilito il giuramento dei ministri per le 11, ma a quell'ora tutto rischiò di saltare.

Theodor Duesterberg, uno dei capi degli Elmetti d'acciaio, rinfacciò a Hitler i violenti attacchi subiti dalla stampa nazista e il Führer recitò a meraviglia la parte del lupo pentito, convincendo l'altro della propria buona fede. Alfred Hugenberg, la voce più autorevole del fronte delle destre, dichiarò che non avrebbe accettato nuove elezioni, perché avrebbero distrutto il suo partito. Hitler ne aveva fatto una condizione pregiudiziale, ma giurò che, qualunque ne fosse stato il risultato, il governo sarebbe rimasto lo stesso. I due stavano ancora discutendo quando alle 11.15 Otto Meissner, capo della segreteria del presidente, si avvicinò con l'orologio in mano dicendo che non era possibile far aspettare oltre il vecchio Hindenburg.

Così Adolf Hitler diventava cancelliere del Reich.

Ecco il delizioso ritratto che Spinosa fa del suo insediamento: «Hitler, in redingote nera e cappello a cilindro, s'inchinò platealmente mentre stringeva la mano al vecchio e appesantito feldmaresciallo Hindenburg. A 43 anni l'ozioso vagabondo di Vienna succedeva a personaggi come il barone von Stein, Bismarck, il principe Bülow. L'autodidatta disordinato e inconcludente, il *Meldegänger*, il portaordini del reggimento, l'uomo che per decenni non aveva trovato uno sbocco qualsiasi alla sua vita e che non era stato né ministro e nemmeno deputato diventava *d'emblée* cancelliere del Reich con il pieno rispetto delle regole costituzionali. Aveva infatti giurato sulla Costituzione di Weimar, sulla carta fondamentale della Repubblica, che pure aveva giurato di fare a pezzi».

«Nuove elezioni? Sì, ma saranno le ultime»

Se Mussolini impiegò ventisei mesi per trasformarsi da «buon dittatore» in «dittatore», per dirla con Paolo Monelli, Hitler non aspettò un minuto per trasformarsi nello spietato dittatore che conosciamo. (Joachim Fest, nella sua biografia hitleriana, sostiene che il Duce impiegò, in realtà, sette anni per detenere lo stesso potere di cui disponeva il Führer dopo appena tre mesi.) Anche Hitler guidava un governo in cui il suo partito era in minoranza, ma, al contrario di Mussolini, in minoranza era la stessa coalizione: nazisti e nazionalisti avevano soltanto 247 seggi su 584 e lui non aveva nessuna intenzione di chiedere favori a chicchessia. I centristi, con 70 deputati, lo avrebbero messo al sicuro, ma naturalmente chiedevano un prezzo elevato per sedersi al tavolo della maggioranza. E abbiamo visto che Hitler, consigliato in questo senso anche da Mussolini, non li avrebbe imbarcati nemmeno gratis. Finse di consultarli, ma la porta fu chiusa ancor prima di aprirsi. E allora?

Il Führer era un dittatore nato, ma anche i suoi alleati «democratici» erano dittatorelli in pectore. Il rispettatissimo nazionalista Hugenberg temeva nuove elezioni, che l'avrebbero emarginato, e propose di mettere fuori legge i comunisti, liberando così il Parlamento dei loro 100 parlamentari e conquistando la maggioranza assoluta senza disturbare gli elettori. Hitler – che era Hitler – disse che era presto per fare una cosa simile. La strada più «pulita» era indire subito le elezioni anticipatissime e lui concordò con il suo vice Franz von Papen che quella consultazione, fissata dal presidente del Reich per il 5 marzo 1933, sarebbe stata l'ultima. «Guai a tornare al sistema democratico» proclamarono a una voce.

I trentaquattro giorni che intercorsero tra l'investitura di Hitler e le elezioni fecero capire quel che sarebbe accaduto dopo. Già la sera del 30 gennaio, 25.000 uomini delle SA e delle SS armati marciarono sotto la Porta di Brandeburgo cantando l'inno del Partito nazista *Horst-Wessel-Lied* (In alto la bandiera) sotto gli occhi ammirati del nuovo cancelliere e quelli rassegnati del vecchio presidente del Reich, eroe di un altro esercito che aveva perso con onore la guerra.

Hitler parlò alla nazione il 1° febbraio in un discorso radiofonico: «Quattordici anni di marxismo hanno ridotto la Germania alla rovina. Un anno di bolscevismo la distruggerebbe». Il 28 febbraio fu emesso un decreto che autorizzava il governo a vietare le manifestazioni politiche e a chiudere i giornali «nemici». Tanto divertente quanto pretestuosa la motivazione della ferrea censura sulla stampa: si voleva evitare che i giornalisti incorressero di nuovo nell'errore di parlar male di Richard Wagner. Hermann Göring, ministro dell'Interno della Prussia, integrò la polizia locale con 50.000 SA, facendone un proprio esercito personale. Molti dirigenti comunisti ripararono in Unione Sovietica. Così, quando il 24 febbraio la polizia irruppe nella loro sede di Berlino, non trovò nessuno, se non una montagna di volantini e di documenti che consentirono al regime di sostenere che i bolscevichi stavano preparando un colpo di Stato.

Al tempo stesso, Hitler fece due gesti sperando d'ingraziarsi l'opinione pubblica: rinunciò allo stipendio di cancelliere e annunciò la decisione di mantenere la residenza a Monaco, la città del cuore, testimone dei suoi modesti successi giovanili. Era così convinto di agire «democraticamente» che negli ultimi giorni di vita, nell'aprile 1945, si sarebbe pentito di essersi comportato troppo «legalmente» nel 1918 per rispetto dell'amore tedesco per l'ordine: un bel bagno di sangue gli avrebbe garantito fin da allora la vittoria nella «rivoluzione». Il 20 febbraio 1933 Hitler teorizzò la supremazia dell'autoritarismo sulla democrazia anche a beneficio dell'economia in un pranzo di finanziamento elettorale organizzato da Göring e riservato a 24 magnati dell'industria tedesca. Alla fine furono raccolti almeno 3 milioni di marchi.

L'incendio del Reichstag scatena i nazisti

La sera del 27 febbraio Paul von Hindenburg cenava con Papen in un club esclusivo di fronte al Reichstag, mentre Hitler si rilassava nell'appartamento di Joseph Goebbels commentando le barzellette contro il nuovo regime, che lo divertivano invece di contrariarlo. A un certo punto squillò il telefono e Goebbels mandò al diavolo l'amico Putzi che gli comunicava, agitatissimo, che il Reichstag stava bruciando. Era così sicuro che fosse uno scherzo che non ne parlò nemmeno con Hitler. Nello stesso istante, Hindenburg e Papen videro da una finestra del club che le fiamme cominciavano a uscire dal palazzo del Parlamento. Quando fu chiaro che l'incendio era devastante, Hitler raggiunse il Reichstag con la sua auto (lanciata a 60 chilometri orari) gridando: «Li ho in pugno!». (Non sapeva ancora nulla di come e perché le fiamme stessero inghiottendo il prestigioso palazzo, ma già pensava a come utilizzare mediaticamente e politicamente l'episodio contro i comunisti.) Sul posto era già arrivato Göring che, avrebbe scritto Papen nelle sue memorie, urlava contro «il crimine comunista compiuto contro il nuovo governo». (Göring, uomo crudele quanto raffinato, si disperò per la distruzione nell'incendio di arazzi preziosi.)

Sul luogo dell'incendio fu arrestato Marinus van der Lubbe, 24 anni, olandese, comunista scissionista. Fest lo racconta «ruscellante di sudore, seminudo e balbettante con tono di trionfo *Protest! Protest!*». Lubbe, che non aveva la mente in ordine, ammise immediatamente di aver provocato l'incendio dando fuoco alla propria giacca e alla propria camicia. (Era noto per aver provocato incendi più blandi e giurò sempre di aver agito da solo.) Il giornalista americano William Shirer, presente a Berlino al momento della presa del potere di Hitler, che alla fine degli anni Cinquanta scriverà un'importante *Storia del Terzo Reich*, riconosce che «nemmeno a Norimberga il mistero [*su mandanti e autori materiali dell'incendio*] fu completamente svelato». Ma aggiunge che c'erano «prove sufficienti a stabilire, seppure con un minimo margine di dubbio, che furono i nazisti a progettare l'incendio e a eseguirlo per i loro fini politici». Lubbe, secondo Shirer, sarebbe stato soltanto un giocattolo nelle loro mani.

Ian Kershaw, invece, non prende posizione, ma riferisce che Hitler disse a Papen: «Questo è un segno di Dio», e quando Rudolf Diels, futuro capo della Gestapo, provò a dirgli che l'incendio era opera di un pazzo, il Führer fu colto da una delle sue frequenti crisi isteriche, urlando che si trattava di un complotto in preparazione da tempo. Lo storico tedesco Klaus Hildebrand (*Il Terzo Reich*) e lo storico britannico Michael Burleigh (*Il Terzo Reich. Una storia vera*) si limitano a dire, a vent'anni di distanza l'uno dall'altro, che i nazisti volsero in loro favore l'incendio per demolire quel poco che restava della Repubblica di Weimar, senza attribuirne ad alcuno la responsabilità specifica.

Viceversa, Fest dà credito all'accuratissima inchiesta condotta negli anni Cinquanta-Sessanta del secolo scorso da Fritz Tobias, uno scrittore socialdemocratico tedesco, il quale alla fine avallò la tesi secondo cui Lubbe fu l'unico artefice dell'incendio. (Tra il 1959 e il 1960 Tobias scrisse una serie di articoli sul settimanale di sinistra «Der Spiegel», raccolti poi nel libro *Der Reichstagsbrand*. Dal 2017 è disponibile presso l'Archivio federale tedesco il monumentale archivio che è alla base del volume, donato dal figlio alla morte dell'autore.)

Altri sostengono che, da solo, Lubbe non avrebbe potuto appiccare un incendio così gigantesco, ma non si è mai avuta la prova del coinvolgimento dei nazisti, i quali approfittarono dell'incendio per la soppressione di ogni pur minima libertà.

Avversari politici arrestati e partito unico: potere assoluto

A poche ore dall'incendio, la mattina del 28 febbraio il governo approvò un decreto «per la salvaguardia del popolo e dello Stato» che sospendeva a tempo indeterminato le libertà personali garantite dalla Costituzione di Weimar: libertà di parola, di associazione, di stampa, oltre alla riservatezza delle comunicazioni postali e telefoniche. E per ragioni di ordine pubblico veniva abolita anche l'autonomia dei Länder.

Già durante la notte Göring aveva fatto arrestare decine di deputati e funzionari comunisti e, in aprile, nella sola

Prussia si contavano 25.000 persone agli arresti «cautelari». Le migliaia di comunisti imprigionati facevano riferimento a un agente del Comintern, il bulgaro Georgi Dimitrov, il quale al processo fece una rivendicazione dell'estraneità del suo partito all'incendio così orgogliosa ed efficace, tenendo brillantemente testa allo stesso Göring, che alla fine venne assolto. Hitler s'infuriò per l'assoluzione, al punto di istituire seduta stante un tribunale speciale per processi politici a sentenza predeterminata. (In seguito Dimitrov fu scambiato con un prigioniero tedesco in mano russa.) Il tribunale di Lipsia condannò invece a morte Lubbe: la sentenza fu eseguita, nonostante la Repubblica di Weimar avesse abolito la pena capitale.

I nazisti sostenevano che non avevano bisogno della prova della loro responsabilità nell'incendio per mettere fuori legge i comunisti. Scrive Göring nelle sue memorie: «I loro delitti erano così enormi che – senza bisogno di ulteriori motivi – ero ben deciso a dare il via a una spietata guerra di sterminio alla calamità da essi rappresentata, con tutti i mezzi a mia disposizione». Anzi, l'incendio lo avrebbe costretto ad accelerare i tempi, prima ancora che la gigantesca macchina repressiva fosse perfettamente pronta. Dal canto loro, i comunisti dimostrarono di non avere la forza per tentare un colpo di Stato, al di là di quello che scrivevano nei loro volantini.

L'impressione suscitata dall'incendio fu enorme, e clamorosa fu l'affluenza alle urne alle elezioni successive: 85 per cento degli aventi diritto al voto, ma Hitler non raccolse il plebiscito che aspettava. Il suo partito ebbe il 43,9 per cento dei voti, appena 10,8 punti in più delle elezioni precedenti (novembre 1932), e 288 seggi. Per raggiungere la maggioranza assoluta gli servivano i 52 seggi dei suoi alleati, mentre sia i socialisti (120 seggi) sia i centristi (74 seggi) mantennero sostanzialmente le posizioni precedenti. I comunisti persero 19 seggi su 100: pochissimo, se si pensa al massacro che avevano subìto. Il Führer era molto contrariato: per spuntare uno striminzito 51,9 per cento aveva bisogno degli amici di Hindenburg e di Papen. Imprecò che solo la morte del vecchio presidente del Reich avrebbe potuto togliergli di torno la sua «banda». Più lucido era Göring: «Che contano le cifre? Siamo padroni assoluti della Prussia e del resto del Reich». Nonostante le proteste, la bandiera uncinata fu esposta su tutti gli edifici pubblici e definita da Hitler «vessillo nazionale» al posto dello stendardo di Weimar. (È come se, dopo le prime elezioni del secondo dopoguerra, la Dc avesse imposto la bandiera con lo scudo crociato al posto del tricolore.)

Nel giro di pochi giorni il Führer prese con la forza il controllo dei Länder, costringendo alle dimissioni le amministrazioni riottose. Tutta la Germania era sua. Il 22 marzo 1933, per deportare i comunisti e i socialdemocratici che non potevano più essere reclusi nelle prigioni sovraffollate, fu riadattata a campo di concentramento una vecchia fabbrica a Dachau, 20 chilometri da Monaco: tragica anticipazione dei campi di sterminio.

Hitler aveva bisogno dei voti centristi per raggiungere la maggioranza assoluta e di verniciare di una patina di nazionalismo perbene quella che, di fatto, era già una brutale dittatura. Aprì la nuova legislatura a Potsdam, antica residenza dei re di Prussia, dove nella chiesa della Guarnigione erano custodite le spoglie di Federico il Grande, il re che trasformò una regione in una potenza continentale. Con lui finì il Primo Reich, figlio del Sacro Romano Impero. Il Secondo Reich porta la firma di Otto von Bismarck, il quale nel 1871 sconfisse la Francia e garantì l'egemonia del kaiser Guglielmo II, sopravvissuta alle dimissioni del «cancelliere di ferro» fino alla rovinosa sconfitta nella Grande Guerra. Ci furono, poi, la soffertissima parentesi della Repubblica di Weimar e l'incoronazione di Adolf Hitler come dominus del nascente Terzo Reich.

E la cerimonia di incoronazione fu solenne: personalità civili, a cominciare dallo stesso Hitler, in marsina e cilindro; i militari in alta uniforme e medaglie, con il presidente del Reich, Paul von Hindenburg, tornato per un giorno feldmaresciallo con tanto di bastone del comando. Presenti tutti i partiti, tranne i socialisti – non invitati – e i comunisti, distribuiti tra carcere e campo di concentramento. Hindenburg s'inchinava con le lacrime agli occhi verso il trono dell'imperatore Guglielmo II, costretto all'esilio (per 23 anni) in Olanda, che ascoltava la cerimonia alla radio. Pronunciò un discorso dignitoso e straziante insieme, e auspicò la liberazione del paese dalle «lotte tra i partiti e dal malcostume politico». Cosa che gli procurò l'immediata, discreta e, al tempo stesso, solenne gratitudine, con un gesto condiscendente del capo, di Hitler. Che provvide nel giro di tre giorni, il 24 marzo 1933, a farsi affidare i pieni poteri per quattro anni dal nuovo Reichstag riunito in un teatro cittadino. Recitò la parte dello scrupoloso garante di ogni libertà. Rifiutò ogni eventuale appoggio dai socialisti («La Germania sarà libera senza di voi») e ottenne i voti decisivi del Zentrum, terrorizzato dalla minaccia di rappresaglie. Scrive Ian Kershaw: «Con 444 voti a favore contro i 94 contrari dei socialdemocratici, il Reichstag votava la propria dissoluzione come organismo democratico».

Il 7 aprile una legge sulla pubblica amministrazione consentì il licenziamento di alcune migliaia di impiegati ebrei «sospetti», mentre i negozi ebraici venivano segnalati con l'invito agli ariani di non comprarvi nulla. Il 1° maggio la festa dei lavoratori si trasformò in una nuova epopea di Hitler, prima avvolto da un raggio di sole spuntato dalle nuvole, poi centrato da un unico riflettore nel buio assoluto del campo d'aviazione dove si svolgeva la cerimonia. Il 2 maggio venivano sciolte le organizzazioni sindacali in favore di un sindacato unico, e gran parte dei vecchi dirigenti finirono in prigione.

Il Führer aveva i pieni poteri, ma voleva anche togliersi il fastidio di un'opposizione virtuale e ininfluente. Il 12 novembre si tennero nuove elezioni parlamentari con un solo listone di candidati nazisti e uno spruzzo dei vecchi garantisti della destra di Hugenberg: partecipò il 96 per cento dei 45 milioni di aventi diritto e il Nsdap riportò oltre il 92 per cento dei consensi. Ma ci furono 3 milioni 400.000 eroici elettori che misero nell'urna una scheda bianca o nulla. Nello stesso «referendum day», con percentuali analoghe, i tedeschi decidevano di uscire dalla Società delle Nazioni.

Germania isolata? Nemmeno per idea. Un «discorso sulla pace» del Führer entusiasmò americani (a cominciare da Franklin D. Roosevelt), inglesi e buona parte della stampa internazionale, mentre nasceva un patto tra le quattro grandi potenze (Regno Unito, Francia, Italia e Germania) per garantire la pace nel mondo. Cinque anni dopo...

Claretta, assai più di una semplice distrazione

Il 1932, l'anno in cui si consolidò la relazione tra Hitler ed Eva Braun, fu lo stesso in cui Mussolini incontrò quella che, con Rachele e Margherita Sarfatti, fu la donna più importante della sua vita: Claretta Petacci. Il Duce attraversava un periodo di profonda solitudine. Nel 1930 Edda, la primogenita, la figlia diletta, era uscita di casa per seguire il neosposo Galeazzo Ciano console a Shanghai. Il 21 dicembre 1931 era morto a 46 anni per un infarto il fratello Arnaldo, l'unico vero amico, l'unica persona di cui si fidasse totalmente. Più giovane di Benito di due anni, direttore del «Popolo d'Italia» fin dal 1922, sostegno della famiglia con i soldi del giornale, Arnaldo era più riflessivo del fratello, cercava di moderarne i toni e le decisioni, e censurava gli articoli troppo elogiativi. La sua scomparsa gettò Benito in una costernazione profonda, da cui non si riprese mai completamente.

Grazie a Claretta, però, Mussolini ritrovò nuove energie: «Ti amo, ma sono una bestia» si scusa lui per averle procurato lividi con dei ceffoni, a causa di una discussione sul fratello di lei, Marcello, il vero profittatore di regime. Anche questo è il Duce con Claretta. La quale, secondo le parole di Ettore Muti, segretario generale del Partito nazionale fascista: «Al mattino sta in casa. Nel pomeriggio va dal parrucchiere o sta con certe sue amiche che sono tutte mezze puttane. Poi va dal Duce a rimbambirlo».

L'incontro fatale tra Benito e Claretta avviene il 24 aprile 1932 sulla strada di Ostia. Lei è a bordo della Lancia Astura con targa vaticana guidata da Saverio Coppola, l'autista del papà Francesco Saverio, importante medico pontificio, anche se non archiatra, cioè delegato alla salute del papa. Con lei, la madre, la sorella Myriam e il fidanzato, il sottotenente dell'aeronautica Riccardo Federici. Mussolini, su una fiammeggiante Alfa Romeo 6C 1750 Gran Turismo Zagato rossa, si accorge di loro, che si profondono in saluti sperticati. Prosegue nella sua corsa e viene raggiunto dalla ragazza quando si ferma sul piazzale di Ostia.

«Sono Claretta Petacci» gli dice, presentando madre, sorella e fidanzato.

Claretta, nata il 28 febbraio 1912, con i suoi 20 anni contro i 49 di Benito, gli rovescia addosso un entusiasmo che non può andare certo sprecato per un malato di femmine come lui. E, a seguito dell'incontro, gli scriverà: «Sublime, indimenticabile perla». Iniziano a vedersi a palazzo Venezia, ma, secondo Renzo De Felice, «per quattro anni tra loro ci fu soltanto un'affettuosa amicizia». Mussolini evitava relazioni con donne nubili e mai ha pensato di lasciare Rachele. Due anni dopo il loro primo incontro, favorì il matrimonio di Claretta con Federici grazie a una speciale dispensa, visto che l'ufficiale non aveva l'età regolamentare per sposarsi. Ma nel giro di ventiquattro mesi la coppia era già separata. La giovane donna fu convocata a palazzo Venezia e le fu comunicato che da quel momento, da «donna libera», poteva diventare l'amante del Duce.

Lo racconta Pasquale Donadio, amico della Petacci, in *Una tragica storia d'amore*, un memoriale uscito a puntate sul giornale «Tempo illustrato» tra settembre e novembre 1962. La Petacci «vi si recò da sola, di pomeriggio, guidando personalmente la sua macchina, e fu accolta nella Sala del Mappamondo. Dopo brevi convenevoli, Mussolini, che andava ormai per i cinquantaquattro anni, entrò in argomento senza sottintesi ... Così e non altrimenti Clara divenne l'amante del Duce». A 24 anni, non prima. Claretta gli spediva lettere appassionate, colme di ammirazione. Nelle risposte burocratiche Benito la chiamava «piccola fascista», in privato «piccola pazza».

Claretta, in verità, di anni ne aveva solo 14 quando iniziò a scrivere a Benito Mussolini. La prima occasione le fu data, nel maggio 1926, dall'attentato compiuto il 7 aprile da Violet Gibson, un'esaltata aristocratica irlandese, che con una revolverata avrebbe potuto cambiare la storia e che invece scalfì solo il naso di Mussolini, proprio come Thomas M. Crooks, ventenne di Bethel Park, ha sfiorato, ferendolo, l'orecchio di Donald Trump durante la campagna elettorale americana del 2024.

Dopo lo scampato pericolo, la Claretta quattordicenne gli scrive una lettera colma di entusiastica dedizione, che è stata rinvenuta tra le carte della segreteria particolare del capo del governo: «Duce, mio grandissimo Duce, nostra vita, nostra speranza, nostra gloria, come vi può essere un'anima così empia che attenti ai fulgidi destini della nostra bella Italia? O Duce, perché non vi ero! ... Amatissimo Duce, fedeltà immortale ti hanno giurato di nuovo le tue Camicie Nere, ed io piccola, ma ardita Fascista, con il mio motto preferito, comprendo tutto l'amore che il mio cuore giovanile sente per Te: "Duce, la mia vita è per Te!"».

La lettera, datata 9 maggio 1926, fu notata dal personale della segreteria di palazzo Venezia perché straripante di «fervida devozione e ingenua confidenza». Seguì garbata risposta.

Una donna innamorata e una famiglia di profittatori

Qual è stato davvero il rapporto tra Claretta e Benito, quale la vera storia entrata e uscita dalla Storia? Mirella Serri, con il suo *Claretta l'hitleriana*, vuole «svelare il grande inganno, quello in cui sono incappati molti storici i quali hanno accettato la tesi che il coraggio e la lealtà di una donna possano misurarsi con il metro della sua dedizione a un uomo ... Insomma, Clara è diventata un personaggio di grande valore e una protagonista del Novecento perché si è sacrificata per il suo uomo». E invece perché non credere che «Clara», lui preferiva chiamarla così, lo abbia amato di vero amore? Nessuno ha stigmatizzato l'amore che l'illuminata socialista Sarfatti ha nutrito per Mussolini, facendone in *Dux* l'apologia salvo poi ritrattare quasi tutto in *My Fault*. Benito ricambiava Clara con passione, non foss'altro perché era bella, anche se forse troppo truccata, con un gran seno che lo faceva impazzire. («Ho capito, da mezzi discorsi di lei, che quello che attira il duce è soprattutto il petto» scrive Quinto Navarra nelle sue memorie.) L'afrore della giovinezza che gli metteva allegria quando, ormai ultracinquantenne, iniziava ad avvertire il crepuscolo: «Sai,» le dice nel pomeriggio di sabato 10 ottobre 1936 «questo amore mi fa l'effetto di un giorno, dopodiché deve venire per forza la notte».

È chiaro che il gossip, alimentato anche da veleni politici, non poteva astenersi da un piatto così gustoso. Clara si sfogava spesso sulle chiacchiere che la raccontavano cosparsa di gioielli dono dell'amante, riversa su divani sommier a palazzo Venezia. E lei, di rimando: «Io mi muovo con una motocarrozzetta (rossa) e giungo a palazzo Venezia impolverata o infreddolita o bagnata a seconda del tempo. E lì, nell'appartamento Cybo, nove volte su dieci lo attendo fino alle nove e mezza della sera, per vederlo pochi istanti», come scrivemmo in *L'amore e il potere*.

È vero che lei, per amore, accetta di aspettarlo accanto alla cornetta del telefono, tra le 17 e le 18, in attesa di uno squillo che potrebbe non arrivare. «Chiamami Ben», le dice lui all'inizio, ma lei s'imbarazza e preferisce dargli del «gattone». Dichiara di voler essere il cartoncino che gli spedisce «per essere accarezzata dal suo sguardo dolce». Sogna di sdraiarsi sotto di lui perché: «Non posso vivere senza il vostro calore».

Questo ne fa una donna innamorata, una donna complice, una puttana? Noi siamo per la donna innamorata, certo infinitamente attratta dall'enorme potere del suo uomo, che non ha mai immaginato di tradire e – come vedremo nel prossimo volume – ha accompagnato volontariamente fino a morire con lui.

Di certo, un'ombra torbida e inquietante su questa storia l'ha stesa la «Banda Petacciana», come la chiamava Galeazzo

Ciano, dato che Edda, figlia del Duce, detestava l'intera famiglia Petacci.

Il padre di Clara, Francesco Saverio, medico di successo, grazie al Duce sottoscrive un lauto contratto di collaborazione con «Il Messaggero», ma, non sapendo scrivere, sarà lo stesso Mussolini – si disse – a correggergli talvolta i pezzi. Sua madre, Giuseppina Persichetti, terziaria dell'ordine delle Clarisse, si appassiona allo shopping in via Condotti, grazie anche ai soldi «rubati» dal figlio Marcello, il quale, ufficiale medico della Marina, non solo otterrà la libera docenza in Patologia chirurgica e la direzione del reparto di chirurgia dell'ospedale militare di Venezia (anche se in camice bianco lo hanno visto in pochi), ma trafficherà in import-export, creando non poche rogne al Duce. Myriam, la sorella minore di Clara, diventerà una star del cinema, con lo pseudonimo di Miria di San Servolo, un'isola lagunare che ospitava allora un manicomio. Peccato che non sapesse recitare.

Ecco un estratto del diario di Claretta del pomeriggio di domenica 5 dicembre 1937:

«Arrivo alle 17 e un quarto; entro – è alla scrivania che lavora: sta sfogliando il libro delle lettere di Mazzini. Vado vicino a lui, egli mi attira e mi bacia: "Amore, come stai, cara... vedi: sto lavorando – faccio il mio lavoro domenicale. Ora lavoriamo insieme – tu stai lì incontro e mi tieni compagnia. Vedi amore, dammi un altro bacio – è interessante questo libro... guarda quanto ha scritto Mazzini... quanto scriveva quell'uomo! Vieni". Legge, scorre forte alcuni punti [*della lettera*] e commenta: "Era una bella intelligenza! e poi, nelle lettere alle donne, che finezza... aveva un animo gentile". Io lo bacio sulla guancia e poi siedo incontro a lui, ed egli taglia i fogli e continua a leggere forte. Mi guarda, a tratti commenta e mi sorride: "[*Mazzini*] ha amato una donna sola: Giuditta; questa morì presto e lui non si è più sposato, ha continuato ad amarla sempre. Non ha avuto altri amori – uno solo". "Al contrario di te." Mi prende e dice: "Clara, qui dobbiamo distinguere. Distinguiamo. Ho avuto molte donne, quante... ma quanti amori? Uno – un solo amore: il tuo. Il tuo è amore – e questo è vero, sacrosanto come la vita – il tuo è l'amore, il solo amore. E se io ti avessi potuto conoscere vent'anni fa, io ti avrei amato come ora – e forse saresti stata la sola donna della mia vita".»

Due anni di riflessione prima di imporre il «giuramento»

Quando Hitler salì al potere, Mussolini era al massimo del consenso interno e internazionale. Ha scritto Emil Ludwig nell'introduzione alla ristampa del 1946 dei *Colloqui*, uscito nel 1932: «Per più di un decennio Mussolini è stato l'europeo più popolare in America e di fronte a lui l'opinione pubblica mondiale non ha provato il disgusto suscitato da Hitler perché egli non ha mai parlato della superiorità del popolo italiano sugli altri, ma ha predicato anzi, come risulta in molti punti dei colloqui, la tolleranza verso gli altri che non è ammessa nella concezione nazista. Tutti sapevano che i delitti del regime fascista rispetto a quelli dei nazisti erano nella proporzione di uno a cento. Sapevano che a Roma le caricature di Trilussa circolavano liberamente ... che Croce ed altri notevoli avversari erano rimasti senatori per un buon ventennio, mentre l'odio di razza dei tedeschi atterriva il mondo».

Il paragone con Hitler è impietoso: «I colloqui dimostrano che Mussolini aveva esattamente riconosciuto i limiti entro i quali può essere ridotta la libertà di un popolo sano, esperto e ironico, mentre Hitler non poteva offrire tutto, e perciò anche togliere tutto, a un popolo isterico, infatuato, pervaso, come su motivi wagneriani, dall'idea del predominio mondiale. Il primo aveva trovato una nazione scettica che si lasciò ammansire lentamente e malvolentieri; il secondo trovò una nazione assetata di guerra e di vendetta che aspettava il nuovo domatore e gareggiava con voluttà nell'obbedire. Il primo aveva trovato un mondo spirituale, nel quale l'ultimo professore prestò il giuramento al regime soltanto dopo otto anni [*in realtà, furono tra i 12 e i 16 i docenti universitari, secondo le diverse fonti, su 1225 a non aver mai giurato. Togliatti ordinò ai professori comunisti di prestare il giuramento per continuare la loro lotta all'interno degli atenei*], l'altro invece uno nel quale cinquemila professori, nel giro di otto settimane, giurarono fedeltà a un barbaro nuovo e sconosciuto senza che neanche una mezza dozzina di loro vi si rifiutasse di propria iniziativa».

La platea di docenti ai quali Hitler impose il giuramento era verosimilmente più vasta di quella italiana: 5000 professori contro un migliaio dei nostri, con una popolazione tedesca di 65 milioni contro i 41 milioni di italiani. Nel Regno d'Italia prefascista, per i docenti era obbligatorio il giuramento di fedeltà al re: molti non accettarono e persero la cattedra. La stessa formula fu adottata dal fascismo nel 1924, ma la sua prima versione non prevedeva espressamente il giuramento di fedeltà al «regime fascista». Fu Giovanni Gentile a suggerirlo nel 1929 al Duce come perfida vendetta contro i colleghi che avevano firmato il manifesto antifascista di Benedetto Croce. Mussolini si prese due anni di riflessione, prima di prescrivere l'obbligo del giuramento nel 1931. Lo stesso Croce suggerì ai docenti a lui vicini di firmare con l'identica motivazione di Togliatti. La formula nazista del giuramento obbligatorio per tutti i dipendenti pubblici prevedeva espressamente la fedeltà anche alla persona di Adolf Hitler.

Sebbene Gaetano Salvemini accusò nel dopoguerra Ludwig di «prostituzione morale» nei confronti di Mussolini, il giornalista ebreo (poi costretto ad abbandonare la Germania per sfuggire alle leggi razziali) non fu certo l'unico a innamorarsi del Duce. Nel *Dizionario dei fascismi* (scritto con Serge Berstein) Pierre Milza, storico francese indiscutibilmente antifascista, annota: «Gran parte dell'opinione pubblica internazionale era ormai acquisita all'idea dei meriti storici dell'Italia fascista: un paese che aveva spezzato l'offensiva rivoluzionaria in uno degli anelli deboli della democrazia europea, che aveva ristabilito la "pace sociale", che aveva spianato la strada alla riconciliazione con la Chiesa cattolica». Mettiamoci nell'ottica del tempo: meglio una dittatura incardinata nel sistema dei valori occidentali o un governo rivoluzionario che rispondesse a Mosca pur trovandosi immerso nel Mediterraneo? Più che il fascismo, secondo lo storico francese, era Mussolini ad affascinare una parte delle élite europee. E a proposito del giudizio di Ludwig, aggiungeva che non era il solo «a considerare Mussolini come una delle più forti personalità del secolo, e forse il più grande statista vivente».

L'unico paese a giudicare il fascismo con qualche freddezza (ma, in parte, anche con entusiasmo) fu la Francia, che non a caso ospitò quasi tutti i rifugiati politici. Il paese d'Oltralpe non concepiva l'idea stessa di dittatura, anche se vi si adattò benissimo durante la guerra con il regime filonazista di Vichy, territorialmente più esteso di Salò. Tuttavia, mentre noi discutiamo ancora oggi animatamente della Repubblica sociale, i francesi (e il mondo con loro) dimenticarono in fretta Vichy grazie a Charles De Gaulle, eroico e irriducibile resistente senza esercito. Eppure, Mussolini riuscì a stabilire eccellenti rapporti anche con il ministro degli Esteri francese Pierre Laval, finché la nostra spedizione coloniale in Etiopia e la successiva alleanza con Hitler non mandarono tutto a monte.

Il riconoscimento internazionale e le «leggi fascistissime»

Tornando alla popolarità internazionale del Duce, il «Sunday Times» lo considerava un cocktail di «Mazzini e Garibaldi insieme: una combinazione senza precedenti». Gandhi, in visita a Roma nel 1931, parlò dell'incontro con Mussolini come di un avvenimento storico. Nel 1927, dopo due incontri a Roma, Winston Churchill, cancelliere dello Scacchiere, disse in una conferenza stampa di apprezzare «la vittoria italiana contro gli appetiti bestiali del leninismo», e che era «perfettamente assurdo dichiarare che il governo italiano non si posi su una base popolare o che non sia sorretto dal consenso attivo e pratico delle grandi masse». Era, insomma, «affascinato» da Mussolini: «È facile accorgersi che l'unico suo pensiero è il benessere durevole del popolo italiano». Franklin Delano Roosevelt confidò a un corrispondente accreditato presso la Casa Bianca: «Non mi perito di dirle, in confidenza, che mi tengo in contatto piuttosto stretto con quel degno gentleman italiano». (In *3 New Deal* Wolfgang Schivelbusch racconta che si faceva mandare dall'ambasciatore a Roma i rapporti senza farli transitare per il dipartimento di Stato.) Ricevendo a Washington il ministro italiano delle Finanze, Guido Jung, il presidente americano gli disse di considerare l'Italia l'unica vera amica degli Stati Uniti in Europa e Mussolini il suo unico potenziale alleato per garantire la pace in Europa. (Jung, ebreo, fascista della prima ora, fondatore dell'Iri con Alberto Beneduce, fu ministro delle Finanze fra il 1932 e il 1935, e poi con Badoglio nel 1944.)

Il Duce salutò l'ingresso di Roosevelt alla Casa Bianca come l'affermazione di «una terza via tra le ingiustizie del capitalismo e la brutalità del comunismo». Il fascismo rappresentava, per il presidente americano, la stessa terza via, perciò la popolarità di Mussolini negli Stati Uniti fu maggiore presso i democratici, al punto che più d'uno ritiene che fu la bonifica pontina a suggerire a Roosevelt il Tennessee Valley Act, lo spettacolare piano di rinascita che coinvolse dopo la Grande Depressione sei Stati americani e 100.000 chilometri quadrati di terreno, cento volte l'estensione dell'Agro pontino. Rexford Tugwell, l'uomo più di sinistra dell'amministrazione Roosevelt, riconosceva: «Il fascismo è la macchina sociale più scorrevole e netta, la più efficiente che io abbia mai visto». E aggiungeva, senza mezzi termini: «[*Mussolini ha*] gli stessi oppositori di Roosevelt, ma controlla la stampa e così costoro non possono strillare le loro fandonie tutti i giorni».

Sia chiaro: Mussolini era un dittatore a tutto tondo. Tra il 1925 e il 1926 subì quattro attentati: il primo, da parte del socialista Tito Zaniboni, fu sventato all'ultimo momento, mentre dagli altri tre uscì illeso. Il quarto attentatore, l'anarchico quindicenne Anteo Zamboni, fu linciato il 31 ottobre dalla folla a Bologna dove il Duce si era recato per celebrare il quarto anniversario della marcia su Roma. La notte stessa furono promulgate le «leggi fascistissime». Fu proprio

Mussolini a fornirne il dettaglio: chiusura o scioglimento di giornali, circoli, associazioni sospetti di antifascismo; arresto o deportazione di tutti gli antifascisti; istituzione di un tribunale speciale, di una polizia politica regionale, di uffici di investigazioni segrete. In media, alcune migliaia di antifascisti e di fascisti dissidenti furono presenti stabilmente nelle 262 colonie di confino distribuite in tutta Italia, e 10.000 persone furono costrette a un espatrio frettoloso.

Pietro Nenni scappò a Parigi: i fascisti irruppero nel suo appartamento di Milano e strapparono i libri di sua figlia Vittoria, che avrebbe fatto la Resistenza nella capitale francese e sarebbe morta ad Auschwitz nel 1943. Fuggirono in Francia anche Sandro Pertini, Ferruccio Parri, Claudio Treves, Filippo Turati. Rientrato in Italia nel 1929 per aiutare altri compagni, Pertini fu arrestato e restò recluso, tra carcere e confino, quattordici anni. Parri si fece dieci mesi di carcere. Dopo cinque anni di confino a Lipari, Carlo Rosselli tornò in Francia, dove venne ucciso nel 1937, insieme al fratello Nello, da sicari della destra francese su mandato – è questa la tesi più accreditata – di Galeazzo Ciano. Giuseppe Saragat scappò in Svizzera con la moglie, che stringeva al collo la figlia di cinque mesi: il suo fu un lungo esilio di dignitosa povertà. Espatriarono i socialisti Gaetano Salvemini e Ignazio Silone, il cattolico Giuseppe Donati, il repubblicano Randolfo Pacciardi. Alcide De Gasperi venne arrestato alla stazione ferroviaria di Firenze con la moglie Francesca nel 1927 mentre cercava di espatriare via Trieste e graziato un anno dopo con l'impegno che si sarebbe ritirato in Vaticano rinunciando all'attività politica.

Gobetti e Amendola, grandi antifascisti liberali

Piero Gobetti, *enfant prodige* liberale, fu perseguitato, ripetutamente bastonato, ridotto all'impossibilità di scrivere, costretto a continuare in Francia la sua battaglia politico-editoriale fino alla morte, che lo colse non ancora venticinquenne il 15 febbraio 1926. Minato nel fisico, già assai gracile, dalle violenze subite, fu stroncato da una crisi cardiaca aggravata da una bronchite. Gobetti fu letteralmente un genio. Anticipò la maturità a 17 anni per partire volontario nell'ultima fase della Grande Guerra. E al ritorno, ancora diciassettenne, fondò il periodico «Energie nove», sulle cui pagine formulò una profonda critica della classe dirigente italiana. Non ancora ventenne, incontrò Luigi Einaudi, Gaetano Mosca, Giuseppe Prezzolini, Gaetano Salvemini, Giovanni Gentile (da cui poi prese le distanze, come pure fece con Salvemini e Prezzolini, giudicando quest'ultimo troppo morbido con il fascismo). A 21 anni diede vita alla sua rivista più importante, «La rivoluzione liberale» (i cui numeri furono raccolti e pubblicati in volume nel 1924), che ebbe tra i suoi collaboratori Antonio Gramsci, Giustino Fortunato, Luigi Sturzo.

Gobetti fu un liberale *sui generis*: simpatizzò per la Rivoluzione bolscevica, per Lenin e Trockij, frutto di esigenze nate dal basso, che si azzardò a definire «un'affermazione del liberalismo». Fu subito durissimo con il fascismo, che devastò la sua redazione e la sua casa editrice (fu il primo a pubblicare *Ossi di seppia* di Eugenio Montale, che andrà a salutarlo alla stazione di Genova nel suo ultimo viaggio verso Parigi). In due anni riuscì a pubblicare 84 titoli. Mussolini lo teneva d'occhio e ordinò al prefetto di Torino di rendergli la vita «nuovamente difficile». Un breve arresto e qualche bastonatura su un fisico fragilissimo lo indussero a espatriare a Parigi con la moglie Ada. Andò e tornò, perché voleva operare in Italia. «Bisogna amare l'Italia con orgoglio di europei e con l'austera passione dell'esule in patria.» Infine cedette, partendo di nuovo per Parigi, questa volta da solo, il 3 febbraio 1926. Morì il 15, assistito tra gli altri da Prezzolini e Francesco Saverio Nitti.

Cinquantuno giorni dopo Gobetti, il 7 aprile 1926, morì a Cannes Giovanni Amendola. Aveva 44 anni e fu un avversario corretto e irriducibile di Mussolini. Socialista e massone in gioventù, diventò un esponente di primo piano della nuova generazione liberale. Amico di Giovanni Papini, Prezzolini e Mario Missiroli, corrispondente da Roma prima del «Corriere della Sera» e poi del «Resto del Carlino», fu favorevole all'intervento nella Grande Guerra, dove guadagnò una medaglia di bronzo. In Parlamento dal 1919 e rieletto deputato liberale nel 1922, fu il più lucido della sua parte politica a intuire l'irreversibilità della dittatura. Fondatore di «Il Mondo», scrisse il 2 novembre 1923 sotto il titolo *Un anno dopo*: «Veramente la caratteristica più saliente del moto fascista rimarrà, per coloro che lo studieranno in futuro, lo spirito "totalitario": il quale non consente all'avvenire di avere albe che non saranno salutate col gesto romano, come non consente al presente di nutrire anime che non siano piegate nella confessione: "credo"».

La mattina del 26 dicembre 1923, vicino casa, tra via Crispi e via Sistina, Amendola fu aggredito da quattro fascisti e colpito alla faccia, testimoniò lui stesso, con un bastone ricoperto di cuoio. Rieletto nel 1924, dopo il delitto Matteotti fu tra i sostenitori dell'«Aventino» («Quando il Parlamento ha fuori di sé solo la milizia e l'illegalismo, esso è soltanto burla»). Risoluto anticomunista, fu lui a proporre a Croce il «Manifesto degli intellettuali antifascisti» come risposta al «Manifesto degli intellettuali fascisti» di Gentile.

Il 19 luglio 1925 andò come di consueto a passare le acque a Montecatini per problemi epatici. L'indomani, l'albergo La Pace dove alloggiava fu circondato da una folla di fascisti così numerosa e minacciosa che fu chiesto un rinforzo dei carabinieri. Il deputato Carlo Scorza, fedelissimo di Mussolini e federale di Lucca, temendo il ripetersi del delitto Matteotti mise accanto alla finestra della stanza di Amendola un dipendente dell'albergo e fece fuggire di nascosto il deputato liberale. Secondo il piano, questi avrebbe dovuto essere scortato fino alla stazione di Pistoia da alcuni carabinieri e poi – in uno scompartimento riservato – da un tenente della Milizia e due agenti armati. Il ritardo dell'arrivo dei rinforzi e l'urgenza della fuga indussero Scorza a far accompagnare Amendola da tre fascisti locali. Poco dopo essere usciti da Montecatini, l'auto su cui viaggiavano dovette fermarsi perché la strada era bloccata da un tronco d'albero. Uno dei due accompagnatori (il terzo era sceso poco prima ed era tornato indietro) uscì dall'abitacolo per rimuovere l'ostacolo e fu preso a bastonate da un uomo sbucato all'improvviso, mentre altri aggressori colpivano il lunotto posteriore, accanto al sedile dove si trovava Amendola, che fu ferito dalle schegge. L'altro uomo della scorta scese dall'auto e sparò in aria, mentre sopraggiungevano due automobili. Gli aggressori fuggirono e al Pronto soccorso dell'ospedale di Pistoia Amendola e il suo sfortunato accompagnatore furono medicati per ferite esterne. Il deputato ringraziò sinceramente i due fascisti che lo avevano salvato da una sorte più triste e poté proseguire finalmente in treno per Roma con la scorta militare prevista.

Come testimoniò il figlio Pietro nel dopoguerra, Amendola si trasferì a Parigi per essere curato dalle ferite al volto e alla testa causate dall'aggressione di Montecatini. Un altro figlio, Giorgio, raccontò in *Una scelta di vita* che il padre fu poi operato per un tumore al polmone sinistro e morì a Cannes, dove si era trasferito per un periodo riabilitativo.

Antonio Gramsci, perseguitato e rispettato dal Duce, abbandonato e tradito dai compagni

Diversa la storia di Antonio Gramsci, ricercato dalla polizia fascista fin dal 1923 mentre si trovava a Mosca come rappresentante dei giovani comunisti. Rientrato in Italia per le elezioni del 1924 che gli garantivano l'immunità, avrebbe voluto che l'amatissima moglie Julka (Giulia) lo seguisse, ma lei volle restare a Mosca. Gramsci fu arrestato nella sua casa romana l'8 novembre 1926, in violazione dell'immunità parlamentare, per attività cospirativa, incitazione alla guerra civile e all'odio di classe.

Il regime lo considerava il capo del Partito comunista d'Italia. Era vero, ma i fascisti non ne avevano le prove. Gliele diedero i compagni di Gramsci, non amato da Togliatti il quale, per valutazione ormai pressoché unanime, non lo protesse. Nel 1928 Ruggero Grieco, che nel 1934 sarebbe diventato segretario del partito, gli scrisse una lettera sapendo benissimo che in carcere sarebbe stata intercettata, in cui rivelava di fatto il ruolo politico di Gramsci. Il detenuto la definì «criminale, scellerata, famigerata».

Lo stesso anno il procuratore Michele Isgrò, nella requisitoria a suo carico, pronunciò una frase rimasta celebre: «Bisogna impedire a questo cervello di funzionare per vent'anni». E infatti il 4 giugno 1928 la condanna del Tribunale speciale fu a vent'anni e quattro mesi, da scontare nel carcere di Turi. Gramsci fu trattato con un certo riguardo. Cella singola, «molto grande, forse più grande di ciascuna delle stanze di casa» scrisse alla madre. Possibilità di scrivere e di leggere testi proibiti agli altri detenuti politici (Marx, Engels, Trockij). E quando il direttore del carcere gli rifiutava il permesso per avere un libro, lui scriveva a Mussolini e il permesso arrivava. Il 1° settembre 1932 Gramsci si lamentò «dell'eccessivo rumore notturno e del malcostume di sbattere fragorosamente le porte». Da Roma ordinarono di provvedere.

Singolare era anche la facilità con cui i *Quaderni del carcere*, una delle opere più diffuse della letteratura italiana, uscivano dal penitenziario per essere raccolti – secondo la testimonianza di Nilde Iotti – dal celebre banchiere (antifascista) Raffaele Mattioli, presidente della Banca commerciale. Arrivavano innanzitutto sulla scrivania di Mussolini, che li leggeva per primo senza toccarne il testo. Nel 1930 Mussolini, attraverso la segreteria di Stato vaticana, fece sapere che avrebbe concesso la grazia se Gramsci l'avesse chiesta. Lui, ovviamente, non lo fece, ma quando il Vaticano propose ai russi di includerlo in uno scambio di prigionieri, il Cremlino non rispose. Un personaggio carismatico come Gramsci in libertà – certo fuori dell'Italia – avrebbe potuto appannare la figura e l'autorità di Togliatti.

Mussolini stimava Gramsci come un dittatore può stimare il suo più importante avversario politico: «Quel sardo gobbo professore di economia e filosofia è un cervello indubbiamente potente». I due si tenevano d'occhio da anni, essendo stati entrambi socialisti. Nel 1914, come abbiamo visto, Mussolini si smarcò dalla tesi maggioritaria della «neutralità assoluta» nella Grande Guerra pubblicando, da direttore dell'«Avanti!», il famoso articolo *Dalla neutralità assoluta alla neutralità attiva ed operante*, che gli sarebbe costata l'espulsione dal Psi. Ebbene, due futuri fondatori del Partito comunista d'Italia presero posizioni divergenti: il 28 ottobre Angelo Tasca censurò Mussolini, mentre tre giorni dopo Gramsci ne apprezzò il «concretismo realistico», sposando in pieno da rivoluzionario la trasformazione «della formula provvisoria "neutralità assoluta" nell'altra "neutralità attiva e operante"».

Il 7 dicembre 1933 Gramsci lasciò Turi per essere ricoverato nella clinica Cusumano di Formia, dove gli fu assegnata un'ampia stanza affacciata sul mare. Faceva lunghe passeggiate in compagnia dei carabinieri addetti alla sua sorveglianza. Un anno dopo gli fu concessa la libertà condizionale, ma lui preferì restare in clinica. Il 25 aprile 1935 scrisse a Mussolini chiedendogli di essere trasferito a Roma e il 24 agosto arrivò alla Quisisana, la lussuosa clinica della borghesia romana. Il conto, come a Formia, lo pagava Mattioli. Il 21 aprile 1937 gli fu detto che era un uomo libero: amnistie e indulti avevano ridotto i vent'anni originari di carcere a undici, di cui sette trascorsi effettivamente in prigione. Sei giorni dopo morì per emorragia cerebrale.

All'inizio del 2024, l'allora ministro della Cultura Gennaro Sangiuliano ha proposto di affiggere a una parete della clinica Quisisana una targa commemorativa della degenza di Gramsci. Ma la proprietà della casa di cura ha opposto un rifiuto e il progetto è caduto.

VI

Il consenso al Duce per la guerra d'Etiopia e l'abbraccio mortale con Hitler

Mussolini: gli anni del consenso in Italia e all'estero

La bonifica pontina (26.000 coloni provenienti dalle zone più povere del Veneto, 250.000 lavoratori organizzati e retribuiti dall'Opera nazionale combattenti) fu una colossale opera di ingegneria idraulica, vero orgoglio del regime mussoliniano. Le cinque nuove città furono un esempio della furia architettonica del Duce, che investì l'Italia intera. In *Fascio e martello* il «fasciocomunista» Antonio Pennacchi, di famiglia veneto-pontina, ha ironizzato sullo sciocco tentativo di ridimensionamento dell'urbanistica fascista: «Ma a te pare che uno storico di professione possa continuare a dire per quarant'anni che il Duce ha fatto 12 città senza accorgersi che ne ha fatte almeno 147 tra grandi e piccole?».

I maggiori urbanisti dell'epoca, infatti, si misero al servizio del regime, lusingati dalle visite che Mussolini faceva di persona ai cantieri (salvo poi diventare rapidamente antifascisti al momento della Liberazione). Ed è davvero sorprendente che questa frenetica febbre urbanistica non abbia pesato in modo significativo sui conti dello Stato.

Essendo più arretrata degli altri paesi occidentali, l'Italia subì meno gli effetti della crisi successiva al crollo di Wall Street del 1929. Come annota Gianni Toniolo in *L'economia dell'Italia fascista*, il regime si muoveva nel pieno rispetto dell'ortodossia economica e fiscale (nei primi anni del fascismo al governo, il ministro liberale Alberto De Stefani conseguì il pareggio di bilancio), tanto da meritarsi il plauso dell'«Economist»: «L'Italia si è posta in una posizione tale da affrontare la depressione con maggior successo di altri paesi» (12 settembre 1931). Toniolo ritiene che l'Italia si sia mossa «sostanzialmente in linea con l'ortodossia finanziaria del tempo» anche quando sfondò la soglia del 3 per cento nel rapporto deficit/pil e arrivò al 5, a causa della larghezza monetaria che si registrò in tutta Europa nel triennio successivo. (Nel 2024 il rapporto deficit/pil è del 4,4 per cento, dopo essere salito nel 2023 al 7,4 come strascico del superbonus.)

Tuttavia, sebbene in modo più leggero che in altri paesi, la crisi si fece sentire anche da noi. Alberto Beneduce salvò le banche creando l'Iri (Istituto per la ricostruzione industriale), che sarebbe sopravvissuto fino al 2002, e l'Imi (Istituto mobiliare italiano), che sarebbe stato assorbito nel 1998 dall'Istituto bancario San Paolo di Torino. Tra il 1931 e il 1935 il numero dei disoccupati si aggirò, in media, attorno al milione. Le donne (discriminate sul lavoro dagli operai, che le accusavano d'insidiare il loro posto) scesero in piazza con i bambini al collo gridando: «Viva il Duce, ma noi dobbiamo mangiare». Una fonte insospettabile come Paolo Spriano, storico ufficiale del Pci, nella sua *Storia del Partito comunista italiano* osservava che le manifestazioni non avevano un connotato antifascista, poiché persino gli operai facevano parte di «una generazione indottrinata, stordita dai motivi fascisti fin dai banchi di scuola». Per arginare questa crisi occupazionale, Mussolini prese due iniziative: un gigantesco piano di opere pubbliche, che nel quadriennio 1931-1935 occupò in media 200.000 persone all'anno, e – primo in Occidente – stabilì che la settimana lavorativa fosse di 40 ore (e così fu, tra alti e bassi, fino allo scoppio della guerra).

Se la bonifica pontina rappresentò per tutta la vita l'orgoglio del Duce, l'opera pubblica più spettacolare e controversa fu lo sventramento delle casupole fatiscenti che soffocavano l'area archeologica romana tra piazza Venezia e il Colosseo. Un progetto del genere giaceva dagli anni Dieci presso la direzione generale delle Belle Arti. Mussolini fu tirato per la giacchetta dai migliori urbanisti (ognuno aveva la propria soluzione) e alla fine, il 18 febbraio 1935, diede il primo colpo di piccone. In un solo anno di lavori, l'area archeologica fu liberata, ed è tuttora perfettamente conservata e visibile sotto quella che fu chiamata «via dei Fori Imperiali». Scrisse il fascista Luigi Salvatorelli, diventato nel dopoguerra uno degli storici di riferimento dell'antifascismo: «[*L'opera*] è un insieme che offre allo sguardo, tra pini e oleandri, avanzi possenti, taluni dalle linee pure e superbe, e tutt'intorno incombe un giro grandioso e vario di eminenze monumentali». Gli fa eco Emilio Gentile, il più autorevole storico antifascista d'oggi: «Gli stranieri che visitavano la capitale erano impressionati dalle demolizioni in corso, affascinati dall'antica Roma che il duce stava resuscitando, stupiti dalla nuova Roma che egli stava costruendo».

Altre due iniziative, entrambe promosse nel 1925, procurarono consenso a Mussolini: l'Opera nazionale maternità e infanzia, per assistere le madri e i bambini in difficoltà economica, e l'Opera nazionale dopolavoro, che si affermò in tutti i settori ricreativi con milioni di iscritti. In *Il fascismo. La politica di un regime autoritario* lo storico antifascista Salvatore Lupo ha osservato: «La settimana lavorativa di 40 ore e il "sabato fascista", cioè non lavorativo, crearono la dimensione del tempo libero che enti come l'Opera nazionale dopolavoro concorsero a valorizzare». E ricordando le colonie marine, gli eventi sportivi di massa, l'ammirazione per le grandi opere pubbliche e per le trasvolate transoceaniche di Italo Balbo, riconosce l'esistenza di «un grande spazio sociale per il consenso».

La protezione degli ebrei e il reclutamento degli intellettuali

Nel 1923 Giovanni Gentile aveva elevato l'obbligo scolastico a 14 anni, estendendolo ai ciechi e ai sordomuti, e aumentando da quattro a cinque anni il ciclo delle elementari, e nel 1925, su stimolo dell'imprenditore tessile Giovanni Treccani, aveva fondato l'Enciclopedia Italiana, una colossale summa del sapere, paragonabile solo all'Enciclopedia Britannica.

A livello internazionale, l'aspetto più significativo fu il buon rapporto del regime fascista con gli ebrei, durato fino alle tragiche leggi razziali del 1938. Nei colloqui con Emil Ludwig, Mussolini afferma: «Non esistono razze pure. Da felici mescolanze deriva spesso la forza e la bellezza di una nazione ... L'antisemitismo non esiste in Italia. Gli ebrei italiani si sono sempre comportati bene come cittadini e come soldati si sono battuti coraggiosamente. Essi occupano posti elevati nelle università, nell'esercito, nelle banche». Tant'è vero che, qualche mese dopo l'incontro con Ludwig, il Duce nominò ministro delle Finanze e del Tesoro Guido Jung, di origini ebraiche, che abbiamo incontrato nelle pagine precedenti e che avrebbe tenuto l'incarico per tre anni. Nell'aprile 1933 incontrò sia il Gran Rabbino di Roma, Angelo Sacerdoti, sia il capo del movimento sionista internazionale, Chaim Weizmann, che gli chiesero d'intervenire presso Hitler per salvaguardare gli ebrei tedeschi.

Il 6 settembre 1934, inaugurando la Fiera del Levante a Bari, visitò il padiglione ebraico e nel suo discorso attaccò duramente l'antisemitismo nazista: «Trenta secoli di storia ci permettono di guardare con sovrana pietà alcune dottrine d'Oltralpe, sostenute dalla progenie di gente che ignorava la scrittura con la quale tramandare i documenti della propria vita, nel tempo in cui Roma aveva Cesare, Virgilio e Augusto». Nello stesso anno furono ospitati dalla marina italiana a Civitavecchia gli allievi ufficiali del primo nucleo della marina israeliana, che vennero protetti dai loro comandanti italiani quando nel 1938 entrarono in vigore le leggi razziali.

Furono, questi, gli anni in cui Mussolini godette di un consenso indiscusso, tanto che si diceva: al Duce i pregi, al fascismo i difetti. Un consenso iniziato in realtà dieci anni prima, se è vero che già nel 1925 riscuoteva l'ammirato plauso di Giuseppe Prezzolini: «Mussolini è l'uomo della velocità, del meccanismo, del capitalismo, che guida l'automobile, che vola in aeroplano ... che pone lo sport nell'orario della sua giornata: il primo uomo di Stato italiano, insomma, che non sia in arretrato di almeno trent'anni con i gusti del proprio tempo» (*Benito Mussolini*). Dal canto suo, Emilio Gentile, in *Fascismo. Storia e interpretazione*, rileva che «elemento costante del mito fu la presenza nella personalità di Mussolini di un fascino carismatico e di eccezionali qualità pubbliche che egli stesso seppe valorizzare con l'osservazione e l'esperienza per adoperarli consapevolmente negli anni della maturità del suo personale potere ... Ma poi ne rimase avviluppato fino a perdere il senso della realtà».

La popolarità del Duce venne esaltata anche da giornalisti e scrittori, finanziati a piene mani dal ministero della Cultura popolare. In *Perché l'Italia amò Mussolini* ne abbiamo riportato un lungo elenco. Basti qui ricordare Elio Vittorini, custode nel dopoguerra dell'egemonia comunista nelle principali case editrici, a partire dall'Einaudi. Quando gli venne rimproverata qualche frequentazione antifascista, protestò vibratamente: «Il sottoscritto resta fortemente sorpreso nella sua qualità di fascista non recente e di scrittore fascista che sin da quando ha preso la penna in mano l'ha adoperata al servizio delle idee fasciste su giornali fascisti». Ancora nell'ottobre 1942 Vittorini partecipò al convegno degli intellettuali nazisti di Weimar e, immaginando come sarebbe andata a finire, s'iscrisse contemporaneamente al Partito comunista clandestino, pronto a dirigere l'edizione milanese dell'«Unità».

Hitler: il rogo dei libri e il primo incontro con Mussolini

Nel frattempo il regime nazista diventava sempre più oppressivo. Il 10 maggio 1933, su istigazione di Joseph Goebbels, nel viale più popolare di Berlino, l'Unter den Linden, in pieno centro, un gruppo di scalmanati studenti nazionalsocialisti diede alle fiamme migliaia di libri «sovversivi»: Albert Einstein, Sigmund Freud, André Gide, Jack London, Thomas Mann, Marcel Proust, Émile Zola, Stefan Zweig, e decine di altri autori. Un ragazzo scrisse una poesia il cui ultimo verso recitava: «Finisca nel fuoco / accanto alle armi nemiche / ciò che non nasce / da un disegno di purezza».

Hitler era angustiato dai vincoli al riarmo posti dal trattato di pace di Versailles del 1919. Ne faceva una questione morale, sostenendo che, anche se avesse voluto, non avrebbe potuto armare più di 300.000 uomini. (Oggi sarebbe una cifra enorme, allora era poco più di niente, visto che gli eserciti mobilitavano milioni di soldati.) Ma l'Inghilterra e, soprattutto, la Francia non volevano concedergli nulla. Mussolini, dal canto suo, intendeva mettere alla prova la buona fede del Führer e in un articolo pubblicato sul «Popolo d'Italia» il 18 maggio 1934, dopo un incontro a Roma con il ministro degli Esteri tedesco Joachim von Ribbentrop, fu molto esplicito: «Non ci sono alternative: o si accetta il piano italiano o ricomincia la corsa agli armamenti». Lo scambio proposto era questo: la Francia avrebbe mantenuto la propria superiorità navale, mentre la Germania avrebbe dovuto trasformare un esercito professionale in uno «ordinario a ferma breve», accettare un controllo sulle sue formazioni paramilitari e rientrare nella Società delle Nazioni.

A questo punto, il primo incontro tra il Duce e il Führer era inevitabile: avvenne il 13 giugno nella villa Pisani a Stra, sulla riviera del Brenta. Mussolini, in alta uniforme ma senza decorazioni e medaglie, come previsto dal protocollo, sembrava molto più alto del suo metro e 69 centimetri. Hitler, avvolto in uno stazzonato impermeabile impiegatizio color mastice, molto più basso del suo metro e 74. Del colloquio non esistono né un verbale né testimoni, e poiché i due dittatori vollero parlare liberamente e senza interpreti (Hitler conosceva solo il tedesco, lingua che Mussolini – francese perfetto, inglese accettabile – riteneva di padroneggiare più di quanto fosse vero), abbiamo soltanto le versioni dei due protagonisti, che Renzo De Felice giudica comunque credibili.

A villa Pisani il Führer e il Duce parlarono soltanto del progetto nazista di riunire in un unico Stato tutte le popolazioni di lingua tedesca. («Hitler mi ha chiesto un incontro che è finito con uno scontro» commentò Mussolini.) In sostanza, il Führer voleva la sostituzione del cancelliere austriaco Engelbert Dollfuss con una persona amica e che l'Italia smettesse di proteggerlo. (Insomma, si sarebbe accontentato di un'Austria simile all'odierna Bielorussia e a ciò che Vladimir Putin vorrebbe diventasse l'Ucraina.) Non parlò esplicitamente di Anschluss, cioè di annessione, ma poco ci mancava. Mussolini non gli diede soddisfazione e l'incontro, di fatto, fallì.

Come fallì il colloquio dell'indomani al Lido di Venezia. Hitler considerava la Società delle Nazioni un ente inutile (come lo sono oggi le Nazioni Unite, anche se dirlo è una bestemmia) e non aveva nessuna intenzione di ritornare a farne parte. La Francia ci aveva messo del suo, escludendo qualsiasi apertura sulla mitigazione della sua potenza marittima, al punto che Mussolini confidò al Führer che non avrebbe mosso più un passo sul disarmo e, anzi, avrebbe costruito due navi da battaglia di 350.000 tonnellate ciascuna. Il loro fu un dialogo tra sordi. Avrebbe scritto Franz von Papen nelle sue memorie: «I due capi passarono molto tempo a parlare l'uno all'altro piuttosto che l'uno con l'altro. Hitler specialmente si abbandonò ad un fiotto ininterrotto di parole che rese impossibile ogni discussione». Lo confermò anche Mussolini alla sorella Edvige: «Andava all'infinita ricerca di un corpo, di un sangue originario e feroce, al di qua della ragione ... Invece di parlarmi dei problemi attuali, mi ha riletto a memoria il suo *Mein Kampf*». Il Führer raccontò invece a Giuseppe Renzetti, presidente della Camera di commercio italiana a Lipsia, che lo trovò «raggiante», di essere «entusiasta dell'incontro col Duce ... Che sorta di oratore è Mussolini! Quale potenza esercita sul popolo ... Da intenditore di masse, ho constatato che gli italiani sono davvero dietro il loro grande capo».

L'assassinio di Dollfuss e la «notte dei lunghi coltelli»

I risultati dei colloqui veneti tra i due dittatori si videro il 25 luglio 1934, poche settimane dopo il loro incontro. Engelbert Dollfuss, 42 anni, da due cancelliere austriaco, cattolico, politico autoritario per difendersi dalle minacce naziste e bolsceviche, venne assassinato mentre presiedeva il Consiglio dei ministri: 154 uomini delle SS, travestiti da militari austriaci, entrarono nel palazzo e lo pugnalarono al collo. Dollfuss chiese di chiamare un medico e un prete e di avvertire la moglie, ospite di Mussolini sulla riviera romagnola insieme ai figli. Non arrivò nessuno e lui morì dissanguato. Il golpe, però, non riuscì per il tempestivo intervento di reparti dell'esercito, che arrestarono le SS responsabili dell'assassinio.

Hitler, che si trovava a Bayreuth a sentire il suo amato Wagner (*L'oro del Reno*) accanto a Eva, la figlia del compositore, fece finta di niente e si disse estraneo all'attentato. Mussolini, naturalmente, non gli credette e inviò quattro divisioni al Brennero. Ma ciò che fece infuriare Hitler fu l'accusa di tradimento mossagli dal Duce (Dollfuss era sotto la protezione di Mussolini), paragonabile a quella del condottiero germanico Arminio che, nel 9 dopo Cristo, tradì la fiducia dei romani attirando in una trappola e letteralmente sterminando tre legioni (20.000 uomini) al comando di Publio Quintilio Varo. Simbolo della lotta antiromana, Arminio era anche per Hitler un eroe della guerra di liberazione. Che poi abbia vinto con l'inganno, per lui era secondario. (Per la cronaca, dieci anni dopo Arminio fu tradito dai suoi, che lo ammazzarono temendone l'eccessivo potere.)

Mussolini si era reso conto di che pasta fosse fatto Hitler un paio di settimane dopo l'incontro di Venezia. Il Führer non sopportava più Papen e i «reazionari» (fosse stato per Goebbels, sarebbero già stati spediti tutti al cimitero). Ma lo inquietava in particolare la progressiva insubordinazione di Ernst Röhm, che aveva trasformato le Squadre d'assalto in una potente e fedelissima milizia personale. Röhm era un camerata della prima ora e rimproverava a Hitler di aver perso la carica rivoluzionaria delle origini e di essere eccessivamente morbido verso il capitalismo. Ma adesso stava esagerando. Si parlava della volontà di Röhm di porre di fatto l'esercito alle proprie dipendenze, facendone quasi un'appendice delle SA. In più, giravano voci su un'enorme riserva di armi nelle mani delle sue milizie. Hitler non agì d'istinto, come gli chiedevano alcuni dei suoi, e pianificò la vendetta con freddezza e determinazione. Il 29 giugno Goebbels lo incontrò, sicuro di ricevere la notizia della condanna a morte di Papen, e invece seppe che il «traditore» era Röhm, accusato di complottare con il suo stretto collaboratore Gregor Strasser, con l'ambasciatore francese André-François Poncet e con il precedente cancelliere Kurt von Schleicher.

All'alba del 30 giugno Hitler si presentò personalmente nell'albergo della stazione termale bavarese di Bad Wiessee dove Röhm e i suoi più stretti collaboratori stavano dormendo dopo una serata di sbornie. Entrò nella stanza del capo delle SA con la pistola in pugno e gli comunicò che era in arresto. Dopodiché Röhm fu portato in prigione con altre persone, sei delle quali vennero trucidate poche ore dopo senza nemmeno una parvenza di processo. Tornato nella Casa bruna di Monaco, il Führer disse «con la bava alla bocca» – secondo quanto racconta un testimone – che il capo delle SA aveva ricevuto dalla Francia 12 milioni di marchi per ucciderlo. Ci furono esecuzioni di massa: Schleicher fu assassinato in casa con la moglie, Strasser nella sua cella. Le SS cercarono e ammazzarono anche il capo dell'Azione cattolica, Erich Klausener. Nonostante le pressioni dei suoi, Hitler fu a lungo indeciso, per questioni di immagine, se far uccidere Röhm, che era stato una delle persone a lui più vicine. Gli fece proporre il suicidio. Sul tavolo della sua cella fu lasciata una pistola incustodita; qualche minuto dopo, due dirigenti delle SS entrarono e, trovando l'arma ancora sul tavolo e lui a torso nudo, lo ammazzarono.

Nella «notte dei lunghi coltelli» vennero uccise tra le 150 e le 200 persone. Le SA, totalmente depotenziate, finirono per occuparsi di cose più «innocue» come la persecuzione degli ebrei, mentre le SS, sotto la guida di Heinrich Himmler, giunsero al massimo del loro potere.

Papen se la cavò con gli arresti domiciliari, per non esasperare un'opinione pubblica internazionale già sconvolta dalla carneficina, e in seguito fu nominato ambasciatore a Vienna e ad Ankara. Non contraddisse mai Hitler, ma a Norimberga riuscì a farla franca perché dimostrò di aver salvato alcuni bambini ebrei destinati allo sterminio grazie alla collaborazione con il nunzio apostolico in Turchia, Angelo Roncalli, futuro papa Giovanni XXIII.

Eva, dal tentato suicidio a regina del Berghof

Ed Eva Braun? La vita del Führer con la sua amante apparentemente scorre tranquilla. Ma dal diario che la ragazza comincia a scrivere emerge una profonda infelicità. Hitler non vuole che Eva appaia nelle occasioni pubbliche – secondo il biografo Joachim Fest, la considera «stupida e ignorante» – e preferisce mostrarsi accanto a donne coltivate dell'alta società. Lei sogna di assistere agli incontri del Führer con i duchi di Windsor (l'ex re d'Inghilterra Edoardo VIII e sua moglie Wallis Simpson sono ferventi nazisti), ma naturalmente non vi viene ammessa. Anzi, quando entra negli uffici del Reich, deve passare per l'ingresso di servizio. Talvolta Hitler la tratta come una prostituta: lunghi silenzi a pranzo e, alla fine, le allunga una busta piena di banconote. Lei si vendica comprando abiti costosi che, tra lo stupore delle commesse, fa recapitare direttamente alla Cancelleria del Reich. Nel diario scrive: «Lui è follemente innamorato di me», ma la routine è costellata di frustrazioni.

Il tentativo di suicidio di cui abbiamo parlato nel quarto capitolo costrinse però il Führer a mutare atteggiamento. Come si legge nei verbali delle interviste raccolte dal capitano della V Armata Michael Musmanno (*Musmanno Collection*), Hitler disse ad Anni Winter, una donna del suo «cerchio magico»: «Non posso affrontare uno scandalo. Dovrò occuparmi maggiormente di lei».

Mette quindi a disposizione dell'amante un alloggio adeguato, intestato al fedelissimo Hoffmann: una tipica villetta di periferia con una porta che conduce dal salotto al giardino, vicina al suo appartamento. Non è grande, ma è ben arredata, con quadri di buona qualità provenienti da musei, una cucina accessoriata e un servizio di porcellana da otto decorato con fiori blu. Al piano di sopra, due camere da letto e un bagno in comune per Eva e la sorella Gretl. La sua camera è dotata di telefono con due linee riservate e le scritte «Berlino» e «Wachenfeld» (lo chalet di Hitler nell'Obersalzberg: «La mia adorata piccola Braun Haus» scrive lei nel diario). Ma, poco dopo, Eva dovette trasferirsi al Berghof, sulle Alpi salisburghesi.

Per la realizzazione di questa residenza del Führer, tra il 1935 e il 1940 fu espropriato un intero villaggio. Con cinquantadue singoli provvedimenti Martin Bormann, sempre più stretto collaboratore di Hitler, entrò in possesso di chalet, fattorie, appezzamenti di terra e foreste. Rifiutarsi di vendere significava la deportazione nella vicina Dachau. Case e terreni furono acquistati per poco più di 6 milioni di marchi, prelevati dalle casse del Partito nazista. Nel 1936 Bormann si trasferì in un magnifico chalet con tutta la famiglia. E, quello stesso anno, arrivò anche Eva.

Architetture e arredi erano in linea con la megalomania del proprietario. Non esisteva più un salotto che avesse preservato l'intimità di una Stube (la stanza rivestita in legno e riscaldata con la stufa, tipica delle zone alpine). Tutto era «grande, maestoso e monumentale, come ogni cosa costruita da Hitler, ma freddo. La sala era troppo spaziosa e le persone troppo piccole per riempirla» racconta nelle sue memorie (*Fino all'ultima ora*) Traudl Junge, una delle ultime giovanissime segretarie del Führer. Parliamo di trenta stanze, di uno studio amplissimo e con una scrivania smisurata, di arazzi costosi ma non di grande pregio, uno dei quali nascondeva uno schermo a scomparsa per la proiezione di film (ne erano previste anche due a sera), tappeti persiani, giganteschi sofà imbottiti ed enormi poltrone. E intorno, alloggi, palestre, chalet, foresterie.

Benché sembrasse aver ottenuto tutto ciò che desiderava – aveva ai suoi piedi una corte, esageratamente adulante e servile, di lacchè, le cui mogli non nascondevano il disprezzo verso di lei –, Eva si fidava solo delle persone della sua adolescenza. Così a Herta Schneider, amica dai tempi della scuola, e alle sue due figlie fu assegnato un piccolo appartamento privato accanto a quello principale.

Nel settembre 1936 un articolo di «Paris-soir» (*Les femmes qui entourent Hitler*) squarciò la cortina che fino allora aveva protetto la vita privata del Führer. Nella biografia citata, Angela Lambert scrive che quell'articolo fece più effetto sullo zio di Eva, Alois, che sul pubblico tedesco. («La nostra piccola Eva! Impossibile! Non può essere vero!» commentò.) Ma in Germania lo lessero in pochi, perché tutte le copie arrivate in edicola vennero confiscate. In ogni caso, Eva Braun uscì dalla clandestinità: era lei, ormai, a sovrintendere alla vita privata del Führer. «Dal 1937 al 1940 fu lei ad assumersi la regia di questo faticoso carosello» osserva la Lambert.

Pio XI: «L'uomo che la Provvidenza ci ha fatto incontrare»

Il primo a essere allibito della «notte dei lunghi coltelli» fu Mussolini: «È come se io ammazzassi Grandi e Bottai» esclamò, ricordando il lungo cammino comune di Hitler e Röhm. Ma l'opinione pubblica tedesca non lo fu affatto. Le violenze delle Squadre d'assalto erano diventate insopportabili e il ritorno all'«ordine» fu salutato con benevolenza, visto che il «pericolo rosso» sembrava scongiurato per sempre. Come accadde in Italia con il Duce, la gente cominciò a pensare che il Führer non fosse responsabile delle magagne che si vedevano in giro. «Ah, se lo sapesse Hitler...»

Un'altra differenza fondamentale tra Hitler e Mussolini fu il rapporto con la figura del capo dello Stato. Mentre veniva compiuta la strage della «notte dei lunghi coltelli», il presidente Hindenburg (86 anni) stava malissimo. Inviò subito al Führer un messaggio di felicitazioni per aver riportato l'ordine nel paese, ma non si è mai saputo se ne abbia dettato davvero lui il testo. Un mese dopo, il 1° agosto, Hitler andò a trovarlo sul letto di morte. Nel delirio, Hindenburg, che aveva sempre sognato il ritorno sul trono degli Hohenzollern, lo chiamò «maestà». L'indomani spirò e, subito dopo, il Führer provvide a unificare il titolo di presidente del Reich e quello di cancelliere: il pretesto fu che, con la morte del feldmaresciallo, veniva a mancare un aristocratico insostituibile. La legge, già pronta con Hindenburg vivente, fu ratificata con un plebiscito popolare il 19 agosto. Hitler diventava così anche capo supremo delle forze armate e, contestualmente, venne istituito il giuramento di fedeltà alla sua persona.

Tuttavia, come abbiamo visto, fin dal momento in cui il Führer prese il potere, il presidente del Reich diventò poco più che un'istituzione decorativa. Ora, sappiamo bene che il Duce contava infinitamente più di Vittorio Emanuele III, ma resta il fatto che per vent'anni si presentò due volte alla settimana al Quirinale in abito da cerimonia per riferire sugli affari di Stato. Soprattutto durante le complicatissime trattative per la storica pacificazione tra lo Stato e la Chiesa.

Un capolavoro politico di Mussolini, che lo accreditò notevolmente in campo internazionale, fu infatti il Concordato con la Santa Sede, stipulato l'11 febbraio 1929. Prima di lui, ci avevano provato tutti i capi di governo italiani, da Cavour in poi, ma il pontefice aveva sempre detto di no. Finalmente Pio XI accettò che i vescovi giurassero fedeltà al re d'Italia e che l'Azione cattolica smettesse di fare attività politica. In compenso, incassò 1 miliardo 750 milioni di lire (quasi 2 miliardi di euro), somma che l'Italia aveva stabilito unilateralmente nel 1871 come risarcimento dopo l'unificazione nazionale e che fino ad allora la Chiesa aveva rifiutato, e ottenne il riconoscimento della religione cattolica come religione di Stato, la legittimazione degli effetti civili del matrimonio religioso, la competenza dei tribunali ecclesiastici nelle cause di nullità matrimoniale e l'insegnamento religioso nelle scuole statali. I Popolari erano entrati nel primo governo Mussolini, ma ne erano usciti con l'Aventino. Così rimasero tramortiti da quel che Pio XI disse a insegnanti e studenti dell'Università Cattolica del Sacro Cuore: «Siamo stati nobilmente assecondati. Forse ci voleva anche un uomo come quello che la Provvidenza ci ha fatto incontrare».

Hitler, al di là delle solenni cerimonie celebrate in chiesa all'inizio del suo mandato, era il capo ateo di uno Stato ateo e costituzionalmente monopersonale. Mussolini, sebbene dittatore a tutto tondo ed ex socialista mangiapreti, aveva messo il regime in sintonia con il sentimento religioso predominante in Italia e salvato rigorosamente le apparenze con un re fin troppo conciliante. Al punto di smentire anche la tradizione clamorosamente anticlericale dei Savoia che, con le «leggi eversive» del 1866, avevano spogliato la Chiesa dei suoi possedimenti e negato le capacità patrimoniali a tutti gli ordini religiosi. (Si capisce perché, quindi, nel corso della sua visita in Italia nel maggio 1938, Hitler rimase basito quando gli dissero che doveva salire sull'automobile di Vittorio Emanuele, sommerso dai pennacchi dei dignitari di corte, anziché su quella di Mussolini.)

La guerra d'Etiopia e la fine della storia d'amore con la Sarfatti

L'episodio che portò Mussolini a godere del massimo consenso interno e, al tempo stesso, a determinare il fatale avvicinamento a Hitler fu la guerra d'Etiopia (2 ottobre 1935-5 maggio 1936). Per capirne le ragioni bisogna tornare all'ottica geopolitica del tempo. Nella seconda metà dell'Ottocento, Francia e Inghilterra, ma anche Belgio, Olanda, Portogallo e Germania, si erano impossessati della gran parte di Africa, Asia e Oceania. Nel 1868 il nostro governo, che aveva allora una base ideologica antimilitarista, aveva sottoscritto un accordo di privilegio di 28 anni con la Tunisia. Ma nel 1881 la Francia, reclamando la restituzione dei contributi versati per le guerre d'indipendenza, ce la tolse con la forza, mentre l'anno seguente l'Inghilterra occupava l'Egitto. Noi ci consolammo prendendoci l'Eritrea e una parte della Somalia. Provammo ad allargarci anche all'Etiopia (enorme territorio di religione cristiana copta), ma ci andò malissimo. Fummo sconfitti prima a Dogali (1887), poi umiliati a Macallè e infine a

Adua (1896). Partita chiusa, con migliaia di soldati italiani e di ascari (africani a noi fedeli per ragioni tribali) massacrati ed evirati senza pietà.

L'ambizione coloniale del nostro paese, però, era viva anche prima che Mussolini prendesse il potere. Con Giovanni Amendola, ministro liberale delle Colonie nel governo Facta fino alla marcia su Roma, l'Italia aveva riconquistato la Tripolitania, unificando poi la Libia sotto il proprio potere con il fascismo nel 1934.

Tra i motivi che portarono a parlare di «pace mutilata» per definire i torti subiti dall'Italia alla fine della Grande Guerra ci furono compensi coloniali promessi e non dati. Visto che i principali paesi europei si erano spartiti il mondo, il Duce considerava l'espansione un «problema di vita o di morte per la razza italiana», ristretta in un territorio «che non può nutrire tutti». Di qui la sua vecchia utopia di un «imperialismo non necessariamente aristocratico e militare. Può essere democratico, pacifico, economico, spirituale», come aveva scritto nel 1919.

Quanto al perché la scelta cadesse sull'Etiopia, la spiegazione si trova, fra l'altro, nel testo antifascista per antonomasia, la *Storia d'Italia nel periodo fascista* di Luigi Salvatorelli e Giovanni Mira: «Poiché Mussolini si era ficcato in testa che per l'Italia ci voleva un impero coloniale ... era naturale, e diciamo pur ragionevole, ch'egli pensasse all'Etiopia, regione ove poteva credere d'incontrare un minimo di resistenza e difficoltà internazionali».

Nel 1928 era stato firmato tra i due Stati un «patto ventennale di pace costante e amicizia perpetua», fondato su sereni rapporti commerciali e l'impegno italiano a costruire una grande strada che collegasse l'Etiopia, priva di accesso al mare, al porto eritreo di Assab. Con il passar del tempo, però, gli etiopi iniziarono a praticare una politica antiitaliana, con accordi internazionali che ci danneggiavano e una serie sempre più frequente di incidenti di frontiera. Mussolini malintese la silenziosa neutralità dell'Inghilterra, e all'inizio del 1936, a guerra già iniziata, giunse addirittura a dichiarare di aver avuto «carta bianca» per la conquista dell'Etiopia dal ministro degli Esteri francese Pierre Laval, suo amico personale.

Alle 18.45 del 2 ottobre 1935 la gente accalcata in piazza Venezia non avrebbe potuto lasciar cadere uno spillo. «Abbiamo pazientato quarant'anni» proclamò il Duce, riferendosi alla prima avventura etiope mentre le altre potenze europee facevano incetta di interi continenti. «Abbiamo pazientato tredici anni» aggiunse, alludendo ai propositi coloniali vivi fin dal 1922. Margherita Sarfatti assistette al suo discorso accanto alla figlia Fiammetta e all'amico Renato Trevisani. La guerra sarebbe cominciata il giorno successivo. «Purtroppo, la vinceremo e lui perderà la testa» profetizzò.

Tempo prima Mussolini le aveva detto che il ruolo di una nazione dipende esclusivamente dal proprio potere militare. «E che dici degli artisti e degli scienziati? I grandi filosofi, i santi, i pensatori non aggiungono nulla di degno alla nazione da cui provengono?» aveva obiettato lei. Margherita e Benito erano ormai lontanissimi. Alla vigilia della campagna d'Etiopia gli aveva scritto: «Lei ha abbastanza già da colonizzare nelle Puglie, in Sicilia e in Calabria ... Se Lei va in Abissinia, allora cadrà nelle mani dei tedeschi e Lei è perduto».

Ormai Margherita era isolata. Entrava a palazzo Venezia da una porta segreta per non incontrare Claretta, mentre l'usciere Navarra regolava il traffico. E poi stava invecchiando. Mussolini diceva «si tinge i capelli», per non infierire. (Nel libro autobiografico *A spasso col Duce* Ercole Boratto, il suo autista personale, scriverà perfidamente: «È attaccato alla madre perché innamorato della figlia», raccontando di audaci acrobazie del Duce pur di rimanere solo con Fiammetta – di ventinove anni più giovane di Margherita – che non disdegnava affatto le sue lusinghe, con la conseguenza di scatenare feroci attacchi di gelosia della madre, di tre anni più vecchia di Benito.) Con Claretta, Mussolini la rinnegherà più volte, e mai per lei userà parole di gratitudine: «La sua spilorceria mi disgusta. È ricca ed abita in un grande palazzo di corso Venezia. Ebbene, quando viene pubblicato un suo articolo, manda all'"Avanti!" la sua cameriera per prendere tre copie gratis, per risparmiare tre soldi. E ha l'edicola a due passi». (È vero, la Sarfatti era molto attenta al denaro. A casa sua si mangiava frugalmente e si stava attenti a che gli ospiti non esagerassero.)

È la fine di una storia complessa. Margherita e Benito si sono amati per vent'anni, con la tacita approvazione di Cesare Sarfatti, mai emarginato dalla moglie. Ma è chiaro che il loro è un rapporto di mutuo scambio per il comune progetto di un'Italia nuova. Margherita serve a lui per scalare ambienti e incassare relazioni. Benito serve a lei perché le donne, e quindi anche lei, possano avere un ruolo che ancora non hanno.

L'oro (anche antifascista) alla patria e la vittoria sul negus

Il 3 ottobre 1935 Emilio De Bono mosse subito le sue truppe che, in tre giorni, presero Adua e, poco dopo, Macallè, vendicando antiche disfatte e mandando in visibilio l'opinione pubblica italiana. L'Etiopia, grazie anche all'Italia, era entrata a suo tempo nella Società delle Nazioni e adesso il negus Hailé Selassié chiedeva che fossimo puniti. Ma la Società aveva perso (fin da allora) ogni credibilità, perché nel 1931 il Giappone si era mangiato la Manciuria cinese senza che nessuno battesse ciglio. Sicché le sanzioni furono sì adottate contro l'Italia, ma noi continuammo a rifornirci di petrolio (bene vitale), metalli, lana e cotone: insomma, il conto per noi fu indigesto, ma non indigeribile. Comunque sia, l'opinione pubblica fascista e – incredibilmente – antifascista si mobilitò a favore del Duce e della sua guerra.

Il 18 dicembre 1935 fu celebrata la «Giornata della Fede»: tutti gli italiani coniugati furono invitati a scambiare la loro fede nuziale d'oro («oro alla patria») con una di ferro. Il re e la regina, Mussolini e Rachele, aprirono la fila di milioni di italiani pronti al patriottico gesto. Due senatori antifascisti, Benedetto Croce e Luigi Albertini (espropriato dal regime del «Corriere della Sera»), donarono la medaglietta d'oro del loro status parlamentare. Il cardinale Ildefonso

Schuster, arcivescovo di Milano, l'uomo che nel 1945 avrebbe offerto invano la salvezza a Mussolini, donò l'anello pastorale dopo aver celebrato una messa solenne sul sagrato del Duomo.

Il 15 dicembre 1935, tre giorni prima della «Giornata della Fede», il generale Pietro Badoglio, che aveva sostituito il troppo prudente De Bono, subì un primo feroce contrattacco nemico, che ci costò 31 italiani e 370 ascari morti, e quaranta giorni di fuoco, a causa dei quali fummo costretti a ritirarci a Macallè. Contemporaneamente, sul versante meridionale, il generale Rodolfo Graziani, governatore della Somalia, sterminava le truppe di ras Destà, genero del negus, il quale pensava di cogliere di sorpresa gli italiani, assai inferiori di numero (14.000 contro 70.000) ma più preparati e meglio armati, che riuscirono a raggiungere e occupare Neghelli, un centro strategico sulla strada per Addis Abeba.

La regia aeronautica, determinante per il nostro successo militare, usò i gas proibiti dalle convenzioni internazionali. Mussolini li aveva autorizzati solo «per supreme ragioni di difesa» e, più tardi, per rispondere all'uso nemico delle pallottole «dum-dum», anch'esse proibite. Ma Graziani, della cui crudeltà nessuno ha mai dubitato, ne fece un uso più largo, giustificandosi con la leggendaria ferocia degli etiopi che infierivano sui prigionieri in modi che è difficile descrivere. Le polemiche sulla quantità, sulla qualità e sull'efficacia dei gas usati durante la guerra d'Etiopia sono durate decenni. Dopo averle descritte nei dettagli, in *Perché l'Italia amò Mussolini* abbiamo fatto nostra la diretta testimonianza fornita in *La guerra dei sette mesi* dal duca Luigi Pignatelli della Leonessa, che partecipò alla guerra: «Nel corso della campagna fu fatto talvolta uso, dai bombardieri italiani, di bombe all'iprite. L'impiego di questa terribile arma [*già usata dalle due parti nella Grande Guerra*] ... fu limitato a particolari casi e se non mancò di avere effetto psicologico, fu ben lontano, come è ovvio, dall'agire risolutivamente sulle sorti della campagna. Sconsigliato a suo tempo dagli ufficiali esperti della guerra coloniale, fu, senza alcun dubbio, un inutile errore».

Il 9 febbraio 1936 Badoglio annunciò alla stampa italiana e internazionale un grande attacco per la conquista dell'Amba Aradam. Alla fine del mese fu presa la cima evocativa dell'Amba Alagi e poco dopo, con la sanguinosa vittoria dello Scirè, l'Italia assunse il controllo dell'intero fronte settentrionale. Mussolini offrì agli inglesi, grandi protettori di Hailé Selassié, una soluzione onorevole per la fine della guerra: il nucleo centrale dell'Etiopia sarebbe rimasto al negus, i restanti tre quarti agli italiani. Londra rifiutò e l'Italia partì con l'attacco finale. Anziché condurre operazioni di guerriglia, ora che i due eserciti erano di forze pressoché pari, Hailé Selassié scelse lo scontro frontale, che fu sanguinoso per noi (un migliaio di morti tra italiani e ascari), ma fece molte migliaia di vittime tra gli etiopi, costringendoli a ripiegare verso Addis Abeba. Dopo aver perso tempo prezioso per visitare i luoghi santi del paese, il 1° maggio il negus mise ai voti tra i suoi consiglieri l'alternativa tra la resistenza e l'esilio: vinse largamente la seconda opzione e il giorno dopo il convoglio imperiale mosse via treno verso Gibuti e da lì, via nave, in direzione di Gerusalemme, dove s'imbarcò per Londra. Mussolini proibì a Graziani di bombardarlo.

Ricordo con l'emozione del giovane cronista l'accoglienza che il presidente Giuseppe Saragat fece a Hailé Selassié l'11 novembre 1970 accompagnandolo al Quirinale su una Flaminia scoperta scortata da corazzieri a cavallo.

Il Duce: «L'Etiopia è italiana». Nasce l'impero

Alle 16 del 5 maggio 1936 Badoglio entrava in Addis Abeba: la pioggia lo costrinse a rinunciare al cavallo, ma i civili europei lo accolsero come un salvatore perché l'esercito etiopico in ritirata aveva saccheggiato tutto il possibile. Alle 18.30 Mussolini dichiarò alla folla stipata in piazza Venezia: «Annuncio al popolo italiano e al mondo che la guerra è finita. Annuncio all'Italia e al mondo che la pace è ristabilita». E, dopo una pausa ben studiata: «L'Etiopia è italiana!». Accadde il finimondo. E un antifascista doc come Carlo Rosselli, destinato a essere ucciso in Francia su mandato fascista, scrisse su «Giustizia e Libertà» del 15 maggio 1936: «Meglio riconoscere con franchezza virile che il fascismo, almeno sul piano interno, esce rafforzato, consolidato da questa crisi. Molta gente che ancora riteneva possibile una rapida soluzione e conservava vivi dei rancori si convertirà al fascismo. Altri si rassegneranno. L'urto sociale sarà deviato e contenuto». Ma la reazione più clamorosa fu quella dei comunisti: «Noi tendiamo la mano ai fascisti, nostri fratelli di lavoro e di sofferenze, perché vogliamo combattere assieme ad essi la buona e santa battaglia del pane, del lavoro e della pace ... contro i suoi nemici che l'affamano e l'opprimono, contro il pugno di parassiti che domina il nostro bel paese» («Lo Stato operaio», giugno 1936).

Secondo Arrigo Petacco (*Faccetta nera*), la guerra d'Etiopia fu «la più grande guerra coloniale combattuta, e l'averla vinta rappresentava un vanto per l'Italia. Tanto più apprezzabile per il fatto che era costata la vita di soli 3357 italiani [*tra militari e civili, al fronte e per cause di guerra*] ... Cifre paragonabili a quelle delle "guerre intelligenti" dei nostri giorni e non a quelle cui si era abituati allora».

Inglesi e tedeschi erano basiti. I primi avevano previsto cinque anni di guerra, i secondi dovettero ammettere di aver dato a Hitler informazioni sbagliate. «Era impensabile che una piccola e povera nazione, peraltro sottoposta a embargo e ostacolata dalla potenza superiore britannica,» ammise il capo di Stato maggiore tedesco Werner von Blomberg «potesse portare a compimento quella conquista a 6 o 7000 chilometri di distanza dalle sue basi di rifornimento.» E il maresciallo di Francia Philippe Pétain commentò: «Un capolavoro».

Il negus subì un pessimo trattamento dalla comunità internazionale. La Società delle Nazioni non gli diede retta, e le sanzioni contro l'Italia furono ritirate il 4 luglio. Così Vittorio Emanuele III diventava imperatore d'Etiopia (il titolo del negus), gli inglesi fecero finta di niente e Mussolini rifiutò la carica di principe ma pretese quella di «primo maresciallo dell'impero», pari grado del re, che la prese malissimo.

Badoglio presentò un conto molto salato. Nominato su sua richiesta «duca di Addis Abeba», ebbe un appannaggio annuo di 1 milione di lire (pari, grosso modo, a 1 milione 300.000 euro) e 5 milioni (6,5 milioni di euro) per costruirsi una villa ai Parioli.

Alle 22.30 del 9 maggio 1936, sempre dal balcone di piazza Venezia, Mussolini annunciò a una folla in delirio – e così compatta da ricordare a Orio Vergani «una scatola di pallini da caccia» – la nascita dell'impero: «Dopo quindici secoli l'impero è riapparso sui colli fatali di Roma».

Mussolini avrebbe potuto dare ascolto a Italo Balbo («Indici libere elezioni. Sarà un plebiscito») o a Rachele («Benito, abbiamo avuto tanta fortuna. Non può durare. Andiamocene alla Rocca»). Invece ebbe ragione Margherita Sarfatti.

Il Führer, dal canto suo, aveva fatto di tutto per indebolire Mussolini. All'inizio del 1935 aveva invitato il negus ad attaccare per primo in Somalia ed Eritrea, poi lo aveva equipaggiato con armamenti tedeschi per 3 milioni di marchi, spediti – con codici di fabbricazione abrasi – con navi inglesi. Il Duce stesso, parlando con i suoi interlocutori francesi, aveva preannunciato il tragico futuro dell'Europa: «Se non ho più sicurezza da parte inglese e francese, a chi indirizzarmi se non ad Hitler? Ma se io m'intendo con Hitler, sarà l'Anschluss a breve scadenza. Poi la Cecoslovacchia, la Polonia… Sarà la guerra, inevitabilmente».

Perché l'Italia partecipò alla guerra di Spagna

La proclamazione dell'impero mise Mussolini in una singolare posizione psicologica. Una parte dei suoi lo invitava ad allentare le briglie del regime. E lui, in effetti, lo fece, consentendo ad alcuni giornalisti emarginati come Mario Missiroli di tornare a scrivere e a gerarchi poco ortodossi come Nicola Bombacci di fondare una rivista. Un'altra ala, guidata da Roberto Farinacci, lo diffidava dal concedere qualunque apertura. E Mussolini stesso viveva come un incubo l'eventuale ritorno alla battaglia tra i riformisti e i duri del partito.

In qualche momento, pensò anche di seguire il consiglio di Rachele di ritirarsi: confidò a Costanzo Ciano che gli sarebbe piaciuto fare come Silla, che si appartò dopo aver riportato l'ordine nella Roma repubblicana. Lo trattenne l'assenza di un delfino realmente in grado di succedergli. A un certo punto immaginò di averlo trovato nel genero Galeazzo Ciano, che nominò a 33 anni ministro degli Esteri al proprio posto. La scelta, secondo De Felice, «si rivelò assolutamente sbagliata», sia per il carattere fatuo dell'uomo, sia per la vita sregolata con la moglie («Signora Contessa, non si vesta da maiala, come dicono a Firenze» le scrisse un'anonima osservatrice), sia per le posizioni politiche oscillanti: disfattista in Etiopia, dove pure si era battuto con valore, incerto nelle posizioni strategiche, si avvicinò sempre di più a Berlino per ingelosire Francia e Inghilterra, fino a rimanervi impigliato.

Quando, nel luglio 1936, in Spagna scoppiò la guerra civile tra i monarchici nazionalisti, guidati da Francisco Franco, un ufficiale grassottello e spietato, e i repubblicani al governo, Mussolini era molto preoccupato, ma altrettanto prudente. La guerra d'Etiopia era appena finita, le casse dello Stato ne avevano subìto il costo e non si sentiva davvero il bisogno di una nuova avventura militare. Ma quando le truppe ribelli sbarcarono in Spagna dal Marocco, dove il 16 luglio c'era stato l'*alzamiento* (sollevazione) di quattro armate dell'esercito, lo fecero su 12 bombardieri Savoia-Marchetti venduti ai franchisti a carissimo prezzo dal regime fascista con l'intercessione di Galeazzo Ciano. Per contro, i francesi (al potere c'era il Fronte popolare di Léon Blum) riempirono di soldi e di armi il governo di sinistra spagnolo. Fu questo a convincere Mussolini all'intervento: una vittoria franco-repubblicana avrebbe compromesso la possibilità di una forte posizione italiana nel Mediterraneo, che il Duce – «Cesare del XX secolo» – considerava *Mare nostrum*, come gli antichi romani. Aspirava, infatti, a insediarsi nelle Baleari e a controllare da quella posizione sia i francesi sia gli inglesi, padroni di Gibilterra. («Gibilterra per voi è una scorciatoia» disse Mussolini a un interlocutore britannico. «Per noi è la vita.»)

Ciano puntava a uno stretto rapporto tra Italia e Germania, e la Spagna poteva essere il terreno ideale per consolidarlo. Hitler mandò sì un'importante unità aeronautica, ma il suo obiettivo – come lo fu in Etiopia – era logorare Mussolini per sottrargli l'Austria con il minimo sforzo.

L'Unione Sovietica, dopo un breve periodo di freddezza, inviò 190 navi cariche di ottimo materiale bellico e 350 aerei, oltre ad alcune migliaia di «consiglieri militari». Poiché il significato politico del conflitto era enorme, Stalin spedì Palmiro Togliatti a esautorare i capi del Partito comunista spagnolo (fra i quali la mitica *pasionaria* Dolores Ibárruri). Lo storico laburista inglese Hugh Thomas, autore dello studio più approfondito sull'argomento (*Storia della guerra civile spagnola*), definisce Togliatti «abile e spietato» e ne colloca la presenza in Spagna tra il 1936 e il 1937, quando – nell'estate – vi si stabilì definitivamente. Fu così che la guerra civile spagnola diventò anche una piccola guerra civile italiana.

Mussolini inviò 50.000 uomini, al comando del generale dell'esercito Mario Roatta. Le quattro divisioni (tre della Milizia, una dell'esercito) erano costituite da volontari, tranne la Littorio, formata da giovani in servizio di leva. I nostri volontari furono attratti soprattutto dalla paga: un soldato semplice guadagnava quanto un laureato in Italia. In verità, il Generalissimo, come veniva chiamato Franco, non gradì mai la forte presenza italiana, peraltro non richiesta: voleva armi non uomini, ed evitò accuratamente che i nostri conquistassero Barcellona e Madrid («La Spagna deve essere liberata dagli spagnoli» era il suo motto).

Gli antifascisti italiani al fronte, inquadrati nel battaglione Garibaldi, furono 3000, guidati dal repubblicano Randolfo Pacciardi, che aveva notevoli capacità di comando militare e tornò all'esilio francese soltanto quando si rese conto che i comunisti avevano assunto il controllo totale delle operazioni. Un forte impulso ideale alla battaglia antifranchista venne da Carlo Rosselli («Oggi in Spagna, domani in Italia!»), il primo a lanciare da Barcellona l'appello all'intervento.

Il solo vero scontro fratricida tra italiani avvenne nella battaglia di Guadalajara, a partire dall'8 marzo 1937. Ingannato in parte da Franco, il corpo di spedizione italiano si trovò di fronte reparti repubblicani largamente superiori al previsto, ben supportati dall'aviazione e dai carri armati sovietici. L'assenza fisica di Roatta (andato a Salamanca per discutere con il Generalissimo) provocò sbandamenti e mancati ripiegamenti. Giorgio Rochat, autorevole storico militare, sostiene che gli italiani nazionalisti caduti furono 600, i repubblicani 2000, e aggiunge che gli italiani avevano in pratica cercato la sconfitta. A tale proposito, cita il duro giudizio dell'Ufficio storico dell'esercito, che parlò di «inadeguatezza del grado di professionalità e di addestramento. Guadalajara dimostrò per l'ennesima volta che un esercito, un corpo di battaglia, una unità organica non si improvvisano».

Sostituito Roatta prima con Ettore Bastico, poi con Mario Berti e infine con Gastone Gambara, il corpo di spedizione italiano dimostrò un buon addestramento, conquistando importanti successi a Bilbao e Santander, e poi a Barcellona e Alicante. Non ebbe responsabilità, invece, nella strage di Guernica (26 aprile 1937): l'aviazione italiana colpì soltanto la stazione ferroviaria e un ponte. Il massacro (1650 morti, secondo i repubblicani) fu opera dell'aviazione tedesca, che sperimentò sul centro storico della città nuove forme di bombardamento. Decisivo per la vittoria franchista fu il contributo dell'aviazione (migliore di quella russa e franchista) e della marina italiane: i sommergibili furono letali per il naviglio sovietico. Il corpo di spedizione italiano ebbe 4000 morti, mentre i 3000 volontari che affiancarono i repubblicani persero 500 uomini. A guerra finita (1° aprile 1939), erano ancora in Spagna 30.000 soldati italiani.

La guerra civile spagnola si distinse per la moltitudine di orrori perpetrati da entrambe le parti. Nel libro citato, Thomas conta 40.000 esecuzioni compiute dai franchisti durante l'intero conflitto. La più celebre fu quella di Federico García Lorca, ucciso tra il 18 e il 19 luglio 1936 vicino Granada. Il poeta non era impegnato politicamente, anche se aveva rapporti con ambienti della sinistra. Essersi rifugiato in casa del fratello di un amico falangista non bastò a salvarlo. Il suo corpo non è mai stato trovato.

Thomas ritiene che all'inizio della guerra civile, tra il 18 luglio e il 1° settembre 1936, i repubblicani abbiano ucciso circa 50.000 persone considerate vicine a Franco. Tra questi, 6832 preti, suore e religiosi. Orribili le torture subite in particolare dalle donne. Pur nella consueta prudenza della Santa Sede, i più influenti giornali cattolici si schierarono a favore di Franco e dei suoi alleati.

Verso l'accordo tra due uomini tanto diversi

La guerra di Spagna consolidò i rapporti tra Hitler e Mussolini, uniti nel combattere la sinistra franco-spagnola e i «garibaldini» italiani. Ma il penultimo passo verso il baratro avvenne con la visita del Duce in Germania tra il 25 e il 30 settembre 1937. Costretto a ricambiare per ragioni di cortesia, prima ancora che politiche, la visita in Italia di Hitler del giugno 1934, Mussolini non portò con sé alcuna delegazione: c'erano il solo, immancabile, Galeazzo Ciano, in veste di ministro degli Esteri, e il maestro di scherma Camillo Ridolfi. Ma nessuno dei due fu mai ammesso a tavola durante il lungo viaggio sul modernissimo treno letto. Come avveniva a Roma, Ciano fu sempre ricevuto in piedi e per pochi minuti. Mussolini mangiava regolarmente poco e da solo, e questo la dice lunga sul suo carattere. Opposto – al contrario di quanto si potrebbe immaginare – a quello di Hitler.

L'uomo tremendo che ha sconvolto il mondo e di cui la filmografia non ci ha quasi trasmesso un sorriso era in realtà un compagnone gioviale in società, educatamente galante con le signore, che cenava regolarmente con i gerarchi. Mussolini ha sempre mantenuto le distanze, non ha mai fatto salotto con i suoi, ha sorriso solo alle femmine. E nemmeno troppo, visto che andava subito al sodo e il sodo durava poco. Eppure Paul Schmidt, l'interprete che ha assistito a quasi tutti i colloqui tra i due dittatori, nelle sue memorie (*Da Versaglia a Norimberga*) traccia questo ritratto: «Il riso di Hitler aveva sempre un tono di sarcasmo e svelava un passato di delusioni e ambizioni represse. Mussolini (la sua testa cesarea sembrava l'immagine di un antico romano) era capace di ridere a cuore aperto, senza sottintesi. Era, il suo, un riso che liberava l'animo e che dimostrava in lui la presenza di uno spontaneo senso dell'umorismo». Tuttavia, come abbiamo detto, la differenza fondamentale tra i due dittatori era politica: Hitler aveva incorporato lo Stato nel partito, Mussolini il partito nello Stato. Il tratto comune, invece, era la capacità di dominare la folla. Il Duce riconobbe di non saper capire gli uomini, mentre era infallibile con la gente. Il Führer se la cavava bene in entrambe le situazioni.

Tutti i preparativi del viaggio di Mussolini in Germania erano finalizzati alla questione austriaca. Alla fine del 1936 Ciano fu coccolato a Berlino in maniera incredibile. Hitler lo trascinò al suo Nido dell'Aquila, gli mostrò Salisburgo con il cannocchiale e gli disse: «Così sono costretto a guardare la mia patria tedesca...». E all'inizio del 1937, camuffando gli obiettivi politici con un viaggio romantico con la moglie in Italia, Hermann Göring assediò letteralmente Mussolini sullo stesso punto, non ottenendo però alcuna risposta.

Ma gli austriaci volevano la nostra protezione? Con l'assassinio di Dollfuss le cose erano profondamente cambiate. Nella sua visita a Vienna del 1° novembre 1936, Ciano toccò con mano la ripresa dell'ondata nazionalistica austriaca. Ne riferì al suo ritorno, e Giuseppe Bottai, in *Vent'anni e un giorno*, testimonia il giudizio di Mussolini: «Gli austriaci ci odiano, il loro odio è implacabile, tenace, profondo, storico». Evidentemente, il ritorno alla frontiera naturale alpina del 1918 aveva lasciato ferite profonde.

Il Duce sembrò ignorare la vicenda austriaca quando, dopo il viaggio di Ciano a Berlino nell'ottobre 1936, in un discorso a Milano dichiarò: «La verticale Berlino-Roma non è un diaframma, è piuttosto un asse attorno al quale possono collaborare tutti gli Stati europei animati da volontà di collaborazione e di pace». La parola «asse», destinata a diventare una tragica prigione, veniva pronunciata qui per la prima volta. Eppure, la posizione dell'Italia era più che ambigua. Durante il viaggio a Berlino, Ciano firmò con il suo collega tedesco Konstantin von Neurath un protocollo segreto che vincolava i due governi a scambiarsi informazioni sui temi strategici, ma esattamente due mesi dopo, il 2 gennaio 1937, fu pubblicato un «Gentlemen's agreement» in cui Italia e Inghilterra s'impegnavano a rispettare lo status quo nel Mediterraneo e a migliorare le relazioni bilaterali senza alcuna lesione degli interessi reciproci. La guerra di Spagna mandò tutto all'aria.

Mussolini nel delirio di Berlino: «Marceremo uniti fino in fondo»

Il viaggio di Mussolini in Germania fu organizzato dai tedeschi con una scenografia che soltanto i regimi totalitari riescono ad allestire. Il protocollo fu azzerato. Dalla morte di Hindenburg, Hitler era, come abbiamo detto, anche il capo dello Stato. Il suo omologo, quindi, era il re d'Italia, di cui Mussolini era il primo ministro. Ebbene, i diplomatici stranieri rimasero esterrefatti: nessun capo di Stato era stato ricevuto con altrettanta solennità. Non c'erano reparti militari a tenere a bada la folla. La gente fu istruita per abbracciare il Duce senza diaframmi. La cosa più impressionante fu l'assenza di svastiche e di fasci littori. Tutta Monaco, prima tappa del viaggio, era tappezzata da gigantesche M. Non era in visita un potente primo ministro né il capo del fascismo, era la persona di Benito Mussolini a dover essere mitizzata. In *Roma Berlino Salò. 1936-1945* Filippo Anfuso, capo di gabinetto di Ciano e osservatore smaliziato, ricorda: «Hitler prese la folla tedesca per le mani e ... le ingiunse di acclamare Mussolini sino a farlo arrossire, a fargli credere che egli fosse in Germania più popolare dello stesso Führer ... Sembrava addirittura che egli dovesse far le consegne del suo Paese a un nuovo padrone».

Il Duce fu accompagnato a Essen, dove soltanto a lui e a Ciano furono mostrati potentissimi cannoni avveniristici.

Poi, nel viaggio verso Berlino, improvvisamente il suo treno fu affiancato da quello di Hitler e i due convogli giunsero a destinazione perfettamente appaiati. Il corteo di auto si snodò per 15 chilometri tra due ali di folla in delirio. La conclusione della visita avvenne al Campo di Maggio, vicino al nuovo stadio inaugurato per i Giochi olimpici del 1936. (E, a proposito di Olimpiadi, sul comportamento di Hitler con gli atleti neri, e più in generale con le persone di colore, la realtà è diversa dalla vulgata. Il Führer avrebbe voluto stringere la mano ai soli atleti tedeschi, ma il Comitato olimpico gli intimò: a tutti o a nessuno. È per questo che se ne andò sempre via prima della premiazione. Con Jesse Owens, il campione afroamericano che vinse quattro medaglie d'oro, scambiò il primo giorno un saluto da lontano, ma poi gli fece avere un suo ritratto con autografo. Owens se ne vantò molto, soprattutto perché, al suo ritorno negli Stati Uniti, Franklin D. Roosevelt, grande presidente democratico, si rifiutò di riceverlo, in ossequio alle stringenti leggi razziali in vigore. Che sarebbero state cancellate solo nel 1964 da Lyndon Johnson, dopo la morte di John F. Kennedy.)

Al Campo di Maggio erano presenti 1 milione di persone e 4000 bandiere. Hitler e Mussolini passarono in rassegna la folla (non le truppe) su un'auto scoperta nonostante la pioggia battente. E, sempre sotto la pioggia, i due dittatori pronunciarono i loro discorsi. Hitler affermò che il Duce era «una di quelle figure che non sono prodotti della storia, ma sono essi stessi artefici della storia». Mussolini conosceva il tedesco, anche se la sua pronuncia non era impeccabile. La pioggia rese però illeggibili i fogli del discorso, che diventò più breve e meno comprensibile. Ma l'emozione della folla nel sentire uno straniero parlare la propria lingua fu tale da assicurargli comunque il successo. Esaltando la comune visione della vita e della storia, e individuando nel comunismo internazionale il nemico di entrambi i paesi, il Duce precisò: «Alla gente che ansiosa in tutto il mondo si domanda che cosa può uscire da questo incontro, la guerra o la pace, il Führer e io possiamo rispondere a voce alta: la pace!». E ricordando che la Germania era il solo grande paese a non aver aderito alle sanzioni contro l'Italia, aggiunse: «Non lo dimenticheremo. Il fascismo ha la sua etica, alla quale intende rimanere fedele, ed è anche la mia personale morale: parlare chiaro e aperto e, quando si è amici, marciare insieme fino in fondo».

Nella sua biografia di Hitler, Joachim Fest scrive: «Per la prima volta nella storia moderna accadeva che due Stati si coalizzassero partendo da premesse ideologiche. Ma al di là di tutte le comunanze ideologiche [*Mussolini sognava un'Europa fascista*], una cosa Mussolini non avrebbe mai dovuto fare, cioè non perdere di vista la fondamentale divergenza tra una potenza debole e sovrappopolata da un lato e una potenza forte ed espansionistica dall'altro ... Già allora a Berlino, mentre si lasciava sedurre dalle adulazioni e dagli spettacolari effetti teatrali, Mussolini poteva considerarsi ormai perduto e l'ingloriosa fine, appeso al distributore di benzina di piazzale Loreto, che gli sarebbe toccata neppure otto anni più tardi, era perfettamente prevedibile».

L'ITALIA E IL MONDO
DAL 7 OTTOBRE 2023 AL BIENNIO MELONI

VII
Giorgia Meloni, tra successi e dossier

«Il governo più forte degli ultimi vent'anni»

«Guardi qua.» Giorgia Meloni si alza e chiude una finestra per ripararci dal rumore del traffico che sale da via del Corso al primo piano di palazzo Chigi. Poi mi passa un foglietto. «L'hanno elaborato i ragazzi dei social interrogando l'intelligenza artificiale...»

La domanda era questa: dal 2006 a oggi, quale livello di consenso hanno ottenuto i governi dopo due anni di attività rispetto a quello iniziale? Il secondo governo Prodi (2006-2008) aveva perso il 19 per cento. L'ultimo governo Berlusconi (2008-2011) e il successivo governo Letta (2013-2014), il 13. Il governo Renzi (2014-2016), il 7. Il governo Gentiloni (2016-2018) durò soltanto un anno e mezzo, e quindi non è stato rilevato. Il primo governo Conte (2018-2019), con Movimento 5 Stelle e Lega, in 14 mesi aveva perso il 17 per cento. Il secondo governo Conte (2019-2021), con M5S e Partito democratico, il 5 per cento in 17 mesi. Il governo Meloni è in vantaggio di 1 punto rispetto all'inizio del mandato.

Sempre nell'ottobre 2024 è uscito un altro report. È di Pagella Politica, un sito abitualmente tutt'altro che amico del governo. Titolo dell'articolo di Lorenzo Ruffino: *Il consenso del governo Meloni ha qualcosa di eccezionale. I partiti che lo supportano hanno più consensi rispetto a due anni fa, mentre i loro predecessori ne hanno persi*. Pagella Politica ha analizzato 4100 sondaggi compiuti negli ultimi sedici anni, calcolando la media di ciascun partito e sommando poi i dati di quelli che hanno sostenuto i vari governi in carica, con l'esclusione dei governi tecnici di Mario Monti e di Mario Draghi. Ebbene, i partiti dell'ultimo governo Berlusconi hanno perso 9 punti nell'arco del mandato, quelli del governo Letta 23, del governo Renzi 5, del governo Gentiloni 12 in un anno e mezzo. Nel primo governo Conte, M5S e Lega hanno perso 8 punti; nel secondo governo Conte, M5S e Pd 5.

Fa eccezione il governo Meloni. Alle elezioni politiche del settembre 2022, Fratelli d'Italia, Lega e Forza Italia hanno ottenuto il 43 per cento dei voti. Nei due anni successivi, il partito leader è cresciuto, mentre Forza Italia ha compensato il leggero calo della Lega. Pagella Politica quota la coalizione di centrodestra al 47 per cento, ma il 22 ottobre 2024, al compimento del secondo anno di governo, i sondaggi hanno fatto salire tale percentuale al 49: 6 punti in più rispetto a due anni fa. (La stessa cifra della somma di tutte le forze di opposizione, che però non fanno parte di una coalizione.)

Questi dati ci dicono che Fratelli d'Italia è andato meglio del previsto sia alle elezioni europee dell'8-9 giugno 2024 sia nei sondaggi autunnali. La Meloni non si aspettava di arrivare al 28,8 (già il 27 per cento, contro il 26,2 conquistato alle politiche, l'avrebbe fatta sorridere), né tantomeno di toccare il 30 per cento a fine ottobre, con un distacco di 7 punti sul Partito democratico. Mentre il Pd, partito strutturato, dà il meglio di sé alle elezioni con preferenze come le europee per scendere nelle intenzioni di voto per le politiche e nel Movimento 5 Stelle accade il contrario, Fratelli d'Italia cresce comunque. Perché?

Lo chiedo ad Alessandra Ghisleri, di Euromedia Research. «Giorgia Meloni cresce nei sondaggi perché il suo indice di fiducia è altissimo, 35 per cento» mi spiega. «Dieci punti sopra Antonio Tajani, che si piazza secondo tra i leader politici. La gente la trova capace, brava, tenace, severa. Ha la coscienza pulita, il pubblico sa che non nasconde niente nell'armadio. Più bassa la fiducia nel governo, come squadra.»

«La Meloni gode di un alto livello di reputazione» aggiunge Antonio Noto, dell'istituto demoscopico Noto Sondaggi. «La gente ha fiducia in lei, indipendentemente se abbia risolto o non risolto un problema. Sa che ce la sta mettendo tutta. Sul 28,8 per cento di elettori che alle elezioni europee hanno votato Fratelli d'Italia, il 21 per cento non si dichiara di destra. Non la vota per il suo posizionamento ideologico, ma perché si fida della sua competenza e della sua serietà.»

Quel che nessuno si attendeva – nemmeno tra gli amici – è la credibilità che Giorgia Meloni si è costruita in campo internazionale. La perfetta conoscenza dell'inglese e dello spagnolo, la buona pratica del francese, unita all'istintiva empatia (traduce il romanesco nella lingua di William Shakespeare) e alla franchezza caratteriale, le hanno facilitato i rapporti diretti con i leader mondiali. Un conto è parlarsi a quattr'occhi, un altro è estendere sempre il discorso alle delegazioni e agli interpreti. Così, già prima delle elezioni europee, il 17 maggio 2024 «Foreign Policy», la rivista americana del gruppo editoriale Washington Post, titolava: *Giorgia Meloni è il nuovo kingmaker europeo. Il primo ministro italiano di destra è rapidamente passato da giocatore di seconda linea a regolatore decisivo del potere europeo.* «Giorgia, cosa vuoi?» è la domanda che, secondo un anonimo esponente del Partito popolare europeo interpellato dalla columnist Anchal Vohra, Ursula von der Leyen avrebbe rivolto dopo le elezioni alla Meloni per assicurarsene in qualche modo l'appoggio.

Il 31 maggio «The Economist», il settimanale più autorevole del mondo, metteva al centro della copertina Giorgia Meloni, affiancata di profilo da Ursula von der Leyen e Marine Le Pen. Titolo: *Le tre donne che possono cambiare l'Europa*. Nell'articolo si invitavano i paesi del «salotto buono europeo» a non «essere miopi» quando parlano del nostro presidente del Consiglio, perché escluderla dai giochi che contano potrebbe avere contraccolpi spiacevoli.

Le elezioni europee del giugno 2024 sono andate per la Meloni meglio delle più rosee aspettative. Non solo per il risultato italiano, quanto per il tracollo di Emmanuel Macron in Francia e di Olaf Scholz in Germania. Così la settimana successiva, al G7 di Borgo Egnazia, la fortuna – perché ci vuole anche quella – le ha consentito di presentarsi intorno al grande tavolo di legno d'ulivo come l'unico premier in eccellente stato di salute, tra leader sconfitti (Francia e Germania), in procinto di esserlo (Gran Bretagna), molto a rischio (Canada e Giappone) o affannati, non solo fisicamente (Biden era ancora in sella, alle prese con l'incombente fantasma di Donald Trump). Macron, che aveva appena indetto le elezioni anticipate della disperazione, cercò di appannare il successo sul sostegno all'Ucraina e sulla politica africana, suggellato dalla presenza per la prima volta del pontefice al vertice intergovernativo, polemizzando sull'aborto, i cui limiti e diritti erano già stati ratificati al G7 del 2023 in Giappone. Ma invano.

Intanto, nel numero di luglio, il mensile «The Parliament», del gruppo editoriale che dal 1832 si occupa dei Parlamenti di tutto il mondo, pubblica in copertina la foto di Giorgia Meloni con il titolo: *Sarà un kingmaker?* La cosa curiosa è che la foto del premier italiano è gigantesca ed è circondata dalle immagini della von der Leyen e di altri leader europei in formato ridottissimo, fino a quella di Macron, ritratto come un lillipuziano. Si comprende così anche il crescente risentimento del presidente francese e del cancelliere tedesco nei confronti del capo del governo italiano, culminato nel mancato invito di metà ottobre al vertice quadripartito. E, il 23 ottobre 2024, una storica bandiera della sinistra intellettuale francese come «Le Monde» è arrivato a scrivere: «Divenuta maestra del gioco politico, Meloni in due anni ha saputo imporsi a Roma come a Bruxelles».

La partita a scacchi tra Giorgia e Ursula

A questo punto è cominciata la delicatissima partita per la formazione della Commissione europea. Tutto ciò che sarebbe accaduto dal giugno al novembre 2024 (dalle elezioni europee all'insediamento della Commissione) è stato preparato fin dal 22 ottobre 2022, quando il governo Meloni diventò operativo. Quel giorno il premier italiano fece tre telefonate: a Ursula von der Leyen, al presidente del Parlamento europeo Roberta Metsola e al presidente del Consiglio europeo Charles Michel. La vera rottura del ghiaccio, però, avvenne il 3 novembre successivo, quando fece il suo primo viaggio a Bruxelles. Era un messaggio chiaro: smettetela di chiamarci antieuropeisti, e magari fascisti, noi vogliamo lavorare insieme per un'Europa più forte. Aveva già conosciuto la Metsola in veste di presidente dei Conservatori e riformisti europei e con lei stabilì da premier un immediato, solido rapporto personale. Con la von der Leyen si annusarono: la presidente della Commissione europea conosceva bene Raffaele Fitto come co-presidente dei Conservatori europei, e Fitto avrebbe gradualmente stabilito un rapporto positivo con Bjoern Seibert, suo capo di gabinetto e funzionario più potente dell'intera Commissione.

Ebbe da subito inizio la trattativa per la revisione del Piano nazionale di ripresa e resilienza (Pnrr). Fitto giudicò «non rendicontabile» il piano ereditato da Conte e da Draghi, ostaggio quest'ultimo di una paralizzante maggioranza di governo: se non ci fosse stata una profonda revisione, la partita non sarebbe stata chiusa entro il 2026, come previsto. E mentre in Italia l'opposizione dichiarava che la revisione sarebbe stata impossibile, fu proprio la von der Leyen a incoraggiare la ridefinizione dell'impianto del Pnrr e dei fondi di coesione, ai quali partecipano la Commissione, gli Stati nazionali e le regioni per eliminare gli elementi di squilibrio continentali.

«Con il passar del tempo» mi racconta Fitto «Giorgia diventò sempre più protagonista dei Consigli europei: competente, autorevolissima, rispettatissima. Straordinario approfondimento dei dossier, cura maniacale per i dettagli.» (Ho visto come si è sempre preparata con i suoi quadernetti di appunti per «Porta a porta», figuriamoci per un Consiglio europeo...) E prosegue: «L'accreditamento internazionale era cominciato con il sostegno all'Ucraina fin da quando eravamo all'opposizione e questo ha immediatamente consolidato i rapporti con gli Stati Uniti».

C'è stata, poi, la svolta sull'immigrazione. Meloni e von der Leyen sono andate insieme a Lampedusa nel settembre 2023, nei giorni in cui a Pontida si stringeva l'asse Salvini-Le Pen, e poi in Tunisia e in Egitto per frenare l'emorragia di migranti. In Tunisia erano state accompagnate da Mark Rutte, allora premier olandese, durissimo sull'accoglienza dei «boat people», il quale si è finalmente reso conto che, per non averli in casa, occorre impedire che partano. Tesi, questa, che ha progressivamente convinto, uno dopo l'altro, i principali leader europei. È la famosa «dimensione esterna» dell'immigrazione che, per la prima volta, è approdata al Consiglio europeo.

Ma, in politica, l'amicizia personale cede spesso il passo alle convenienze. Così Ursula e Giorgia si sono sedute l'una di fronte all'altra in una virtuale partita a scacchi.

«Quando i Verdi hanno annunciato il sostegno alla von der Leyen» mi dice Giorgia Meloni «era evidente a tutti che noi non avremmo potuto sostenerla. Credo che lei lo sapesse bene. Ma Ursula è una persona pragmatica ed ero certa che non avrebbe fatto pagare all'Italia questa scelta: l'Italia è nazione fondatrice dell'Unione, ha la terza economia e la terza popolazione d'Europa, ha un governo solido e rispettato...» (Quando la Meloni ha detto in Consiglio che si sarebbe astenuta sulla conferma della von der Leyen, Rutte dichiarò che lo aveva fatto con un discorso «rispettabile».)

«Poi Fratelli d'Italia ha votato contro perché stare dalla stessa parte dei Verdi, che in ambito europeo sono l'estrema sinistra più che un movimento ambientalista, era incompatibile con le nostre posizioni» aggiunge il premier. «Ma considero un insulto alla von der Leyen sostenere che il presidente dell'Unione distribuisce gli incarichi per simpatia politica e non rispettando la forza degli Stati membri.»

L'abilità di Giorgia Meloni è stata di non comunicare in anticipo il voto di Fratelli d'Italia. Il voto alle elezioni europee di giugno ha spostato a destra l'asse dell'Unione: i Popolari hanno il presidente e 14 commissari (la maggioranza assoluta del Consiglio), Socialisti e Liberali 5 ciascuno, i Patrioti 1 (del partito di Viktor Orbán), i Conservatori 1 (Raffaele Fitto). Socialisti e Verdi hanno cercato di impedire la conferma di Ursula von der Leyen, sapendo benissimo che avrebbe comprato il pane da due forni, compreso quello di destra. (Con i socialisti in grande difficoltà, la Cdu ha ottime probabilità di vincere le elezioni politiche del 2025, ma deve guardarsi dalla cavalcata delle Valchirie di Alternative für Deutschland, il partito di estrema destra che punta a superarla, dando per scontato che riesca a farlo con i socialisti. Se Scholz ha compiuto una virata a destra indurendo la sua politica sui migranti, figuriamoci quale potrà essere l'atteggiamento dei Popolari tedeschi su molti delicati dossier, a partire da quelli migratorio e ambientale del Green Deal.)

Socialisti e Verdi non aspettavano altro che di impallinare la von der Leyen, sperando in un candidato più accomodante. Se Fratelli d'Italia avesse comunicato il voto a favore di Ursula, si sarebbero moltiplicati i franchi tiratori a sinistra (il voto è segreto). Se, viceversa, avesse comunicato il voto contrario, avrebbe a maggior ragione incoraggiato gli altri a fare altrettanto. (Si tenga conto che a Strasburgo il meccanismo di voto è lento e complesso, sicché nel giro di mezz'ora si sarebbero potuti spostare tra i 50 e i 60 voti.)

Un portafoglio «enorme» per Raffaele Fitto

Il 18 luglio Ursula von der Leyen è stata rieletta con 401 voti contro 284 (15 gli astenuti), 41 voti oltre la maggioranza richiesta di 360. I Conservatori negano di averla votata nel segreto dell'urna, ma non è improbabile che qualcuno l'abbia fatto. Nel 2019 lo scarto fu ben più misero: la maggioranza richiesta era di 374 voti e la von der Leyen ne incassò 383 (22 gli astenuti), soltanto 9 in più del necessario. I casi della vita: allora furono determinanti i voti degli esponenti del Movimento 5 Stelle, spesso apolidi nel Parlamento europeo.

Dunque, la von der Leyen è molto più forte che nel primo mandato. Ricordate quando Kissinger non sapeva quale numero di telefono fare quando aveva bisogno di chiamare l'Europa? Bene, adesso lo saprebbe: è quello di Ursula. Perciò, ignorando le pressioni di Socialisti e Verdi per evitare che venisse nominato vicepresidente esecutivo un conservatore, lei è andata avanti per la sua strada.

E, nonostante l'opposizione nostrana continuasse a sostenere che l'Italia e la Meloni erano isolate in Europa, a fine agosto Manfred Weber, presidente del Partito popolare europeo e capogruppo del Ppe a Strasburgo, ha avuto lunghi colloqui a Roma con la Meloni e con Fitto. E il 10 settembre ha dichiarato al «Corriere della Sera»: «Fitto è un amico. Il Ppe non ha dubbi, l'Italia deve essere ben rappresentata». (Apprezzamento a Fitto ripetuto la sera del 24 ottobre dalla presidentedel Parlamento europeo, Roberta Metsola.)

Così il 17 settembre è accaduto quel che doveva accadere. Raffaele Fitto è stato nominato tra i 6 vicepresidenti esecutivi: 2 socialisti (Romania e Spagna), 2 liberali (Estonia e Francia), 1 popolare (Finlandia) e 1 conservatore (Italia). La sua delega è per la Coesione e le Riforme (che ha come obiettivo lo sviluppo delle nazioni, delle regioni e delle città), con un portafoglio di 392 miliardi, di cui 43 destinati all'Italia, che arrivano a 77 con il co-finanziamento nazionale. Dicastero rilevato come essenziale nei rapporti consegnati alla von der Leyen da Mario Draghi ed Enrico Letta, prevede tanti soldi agli Stati membri e alle regioni per interventi collegati ad acqua, rifiuti, mobilità, energia. In una nazione come l'Italia, che presenta squilibri fortissimi tra Nord e Sud, si tratta di un capitolo fondamentale.

C'è poi il capitolo del Pnrr, figlio della tragedia economica e sociale prodotta dal Covid-19. Ma Fitto conosce perfettamente questo capitolo: sa che la spesa degli Stati membri deve essere effettuata entro il 2026 e, con le eterne difficoltà italiane, avere uno stimolatore-controllore amico non è poco. La sorpresa è stata la condivisione della responsabilità del Pnrr con Valdis Dombrovskis, commissario lettone all'Economia. L'opposizione ha subito detto che la persona che conta è lui. In realtà, nelle lettere d'incarico la von der Leyen usa le stesse parole per Dombrovskis e per Fitto: «Desidero che lei guidi questo lavoro di concerto con il commissario all'Economia». Situazione assolutamente paritaria, con la differenza che Fitto è vicepresidente esecutivo e Dombrovskis commissario. Nella passata legislatura, Paolo Gentiloni era commissario all'Economia ed era subalterno a Dombrovskis, vicepresidente esecutivo. E l'Italia non aveva nessuna vicepresidenza esecutiva. Aveva un commissario importante, ma controllato. Adesso abbiamo un vicepresidente esecutivo controllante. Il governo italiano non ha preso male la nomina di Dombrovskis al tavolo del Pnrr: con le pressioni che la von der Leyen ha subìto per bocciare il nostro candidato, è ragionevole che abbia affiancato un «falco» del Nord a una «colomba» mediterranea. Fitto «conosce la coesione come le sue tasche» e l'Italia è stato il primo paese a ricevere le diverse rate del Pnrr (194,4 miliardi di euro in cinque anni, di cui 71,8 a fondo perduto e 122,6 in prestito).

Come vicepresidente esecutivo, Fitto «contribuirà a guidare il lavoro per rafforzare la competitività, la resilienza e la sostenibilità nel settore alimentare e agricolo ... nella mobilità sostenibile, nel turismo, nella pesca e nell'economia blu». Sono tutte materie strategiche per l'Italia. Il solo portafoglio agricolo per gli anni 2023-2027 vale, infatti, 387 miliardi e questa commissione stabilirà un budget non inferiore per il quinquennio successivo. Si aggiunga che con lui collaboreranno anche la slovena Marta Kos per l'allargamento dell'Unione e il danese Dan Jørgensen per la politica della casa finalizzata alla costruzione di abitazioni a prezzi sostenibili.

«L'esperienza di lungo corso di Fitto potrà essere di aiuto per le politiche di crescita e gli investimenti» ha commentato a botta calda la von der Leyen. I due si conoscono dal 2019 quando lei, appena eletta al primo mandato, prese l'abitudine di incontrare una volta al mese i capi dei diversi gruppi parlamentari, e lui, come abbiamo detto, era co-presidente dei Conservatori, perciò lo voleva in commissione. Ma la Meloni, alla quale è dispiaciuto privarsi di un ministro come Fitto, ha trattato le condizioni, invertendo i termini del negoziato. La prassi vuole che il presidente della Commissione chieda a ogni Stato due nomi, di un uomo e di una donna, riservandosi poi di scegliere la persona e le deleghe. Come secondo nome il premier italiano aveva quello di Elisabetta Belloni, capo dei servizi segreti e «sherpa» del G7, ma non l'ha mai proposta per tenere il punto nella trattativa su Fitto. E alla fine ha avuto quasi tutto quel che chiedeva. Un «ruolo enorme», come l'ha definito lui.

Così la Meloni ha vinto due partite: la vicepresidenza esecutiva di Fitto e la «rilegittimazione» dei Conservatori, come ha scritto sul «Corriere della Sera» del 17 settembre 2024 Massimo Franco, che certo non simpatizza per questo governo. Conservatori sospettati fino a ieri di «inclinazioni sovraniste e di ambiguità verso il sostegno militare all'Ucraina». Reggendo agli attacchi della sua maggioranza, la von der Leyen «ha permesso alla premier italiana di ripresentarsi come potenziale cerniera politica tra la coalizione che governa l'Europa e l'altra destra, sia pure tra molte differenze».

Se Fitto è arrivato dove è arrivato, il merito è senz'altro della Meloni, ma anche della sua resilienza, della capacità di rialzarsi dopo le cadute. E ne ha avute più d'una. Perso a 19 anni il padre Salvatore, presidente della Regione Puglia, vittima di un incidente stradale, a 20 è consigliere regionale, a 30 sale sul seggio paterno, diventando il più giovane governatore della storia italiana. In seguito perde prima con Nichi Vendola e poi con Michele Emiliano, esce indenne da formidabili attacchi giudiziari e smentisce l'infausta profezia lanciata contro di lui da Silvio Berlusconi («In passato qualcuno che se ne è andato non è finito bene»), che pure l'aveva nominato ministro delle Regioni (con Giorgia Meloni alla Gioventù), quando rifiuta il «patto del Nazareno» con Renzi e passa con Casini. Nel 2018 aderisce a Fratelli d'Italia e si fa a lungo le ossa tra Bruxelles e Strasburgo come parlamentare dal 2014 al 2022, quando entra a far parte del governo perché la Meloni sfila a Giancarlo Giorgetti delega e miliardi del Pnrr per metterli nelle mani rivelatesi giuste.

Meloni: «Voglio costruire in Europa una maggioranza come quella italiana»

La nuova geografia europea può cambiare il futuro politico dei Conservatori?, chiedo a Giorgia Meloni durante il nostro incontro. «Parlare di un nostro avvicinamento al Ppe in vista di una futura adesione non ha alcun senso» mi risponde. «Sto bene nei Conservatori e trovo molto più utile fare in Europa quello che ho fatto in Italia.»

Una coalizione di centrodestra? «Costruire con le diverse anime del centrodestra una maggioranza che abbia una visione compatibile e minimizzi il ruolo della sinistra, le cui idee e ricette sono alla base della gran parte dei problemi che ha l'Europa.»

Quali sono i suoi rapporti con i Popolari? «C'è un'oggettiva convergenza con diversi primi ministri del Ppe.»

E vuole fare alleanze europee con Matteo Salvini?, domando. «Con Salvini, con Viktor Orbán, con Santiago Abascal, il leader del partito spagnolo Vox, che ha lasciato i Conservatori» mi dice. «Io guardo solo all'interesse nazionale italiano e con questi partiti ci sono, per esempio, convergenze sull'immigrazione e sul Green Deal, come sulla neutralità tecnologica per l'ambiente. C'è un'area di consenso che su alcuni dossier può andare dai Liberali ai Patrioti.»

Le faccio notare che a volte, però, Tajani e Salvini sembrano cane e gatto... «È assolutamente legittimo che ogni partito segni i propri elementi di specificità» precisa il presidente del Consiglio. «Ma non c'è stata una sola volta in due anni di governo insieme che la coalizione sia deragliata. L'interesse del governo è sempre prevalso su quello dei singoli partiti. In qualche occasione c'è stata una parola di troppo, ma tra noi le cose vanno bene.»

E cosa pensa dell'insistenza di Tajani sullo «ius scholae», ovvero il diritto di cittadinanza dopo due cicli di studio con dieci anni di istruzione? «Al di là del merito della questione cittadinanza, sulla quale posso condividere alcuni punti della proposta di Forza Italia e non ne condivido invece altri, penso che sia nostra responsabilità dare la priorità agli impegni che ci siamo assunti con il programma di governo. Il problema principale che si trovano ad affrontare i ragazzi di seconda generazione sono le complicazioni burocratiche per l'ottenimento della cittadinanza al compimento della maggiore età. Penso che potremmo parlare di questo piuttosto che modificare l'impianto della legge sulla cittadinanza. Dopodiché ne parleremo con gli alleati, come sempre.»

Il premier è convinto di portare a casa il premierato. Non si sposta dal programma elettorale e da quanto disse l'8 maggio 2024 al convegno «La Costituzione di tutti»: «È diritto dei cittadini decidere da chi farsi governare e mettere fine alla stagione dei governi tecnici, dei ribaltoni, alla stagione delle maggioranze arcobaleno che nessuna corrispondenza hanno con il voto popolare. Chi viene scelto dal popolo per governare deve poterlo fare con un orizzonte di legislatura». L'opposizione minaccia di «fermare la riforma con i corpi». E Meloni: «Vorrei il dialogo, ma così la vedo dura. Poi, comunque, dovrebbe far sorridere che un partito che si definisce democratico dica che devi passare sui loro corpi per rafforzare la democrazia in Italia. Ormai non mi stupisco. Mi prendo serenamente gli attacchi della sinistra perché ho l'ardire di sostenere che gli italiani dovrebbero avere il diritto di eleggere direttamente il presidente del Consiglio togliendo questo potere alle dinamiche del palazzo».

Nella sostanza, la maggioranza vuole evitare che si ripetano casi come quelli del 1995, quando il presidente della Repubblica Oscar Luigi Scalfaro autorizzò il ribaltone di Umberto Bossi garantendogli che non avrebbe sciolto le Camere, e del 2011, quando Giorgio Napolitano diede di fatto l'incarico di governo a Mario Monti, anche su spinta di Angela Merkel, cinque mesi prima della caduta di Silvio Berlusconi in novembre. Allora si disse che lo spread sarebbe diventato incontrollabile, ma un economista insospettabile come Mario Draghi confidò a un amico giornalista che sarebbe stato preferibile andare alle elezioni anticipate e che i mercati sarebbero tornati sotto controllo.

Obietto alla Meloni che un punto debole della proposta governativa è la mancanza di una credibile proposta di legge elettorale (ordinaria) che dovrebbe accompagnare la riforma costituzionale. «Penso che quello della legge elettorale sia un tema di competenza parlamentare» replica lei. «Non ho amato i governi che tentavano di apparecchiarsi la legge elettorale scrivendo norme cucite addosso a loro stessi (anche se poi non funzionavano mai) e non utilizzerò lo stesso metodo. In materia di confronto sulla legge elettorale sono estremamente disponibile con tutti. Le norme devono essere giuste per tutti, soprattutto per i cittadini, non utili ad alcuni.»

«I migranti in Albania hanno fatto infuriare gli scafisti»

Sull'autonomia differenziata, di cui ci occuperemo nel prossimo capitolo, il premier italiano sostiene che ogni regione sarà libera di aderirvi o no e che, in ogni caso, sarà premiato chi saprà spendere meglio.

Venerdì 11 ottobre 2024 il premier ha fatto un salto sulla sedia scoprendo che la Regione Campania ha pagato con i fondi comunitari un'intera pagina pubblicitaria sul «Corriere della Sera» (e su altri quotidiani nei giorni successivi) per magnificare la digitalizzazione della sanità campana. Allora ha aperto il cassetto della scrivania dove aveva riposto un appunto in cui erano messe a confronto le spese generali della Regione Veneto e della Regione Campania, e che riportava i seguenti dati: nel 2023 il Veneto ha speso per gli acquisti 162 milioni di euro, la Campania 1 miliardo 400 milioni; le spese legali sono costate al Veneto 658.000 euro, alla Campania 7 milioni 700.000; il Veneto ha pagato 2,1 milioni di euro di bollette elettriche, la Campania 81 milioni; il

Veneto ha registrato 131 milioni di ore lavorate dai dipendenti, la Campania 234 milioni. Nella tabella del ministero della Salute, il Veneto ha un punteggio superiore a 95, la Campania tra 66 e 70.

Quando l'ho incontrata nell'ottobre 2023 per *Il rancore e la speranza*, Giorgia Meloni si rammaricava per i cattivi risultati della politica migratoria, nonostante l'impegno di Tunisia, Egitto, Turchia. Nel 2024 i dati si sono completamente ribaltati. Fino alla prima metà di ottobre sono sbarcati nel nostro paese 52.000 migranti contro i 139.000 del 2023, con un calo del 62 per cento. Bloccato all'origine l'imbarco verso l'Italia, i trafficanti hanno preso la via della Spagna fermandosi alle Canarie e nell'exclave di Ceuta, dove alcuni anni fa vennero respinti a fucilate. Dopo i primi 12.000 arrivi inattesi nel 2024 e in previsione di altre decine di migliaia, il governo delle Canarie ha minacciato di far causa allo Stato spagnolo.

Per l'Italia la svolta c'è stata nella seconda metà di ottobre 2024 quando sono arrivati i primi migranti nei due siti costruiti in Albania, uno a Shëngjin (una sessantina di chilometri da Tirana) per l'identificazione e un altro a Gjadër (una ventina di chilometri all'interno) che ospita tre centri: uno per il trattenimento dei richiedenti asilo (880 posti), uno di permanenza per il rimpatrio (144 posti) e un penitenziario (20 posti). Si tratta di strutture identiche a quelle presenti nel nostro paese e in grado di ospitare 3000 migranti al mese.

La Meloni è convinta che la soluzione albanese dovrebbe segnare «un cambio di paradigma apprezzato da tutti. È l'unica volta che gli scafisti si sono arrabbiati sul serio. Abbiamo fatto saltare il tappo. Un conto è arrivare a Lampedusa [*dove comunque verranno accolti donne e bambini*] e andarsene a spasso in Italia e all'estero, un conto trovarsi tra le montagne albanesi. Tutti quanti hanno capito che questa iniziativa può cambiare completamente la gestione europea dell'immigrazione illegale di massa. Per questo la maggioranza degli Stati membri della Ue chiede alla commissione di replicare questo modello e, per la stessa ragione, la sinistra immigrazionista di ogni colore e latitudine farà di tutto per tentare di bloccarlo. Lo abbiamo visto con i giudici italiani che hanno pronunciato sentenze di non convalida dei provvedimenti di trattenimento con il fine esplicito di demolire il modello Albania, con il risultato di abolire i confini dell'Italia. Questi giudici dicono in sostanza che non si può trattenere – ai fini del rimpatrio – un migrante che viene da un paese considerato insicuro, perché in fondo nessun paese è oggettivamente sicuro. Verrebbe da rispondere "allora neanche l'Italia", ma al di là di questo ha presente cosa significherebbe? Non poter più negare l'ingresso in Italia a chi arriva illegalmente, non poter più rimpatriare chi non ha titolo a stare sul territorio nazionale e neppure chi ha commesso reati, liberi tutti. La sentenza dei giudici, nello specifico, riguardava Bangladesh ed Egitto. Complessivamente, circa 280 milioni di cittadini ai quali stiamo dicendo che possono liberamente entrare in Italia illegalmente. Si rende conto della follia? In ogni caso, io non intendo fermarmi e men che meno arretrare. Sull'Albania andiamo avanti, perché i cittadini ci hanno chiesto di combattere l'immigrazione illegale di massa, e lo faremo».

Di qui il decreto legge del 21 ottobre 2024 con l'indicazione di 19 paesi «sicuri».

Le ricordo che vengono rimproverati costi eccessivi. «La sinistra che parla dei costi dell'accoglienza fa oggettivamente sorridere, visti i precedenti del circuito delle cooperative rosse. Il costo dei centri in Albania vale circa il 7,5 per cento di quello che ogni anno spendiamo per l'accoglienza dei migranti, perché la sinistra non dice che chi arriva in Albania costerebbe comunque in Italia allo Stato italiano. Con la differenza che quello che è decisivo nel progetto albanese è la deterrenza, che dovrebbe far crollare gli arrivi. I conti andranno fatti a consuntivo.»

E veniamo alla sanità, dove continua il dialogo tra sordi con l'opposizione, che accusa il governo di tagli e inefficienze. «Abbiamo fatto l'investimento maggiore di sempre, mai così tante risorse sono state destinate da un governo alla salute dei cittadini. I numeri non sono un'opinione. I soldi aumentano e aumenta la spesa pro capite per la sanità. La sinistra dice che, però, è scesa la spesa sanitaria rispetto al pil. Vero. Peccato che, quando governavano loro, il rapporto fosse più alto solo perché il denominatore, cioè la ricchezza complessiva della Nazione indicata dal pil, fosse inferiore. Non dubito che, se tornassero al governo, non avrebbero difficoltà ad aumentare la spesa sanitaria rispetto al pil, ma facendo crollare il pil, non aumentando le risorse per la salute. Per ridurre le liste d'attesa, che sono il vero problema, abbiamo fatto due cose. La richiesta deve essere soddisfatta entro il tempo massimo indicato nella prescrizione, sia in una struttura pubblica che privata convenzionata. Abbiamo aumentato gli straordinari ai medici ospedalieri, e allo stesso tempo ridotto il tempo che si può dedicare alla libera professione intramoenia per favorire l'attività pubblica.»

I dati economici del paese sono buoni. Rispetto al 2019, ultimo anno precedente il Covid, l'Italia è cresciuta del 4,6 per cento, contro il 3,6 della Spagna, il 2,4 della Francia e lo 0,5 della Germania. Abbiamo il record storico dell'occupazione (62,3 per cento della popolazione, una percentuale sempre modesta, però, rispetto agli altri paesi) e il tasso di disoccupazione (6,5 per cento) più basso dal 2008. La povertà, certo, esiste, ed è concentrata in sette regioni del Mezzogiorno, poiché i due terzi della popolazione vivono in tredici regioni in cui il rischio povertà è tra i più bassi rispetto alle regioni più avanzate dei grandi paesi europei. Durante il post-Covid, il nostro debito pubblico è aumentato meno del resto d'Europa e degli Stati Uniti, e lascia ben sperare il fatto che negli ultimi otto anni le esportazioni dal Mezzogiorno siano cresciute del 68 per cento. Le agenzie di rating Standard & Poor's e Fitch hanno confermato o migliorato in ottobre (dopo anni) le prospettive dell'Italia e questo ha moltiplicato la richiesta dei nostri titoli di Stato.

Gli stipendi, però, sono oggettivamente bassi, faccio notare alla Meloni. La sinistra insiste molto sul salario minimo di 9 euro lordi. Il governo, invece, ha fatto un'altra scelta. «Abbiamo aumentato gli stipendi confermando i 7 punti di taglio al cuneo fiscale: la maggiore riduzione mai fatta, che ora abbiamo anche reso strutturale. Si aggiungano il salario di produttività detassato, l'assegno unico, le misure per le famiglie, la decontribuzione per le mamme. Una mamma che lavora e ha due figli può avere un incremento di reddito anche fino a 5000 euro all'anno, tenuto conto di tutte le voci in suo favore. Insomma, ci siamo concentrati sui lavoratori, e, dati alla mano, pare che funzioni.»

La leggenda di «Telemeloni»

La Meloni e la sua maggioranza sono accusate di aver occupato la televisione pubblica, fondando «Telemeloni». Su questo non ho interpellato il premier, avendo maturato una certa esperienza personale. Ho servito sotto 26 capi azienda, sui 29 che si sono alternati nella guida della Rai dal 1946 a oggi, e sotto 25 presidenti su 31: 62 anni certificati, di cui 56 in televisione. L'editore della Rai è stato prima il governo e poi, dal 1975, il Parlamento. Cioè la politica. Accade la stessa cosa in Francia, con maggiore brutalità in Spagna e persino alla mitica Bbc. Quando chiesi a Lord Hall, grande direttore generale della radiotelevisione britannica, perché avesse lasciato la guida della Royal Opera House, mi rispose francamente: «Cameron mi ha chiesto di venire alla Bbc». Da nessuna parte i dirigenti delle televisioni pubbliche vengono portati dalla cicogna.

Ettore Bernabei era un genio. Pessimo carattere e polso di ferro, teneva in mani saldamente democristiane l'unico telegiornale e affidava a socialisti (Sergio Zavoli) e comunisti la redazione del mitico «TV7», sul quale comunque esercitava personalmente un rigoroso controllo. Il «pastone» politico del tg era il seguente: 1 minuto alla Dc, 50 secondi al Pci, 40 secondi al Psi, una ventina a Pri, Psdi, Pli e una decina, raramente, al Msi. (I missini erano tenuti in isolamento sanitario.) Personalmente, ho intervistato tutti i leader politici italiani a partire dalla generazione dei Gonella, Fanfani, Saragat, Malagodi, La Malfa, Amendola, Nenni per poi passare a Moro, Andreotti, Berlinguer, Craxi, fino a oggi. Con una sola eccezione: Giorgio Almirante, presente (eccome!) solo a «Tribuna politica». Niente interviste al tg. E mi dispiace.

Con la riforma del 1975 ci fu all'inizio un bipolarismo Dc-Psi. I socialisti al Tg2 presero una fregatura: andarono a letto con Andrea Barbato grande giornalista di area socialista e si svegliarono con Barbato vicino al Pci. La Dc tenne il Tg1, il cui direttore da cinquant'anni è indicato dal partito leader di governo, fosse – dopo la Dc – Forza Italia, il Pd, il M5S, Fratelli d'Italia. Quando nel 1987 il Tg3 divenne testata autonoma, ne fu nominato direttore Sandro Curzi, ferreo, simpatico, militante comunista. Nacque «Telekabul», che, rispetto a certi programmi trasmessi oggi da La7, era un telegiornale doroteo. Per 37 anni il direttore del Tg3 è stato suggerito dal principale partito della sinistra: Pci, Pds, Ds, Pd.

Per evitare che Silvio Berlusconi andasse al potere, alla vigilia delle elezioni del 2001 Raiuno (Enzo Biagi e Roberto Benigni), Raidue (Daniele Luttazzi e Michele Santoro) e Raitre (Santoro) aprirono un imponente e impudente fuoco concentrico di sbarramento. Mi piacerebbe ritrasmettere integralmente quelle puntate e aprire un dibattito, visto che allora la stampa più autorevole non batté ciglio. Se oggi «Telemeloni» facesse una cosa del genere, avremmo la lotta armata nelle strade. Anche il Cavaliere non riuscì a cambiare il corpaccione della Rai, che è stato sempre di sinistra, come la cultura italiana prevalente. (Piccola annotazione: si finge convenzionalmente di ignorare che la casa editrice Einaudi, totem della sinistra, che ha pubblicato libri contro Berlusconi, sia di proprietà della famiglia Berlusconi.) Il Cavaliere nominò direttori generali deboli, ma la struttura portante dell'azienda era e resta di sinistra. Non a caso è sempre di sinistra (e non moderata) il rappresentante dei dipendenti in consiglio d'amministrazione. E nel decennio in cui il Pd è stato al potere, pur in assenza di una vittoria elettorale, la Rai si è adeguata. Il governo Meloni ha rotto un tabù: il monocolore storico di Raitre. Ma Fabio Fazio è andato via per guadagnare di più (in questo è imbattibile) ed è certificato che il suo show costasse alla Rai più di quanto rendesse. Idem Bianca Berlinguer. Lucia Annunziata se n'è andata per candidarsi con il Pd alle europee. Martiri in giro non ne vedo.

Si può affermare, onestamente, che i rari conduttori «moderati» abbiano stravolto la fisionomia della rete? Direi di no. Hanno solo appena impallidito il rosso profondo. Sigfrido Ranucci e «Report» restano lì, antigovernativi come non mai nella nuova stagione, come Marco Damilano, come Giorgio Zanchini e «Quante storie», come Marco Carrara. Luisella Costamagna ha il suo spazio. Al di là del conduttore Roberto Inciocchi, la struttura di «Agorà» resta la stessa ed è arrivato in prima serata un eccellente giornalista come Peter Gomez, direttore della versione online del «Fatto Quotidiano». Professionisti di valore della sinistra hanno ruoli strategici.

Al di là di qualche caduta di stile e di gusto ogni tanto, si può dire seriamente che «Telemeloni» metta in pericolo addirittura lo «stato di diritto»? O non è invece più sconcertante che l'Unione europea, in un suo documento, arrivi a questa conclusione dopo aver interpellato solo 8 giornalisti di 7 testate antigovernative?

«Parlare di "Telemeloni" è surreale» ha detto il nuovo amministratore delegato della Rai Giampaolo Rossi intervenendo il 12 ottobre 2024 alla Festa del Foglio. «È una grande operazione di marketing», messa in piedi da gruppi editoriali nemici dell'attuale governo. «In passato qualche mondo culturale ha interpretato la Rai come una proprietà privata e ora è molto arrabbiato a vedere che la Rai è stata liberata.»

Ma torniamo al governo: la squadra è sempre all'altezza? Sulla «Repubblica» del 9 settembre 2024, dopo le dimissioni del ministro della Cultura Gennaro Sangiuliano, Ezio Mauro ha parlato di «distanza incolmabile tra l'energia politica della leader e la cifra modesta degli uomini e delle donne di cui si è circondata». Com'è possibile, chiedo a Giorgia Meloni, che dopo aver lottato a lungo all'opposizione per raggiungere il potere, una volta in sella si dimentichino dei doveri che esso comporta? «Tutto viene molto ingigantito» premette il presidente del Consiglio, e aggiunge: «Continuo a non ritenere corretto che si dica: "La Meloni è brava, ma..."».

Eppure, lei stessa ammette che alcuni non si comportano come dovrebbero. «Vorrei che il senso di responsabilità fosse distribuito più equamente. Non tutti sembrano rendersi conto dell'enorme responsabilità che abbiamo sulle spalle e della fiducia che gli italiani ripongono in noi. Ovviamente non è facile prendere le misure di cosa significhi governare la Nazione, e forse qualcuno non era ancora preparato per questo. Ma se non si capisce la forza dell'avversario che abbiamo di fronte, la leggerezza sarà pagata soprattutto da me. Qualcuno dice: io sono deputato e posso dire ciò che voglio. Poi scivola e, un minuto dopo, l'opposizione grida: "Che dice la Meloni?". In pratica, tu fai il figo e io ne rispondo. Non va bene.»

«Mia sorella Arianna? Ha 2100 euro sul conto...»

Nell'intervista al direttore del Tg5 Clemente Mimun (12 ottobre 2024), Giorgia Meloni ha dichiarato: «La mia vita è stata passata allo scanner e non si è trovato niente. E forse questa è anche la ragione per la quale io sono così dossierata».

È qualcosa che ha avuto inizio da prima che lei diventasse premier?, le chiedo. «Questo dicono le inchieste» mi conferma. «Che il dossieraggio su di me è cominciato già dalla fine del governo Draghi, quando si capiva che sarei potuta andare al governo.» E aggiunge: «Sulla vicenda dei dossieraggi mi aspetto che la magistratura vada fino in fondo, perché, nella migliore delle ipotesi, alla base di questo lavoro c'era un sistema di ricatto ed estorsione, ma nella peggiore siamo davanti al reato di eversione. Nessuno Stato di diritto può tollerare una cosa del genere».

Perché tanto accanimento su sua sorella Arianna? È la persona che il bancario di Bari ha spiato più di tutte... «Quando è uscita questa notizia, mia sorella mi ha mandato la foto dell'estratto del suo conto in banca. C'erano 2100 euro. Mi ha scritto: "Se me l'avessero chiesto, lo avrei detto io quanto avevo sul conto", con la faccina che ride. Credo che si accaniscano su Arianna perché non ha le tutele che posso avere io, ma colpire lei è come colpire me. Purtroppo per loro, hanno a che fare con un'altra persona che non ha scheletri nell'armadio.»

Qualcuno sostiene che Giorgia Meloni sta pensando alle elezioni anticipate per capitalizzare il consenso. «Dicono un sacco di cose, tendenzialmente false» precisa. «Ho smesso di leggere la rassegna stampa quando mi sono resa conto che almeno la metà delle cose che si scrivono non vengono scritte per raccontare un fatto, come dovrebbe essere, ma piuttosto per tentare di determinarne uno. È un tentativo di condizionamento al quale non mi presto.»

Crosetto: «La pace è nelle mani di Putin»

Delle guerre in Medio Oriente e in Ucraina, Giorgia Meloni ha parlato ripetutamente con Bibi Netanyahu e Volodymyr Zelenskyi. Ma su questo punto sentiamo Guido Crosetto, ministro della Difesa.

«Quella che si sta combattendo in Medio Oriente non è una guerra normale per la conquista di questo o quel territorio. È una guerra che innanzitutto Hamas a Gaza, gli Hezbollah in Libano, gli Houti, seppure più lontani nello Yemen, la Resistenza islamica in Siria e, soprattutto, l'Iran combattono da anni per cancellare Israele dalla carta geografica» mi dice Crosetto. Quando nell'ottobre 2022 fu nominato (controvoglia) ministro della Difesa, non avrebbe immaginato di spendere la parte prevalente del suo tempo in giro per il Medio Oriente tentando – come Giorgia Meloni, Antonio Tajani e i suoi colleghi europei – di arginare per quanto possibile un conflitto esistenziale.

«Da decenni» prosegue Crosetto «Israele combatte per la sua sopravvivenza. E, per decenni, ha preparato la propria difesa e la sua reazione a un eventuale attacco nemico. Dopo il 7 ottobre 2023 è partito con una controffensiva che prima ha annullato militarmente Hamas [*Movimento islamico di resistenza*], poi lo ha decapitato di tutta la prima linea, finendo con l'eliminazione il 16 ottobre 2024 di Yahya Sinwar, il suo capo carismatico.»

Davvero Hamas è sconfitto sul piano militare?, chiedo al ministro della Difesa. «Penso di sì» risponde. «Ha subìto un colpo quasi definitivo e ha perso ciò che l'aveva fatta diventare anche un'organizzazione militare. È rimasta in piedi un'organizzazione terroristica di 7-8000 persone. Che Israele può affrontare senza più sviluppare attacchi che colpiscono anche innocenti. Israele, in questi mesi, ha dimostrato di avere uno dei migliori sistemi di difesa aerea (Iron Dome), una forza militare spaventosa e un'incredibile capacità tecnica e di intelligence che gli ha consentito di colpire, uno a uno, i suoi avversari principali. Questa "capacità" di combattere anche con operazioni su singoli soggetti ha contribuito ad aumentare la deterrenza.»

E Hezbollah? «È il problema più grande per Israele, tra quelli che lo circondano. Hezbollah [*il Partito di Dio*] è molto più grande, molto più addestrato e molto più organizzato militarmente di Hamas e anche radicato nelle strutture politiche libanesi con una rappresentanza parlamentare. È uno Stato dentro lo Stato. È il movimento più pericoloso perché è quello maggiormente collegato con l'Iran. Ecco, l'Iran continua a essere il nemico principale di Israele (che definisce e degrada a "entità sionista"), negandogli pure il diritto di esistere. Ha costruito e finanziato tutto ciò che può distruggere o danneggiare Israele, ed essendo a un passo dal possedere le armi nucleari si sente in diritto e in grado di decidere il destino di quell'area nei prossimi mesi e anni.»

Israele ha dimostrato di poter colpire – se vuole – chiunque e, in teoria, anche la Guida suprema dell'Iran, Ali Khamenei. Perché non lo fa, visto che accusa l'Iran di aver tentato di uccidere Bibi Netanyahu?, domando. «Il ruolo che ricopro non mi consente di commentare questa sua domanda, ma è evidente che il governo, come la società israeliana, è diviso: ogni azione va calcolata sulla base del danno che procura al nemico e sulla risposta che determina. La guerra oggi si gioca su questo crinale in movimento, dove è pericoloso spingersi troppo avanti.»

Israele poteva evitare una strage spaventosa come quella di Gaza? «Quando, il 7 ottobre, Israele si è scoperto debole, pur senza esserlo mai stato, ha scoperto di poter subire, forse, la capacità di Hamas – e non solo... – di fare del male alla sua popolazione. Ha avuto un abbassamento di tensione e si è trovato colpito a freddo in modo drammatico, violento e inaccettabile» mi dice Crosetto.

So che la Meloni usa toni molto aspri con Netanyahu, pur difendendo Israele senza esitazione. E lei, con il suo collega Yoav Gallant? «Gli avevo detto che gli attacchi andavano sospesi, già nei miei precedenti colloqui. Nell'ultimo gli ho detto che doveva impedire ogni tipo di attacco verso le postazioni Unifil nel Libano meridionale. E, su Gaza, che, siccome hanno raggiunto l'obiettivo dal punto di vista militare, devono smetterla con gli attacchi che coinvolgono e colpiscono i civili, che a tutti dobbiamo chiedere di lavorare per il rilascio degli ostaggi e perché, alla fine del tunnel, due popoli abbiano anche due Stati.»

Per la verità, in questo momento non ci pensano né gli israeliani né i palestinesi, gli faccio notare. «Ma è l'unica strada praticabile.»

E l'Ucraina?, chiedo. «Incontro molta gente che dice: "Mi sono scocciato di Zelenskyi, perché parla sempre di guerra". Bene, allora questi signori sappiano che il presidente Zelenskyi rappresenta un popolo che ogni giorno vede piovere bombe russe su obiettivi civili, migliaia al giorno. Ogni giorno. Da mille giorni. C'è un attacco continuo da parte di Mosca, ed è surreale che qualcuno, nel mondo occidentale, dica che gli ucraini non debbano essere aiutati nel loro diritto a sopravvivere e difendersi.»

Se una persona mi spara da una casa vicina, perché non posso difendermi sparandole a mia volta? Eppure, il premier dichiara che il Parlamento non approverebbe mai l'idea che le armi che diamo all'Ucraina possano colpire in Russia. «Ha ragione il presidente Meloni» conferma. «Ma questo tema delle armi è top secret e io non posso parlarne in pubblico. Quali armamenti forniamo lo dico al Copasir, dove gli atti sono secretati. In ogni caso, vorrei ribadire qui la verità: noi stiamo aiutando il più debole a rispondere all'aggressione del più forte, come ci riconoscono tutti, dal G7 alla Nato, con sistemi militari difensivi. Se lasciamo fare la Russia, domani potrebbe attaccare la Moldavia, poi i paesi baltici e magari anche la Polonia, che sono membri della Nato e della Ue. Ciò detto, devo constatare che la guerra ibrida russa contro l'Occidente, purtroppo, ha avuto successo in vari paesi.»

E la pace?, domando. «È nelle mani di Putin» afferma Crosetto. «Ma solo nel momento in cui farà davvero cessare le armi, si potrà iniziare a discutere di pace. La Russia ha conquistato, in modo illegittimo, territori ucraini, consolidato le posizioni, costruito trincee, fortini e campi minati. Se Putin dicesse oggi di voler aprire la discussione, partendo dalle aree che ha occupato, lo farebbe in spregio a ogni regola del diritto internazionale, ma non vuole neanche questo...»

Sbaglio o, essendoci abituati alla pace e a utilizzare le forze armate come una gigantesca protezione civile, oggi ci troviamo disarmati? «Disarmati no, ma prima di due o tre anni, cioè *rebus sic stantibus*, non saremmo in grado di rispondere non solo a un attacco come quello russo in Ucraina, ma nemmeno a quello subìto da Israele da parte dell'Iran. Posso solo augurarmi che una minaccia del genere non si concretizzi né presto né mai. O, almeno, nella peggiore delle ipotesi, fino a quando non avremo una nuova difesa aerea.»

Il ministro della Difesa ritiene inconcepibili le polemiche sulla Nato: «C'è davvero qualcuno, in Italia, che può immaginare una nostra deterrenza senza la copertura della Nato?». Quindi, riarmo di sopravvivenza.

Sangiuliano: «Mi hanno dedicato più pagine che alla guerra in Ucraina»

«Hai visto quante pagine ha dedicato il "Corriere della Sera" alle mie dimissioni? Dodici! Dodici! Più che all'invasione russa dell'Ucraina» sbotta l'ex ministro della Cultura Gennaro Sangiuliano. «Il 29 settembre, lo stesso giornale ha dedicato nove pagine alla morte di Hassan Nasrallah, il capo di Hezbollah. L'area geopolitica da secoli al centro di un conflitto, laddove s'incontrano le tre grandi religioni monoteiste, terreno di confronto tra rilevanti interessi internazionali, vale meno di una mia vicenda privata... Una pressione mediatica mai vista...» Una pausa e prosegue: «Le fake news pericolose non sono quelle evidentemente false come le scie chimiche, ma fatti falsi inseriti in un contesto più generale verosimile che però distorcono la realtà. E, purtroppo, queste fake non sono solo in rete, ma vengono da testate credibili». A conferma mi mostra un ritaglio del «Corriere» del 2 settembre 2024: *Rosaria Boccia, una foto smentisce il ministro Sangiuliano: ecco la «consigliera» al tavolo nel meeting di Ferragosto*. Ma, nella foto, la signora bionda è il capo del personale, Marina Giuseppone, che ricopriva lo stesso incarico con Dario Franceschini.

Gennaro Sangiuliano è sul pezzo: non dimentica di essere un bravo giornalista e fa i conti con quel che gli è piovuto addosso. Pubblicamente, la storia del ministro con l'indefinibile Maria Rosaria Boccia è durata undici giorni. Il 26 agosto la Boccia ha comunicato *urbi et orbi* di ringraziare il ministro per la nomina a «consigliere per i grandi eventi» e il 6 settembre il ministro si è dimesso. Ma il tormentone non si è chetato: nei trenta giorni successivi al 26 agosto Sangiuliano è stato citato da radio e televisioni 2014 volte, la Boccia 1698. La somma porta a una citazione ogni dodici minuti. Il giorno delle dimissioni le citazioni della coppia sono state 330. Cose mai viste, nemmeno durante le guerre. E anche nei mesi seguenti...

Ma, da buon giornalista, Sangiuliano sa bene che nel nostro maledetto mestiere ci sono alcuni elementi che, combinati insieme, costituiscono una miscela esplosiva: un ministro, una donna bionda, giovane e vistosa, una relazione extraconiugale, un rapporto di lavoro interrotto traumaticamente. Se si aggiunge che il ministro è di destra (di destra!) e ha iniziato a scardinare meccanismi un po' imbarazzanti controllati da sempre dalla sinistra (dalla sinistra!), è fatale che non siano previsti sconti di alcun genere.

Andiamo per ordine e cominciamo con le presentazioni. Gennaro Sangiuliano, napoletano, 62 anni, laurea in legge e dottorato in diritto ed economia all'università Federico II, master in diritto europeo alla Sapienza di Roma dove ha avuto come professore Giuseppe Conte, è stato sempre dichiaratamente un giornalista di destra. («La tradizione del giornalismo italiano è politica» dichiarò al «Foglio» nell'ottobre 2022. «Ed è certamente più onesta una faziosità limpida ed esibita di una subdola terzietà.») Ha diretto il quotidiano napoletano «Roma» ed è stato vicedirettore di «Libero». Entrato in Rai nel 2003, è stato a lungo inviato speciale all'estero, per nove anni vicedirettore del Tg1 e, dal 2018, direttore del Tg2 fino alla nomina ministeriale nel 2022. Autore di apprezzate biografie (Putin, Reagan, Trump, Xi Jinping), ha nel cassetto quella su Erdoğan, bloccata per le funzioni di ministro. È sposato dal 2018 con Federica Corsini, 55 anni, architetto, giornalista Rai da trent'anni (ma non ha mai lavorato con il marito). I due non hanno figli.

Molto più complicata la biografia di Maria Rosaria Boccia, che richiede un faticoso slalom tra titoli certificati e di dubbia autenticità. Alta, bionda, 41 anni, nata a Pompei da una famiglia molto nota nel settore dell'abbigliamento, ha sempre sgomitato per affermarsi: «Pompei per me è come un abito troppo stretto. E io, di abiti, ne capisco». «Era una leader fin da quando andavamo a scuola» racconta un'ex compagna. «Diceva: o sposo un principe o non mi sposo.»

La Boccia è una di quelle persone che incontri dappertutto senza sapere perché. È come una vetturetta dell'autoscontro: dà e prende botte, ma continua come se niente fosse. Un esempio. Si presenta come presidente della Fashion Week Milano Moda, la Camera della moda dichiara di non aver niente a che fare con lei, la diffida dall'uso del marchio Milano Fashion Week, e lei continua a lungo a esibirlo. Sul suo profilo LinkedIn parla di due lauree: una in economia aziendale, conseguita nel 2005 all'università napoletana Parthenope, e un'altra in economia e management all'università telematica Pegaso, presa nel 2023. Che senso hanno due lauree su temi così affini? Si è parlato di una triennale a Napoli e di una magistrale a Pegaso. La legge sulla privacy impedisce accertamenti e lei si guarda bene dall'esibire i certificati. «La Verità» scrive che alla Parthenope non avrebbe mai discusso la tesi. Lei parla di docenze nelle università Vanvitelli e Federico II, ma entrambi gli atenei napoletani smentiscono.

A Pompei organizza meeting che vanno dai prodotti caseari al Festival della Bellezza. In Parlamento entrava con maggiore facilità di me, fino a quando le hanno interdetto l'accesso perché si sono accorti che la signora Bond filmava tutto con gli occhiali computerizzati. Fino ad allora si faceva fotografare trionfante ai tavoli di quelle curiose istituzioni che sono gli «interparlamentari», in apparenza serissime, ma dove si trova di tutto e di più. Avvia moltissimi contatti: toccata e fuga (degli altri). Ha un'abilità fantastica nel muoversi nel mondo del web e, se non fosse il tipo che è, da semianalfabeta digitale quale sono le chiederei volentieri di essere il mio Virgilio. Tra le persone incontrate in queste occasioni, Francesco Lollobrigida. Qualcuno dice che avrebbe voluto approfondire l'approccio, come con Sangiuliano, ma la cosa non ha avuto seguito, come ha chiarito lo stesso ministro dell'Agricoltura.

Una relazione durata due mesi, con graffi e finte gravidanze

Maria Rosaria Boccia sostiene di aver conosciuto Sangiuliano nel maggio 2023 a Pompei, alla presentazione della candidatura della cucina italiana a patrimonio dell'Unesco. Lui non ne ha memoria. Un anno dopo, il 24 maggio 2024, a Napoli, all'uscita da una cerimonia al teatro Sannazaro, lei gli si presenta e gli mostra la foto dell'anno prima: nessun contatto nei dodici mesi trascorsi.

La relazione sentimentale tra i due nasce subito e dura due mesi, sino a fine luglio - inizio agosto. Lei, archivio vivente, annota gli incontri pubblici, ovviamente documentati da foto e video: cinque volte a Pompei, poi Ercolano, Riva Ligure, Taormina, Sanremo e all'Accademia di Brera a Milano. Oltre a «trasferimenti personali» per assistere ai concerti dei Coldplay e del Volo. Lei sostiene di essere stata sempre presentata come consigliere del ministro per i grandi eventi. Qualifica certamente promessa, mai formalizzata. E dice che le trasferte erano a carico del ministero. Sangiuliano ribatte di aver pagato ogni spesa di tasca sua, e anche a me ha mostrato gli addebiti sul suo conto personale di alcuni viaggi aerei. (E inoltre è orgoglioso di non aver mai chiesto al ministero il rimborso di pranzi di effettiva rappresentanza per 5000 euro spesi in altre occasioni.)

Il caso Boccia-Sangiuliano, abbiamo visto, esplode lunedì 26 agosto. La donna, connessa h24 su Instagram, posta: «Grazie al ministro della Cultura Gennaro Sangiuliano per la nomina a consigliere del ministro per i grandi eventi». Il ministero smentisce immediatamente e il portavoce di Sangiuliano va giù duro: «Non c'è nessuna nomina e la Boccia era una che voleva farsi accreditare». Vera la prima affermazione, scivolosa la seconda. La Boccia non è mai stata nominata. Il ministro aveva avviato l'iter, ma perché una nomina diventi effettiva, anche a titolo gratuito, oltre alla firma digitale del proponente occorre la ratifica della Corte dei conti e dell'Ufficio centrale di bilancio. Cosa mai avvenuta.

Ci sono precedenti all'interno dello stesso dicastero della Cultura. Il ministro stava per nominare, sempre a titolo gratuito, un avvocato all'Ente teatrale del Veneto e poi ha bloccato il provvedimento, giudicando inidoneo il candidato. Liquidare, peraltro, la Boccia soltanto come «una che voleva farsi accreditare» è perlomeno impreciso, visto che lei è credibile quando sostiene che il ministro la presentasse con una qualifica soltanto proposta.

Sangiuliano ha capito a fine luglio di essere diventato uno strumento nelle mani dell'imprenditrice e ha preso la decisione di bloccare tutto all'inizio di agosto quando la Boccia gli ha comunicato (inventando) di essere incinta di lui. (Dopo le dimissioni di Sangiuliano, l'avvocato di un assessore di Atrani, in provincia di Salerno, ha rivelato che nel 2018, quando il suo assistito decise di chiudere la relazione con Maria Rosaria Boccia, lei gli disse di essere incinta, salvo tranquillizzarlo successivamente con un test negativo di gravidanza. Secondo l'avvocato, la donna non si sarebbe rassegnata, proseguendo con «atti persecutori e denigratori» che meritarono una diffida.) Nel caso di Sangiuliano, è vero – come sostiene la Boccia – che il ministro le disse di essere lieto della gravidanza. («Sono arrivato al punto di non farmi problemi se tu fossi incinta di me,» le scrive il 2 agosto «anzi ne sarei felicissimo.») Lei, una settimana dopo, gli risponde: «Sarai libero di viverti questa esperienza come vorrai nel rispetto di tuo figlio».

Il conflitto d'interessi sarebbe stato clamoroso, la situazione stava andando fuori controllo: meglio fermare le macchine. Anche perché «La Verità» aveva rivelato che la Boccia non aveva chiuso una sua società per organizzare grandi eventi.

Non sappiamo quali altre promesse abbia fatto Sangiuliano alla Boccia. È un fatto, però, che già a metà luglio i rapporti tra i due avevano subìto una svolta drammatica. Ne ha dato testimonianza il settimanale «Gente» pubblicando, a fine settembre 2024, due foto del 16 e 17 luglio. La coppia è a Sanremo: il primo giorno Sangiuliano ha il volto integro, il secondo ha un vistoso taglio verticale nella parte sinistra della fronte. Nelle chat c'è tutto.

Sangiuliano: «Mi hai sfregiato. Se non fossi tu, avrei picchiato durissimo».

Boccia: «Mi hai letteralmente mandato fuori di testa. Mi hai portato a un punto imbarazzante. Mi hai fatto diventare una iena».

S.: «Ho sbagliato io».

(«Sbagliato»? Che significa? «Ho sbagliato a portare avanti la sua frequentazione» spiegherà lui in privato.)

S.: «Ho subìto da te umiliazioni che non avrei accettato da nessun'altra. Ho fatto per te cose che non ho mai fatto per nessuno».

(Quali? Sangiuliano sostiene che si riferiva al fatto di essersi esposto troppo con lei.)

C'è poi il problema della fede nuziale. Rubata? Lei smentisce. Ma è un fatto che lui non l'abbia più e l'abbia sostituita con una copia.

Inquietante, in ogni caso, è che la Boccia abbia telefonato alla moglie di Sangiuliano rivelandole la relazione, o che Sangiuliano abbia messo in vivavoce la consorte per porre la Boccia di fronte all'evidenza di non poter procedere con la nomina.

Tre giorni di dubbi per Giorgia Meloni

Chiarito il fatto che Gennaro Sangiuliano ha pagato di tasca propria gli spostamenti di Maria Rosaria Boccia, resta da dimostrare se quest'ultima abbia avuto accesso a documenti riservati. L'ex ministro lo nega. Lei dice di aver ricevuto in copia un documento sul G7 della cultura dal sovrintendente di Pompei Gabriel Zuchtriegel. Sangiuliano nega altresì di aver fatto un sopralluogo per il G7 con la Boccia. E dichiara di aver fatto un solo sopralluogo a Pompei per visionare degli speciali ponteggi sopraelevati che consentono ai turisti di vedere tecnici e archeologi al lavoro sotto di loro. Alla fine della visita, il ministro presentò a Zuchtriegel la Boccia dicendo che avrebbe potuto dare dei suggerimenti per il ricevimento. Al sopralluogo in prefettura sulla sicurezza non parteciparono né Sangiuliano né tantomeno la Boccia.

L'idea che quest'ultima sia entrata in possesso di segreti sul G7 a Pompei è ridicola. Più serio il rischio che il ministro abbia condiviso con lei l'ascolto di telefonate istituzionali. Sangiuliano sostiene che i suoi messaggi potrebbero essere letti e ascoltati da tutti i cittadini italiani, e che in quasi due anni di governo ha avuto soltanto un paio di telefonate con la Meloni, ma esclusivamente per chiedere, per esempio: quando vieni a vedere la mostra su Mazzini? Se la Boccia avesse registrato queste conversazioni, il suo carniere sarebbe vuoto. Le telefonate sono state molte di più, ma di contenuto assolutamente innocuo.

Il 2 settembre Giorgia Meloni inaugura la nuova stagione di «Dritto e rovescio», il programma televisivo di Paolo Del Debbio su Rete 4. Ha incontrato il ministro della Cultura e si dice rassicurata: non è stato speso un solo euro dello Stato, non è stato rivelato un solo segreto dello Stato. La Boccia prova a smentirla quasi in diretta, ma non aggiunge niente di sostanziale. Il 3 settembre Sangiuliano scrive alla «Stampa»: «Non capisco come si possano chiedere le mie dimissioni. Non ho fatto niente di male, né a livello giuridico né istituzionale». La Boccia risponde nella notte mostrando mail che dimostrano i suoi contatti con lo staff ministeriale, ma non può provare che la nomina sia avvenuta. (Un mese dopo si apprenderà dal «Fatto Quotidiano» di una telefonata in cui Sangiuliano, quello stesso 3 settembre, chiede alla Boccia – che torna a sentire dopo un lungo silenzio – di fare fronte comune per interrompere il flusso di indiscrezioni, anche in vista di quanto sarebbe accaduto l'indomani. La telefonata, che viene da lei registrata – e questo la dice lunga sul tipo di persona –, sembra finalizzata a sistemare le cose in modo che il ministro possa non dimettersi.)

L'indomani, 4 settembre, Sangiuliano rilascia una lunga intervista (17 minuti) al direttore del Tg1 Gian Marco Chiocci, nella quale conferma di non essere ricattabile, di aver pagato di tasca propria ogni spesa che riguardasse la Boccia e rivelato zero segreti. Ma ammette di aver avuto una relazione sentimentale con lei e, nel chiedere scusa alla moglie, si commuove. Una cosa del tutto inconsueta: nella storia di vicende analoghe è la donna a denunciare e l'uomo importante a negare finché è possibile. Qui il mondo si capovolge. Che interesse avrebbe avuto Sangiuliano a inventare una relazione che l'avrebbe costretto alle dimissioni? Eppure, la sera del 6 settembre, nel corso della trasmissione «In onda» su La7, due navigati cronisti come Luca Telese e Marianna Aprile non riescono a far ammettere alla Boccia l'esistenza della relazione. Non la nega nemmeno. Glissa, conduce il gioco, trasforma l'intervista in un'opportunità di rilancio personale.

Facciamo un passo indietro e torniamo all'intervista rilasciata da Sangiuliano al Tg1. Palazzo Chigi la caldeggia: vuole che il ministro mostri in pubblico le ricevute dei viaggi e quant'altro. Chiocci incalza, Sangiuliano è tutt'altro che reticente. Intervista ineccepibile. Ma i dissensi sono superiori ai consensi e dagli stessi circoli di Fratelli d'Italia arriva poca solidarietà. Militanti e dirigenti avrebbero voluto che la Meloni avesse già provveduto a rimpiazzarlo.

Lei aspetta. È molto turbata all'idea che una donna registri le telefonate di un ministro senza che anche l'opposizione si interroghi sulla gravità di quanto sta accadendo. È indecisa sul da farsi: se Sangiuliano non si dimette, la storia rischia di trascinarsi fino a chissà quando, con uno stillicidio di rivelazioni non importa se fondate o presunte, ma comunque devastanti. Ma se si dimette solo perché ha avuto una brevissima relazione con una donna senza aver commesso nessun reato, si stabilisce un precedente molto pericoloso.

Le dimissioni e l'incessante inseguimento di Maria Rosaria Boccia

Sangiuliano non vuole dimettersi. La giornata del 5 settembre viene vissuta a palazzo Chigi ancora nel dubbio di creare un precedente pericoloso, anche se si fa strada l'incubo che Sangiuliano non possa più fare il ministro, inseguito com'è dalle ininterrotte rivelazioni della Boccia e da possibili contestazioni ovunque egli si presenti. In un'intervista a Federico Monga della «Stampa» (6 settembre), la Boccia dice: «Io ho ascoltato conversazioni e letto messaggi di persone che a mio avviso hanno ricattato il ministro». Chiama in causa direttori di settimanali, ma non fornisce dettagli. È il suo metodo. Non ho mai pensato di chiederle un'intervista perché lei usa l'intervistatore per lanciare messaggi trasversali incontrollabili.

Lo stesso giorno la Meloni decide per le dimissioni, anche se Sangiuliano dirà di essere stato lui a prendere la decisione. Il premier è convinto che questa vicenda abbia dei mandanti e, comunque, che la situazione non sia più sostenibile. Il ministro lascia con una lunga lettera assai dignitosa e meditata «in giornate dolorose e cariche di odio nei miei confronti da parte di un certo sistema politico mediatico». Rivendica i risultati ottenuti nei due anni di governo (ne parleremo tra poco), vuole stare accanto alla moglie ed essere libero di difendersi. Quando Sangiuliano esce da palazzo Chigi, la Meloni ha già firmato il decreto di nomina del successore, Alessandro Giuli, brillante intellettuale direttore del Maxxi. (Lo stesso Giuli avrà un avvio difficile, dovendo sostituire nel giro di dieci giorni due capi di gabinetto, Francesco Gilioli e Francesco Spano, coinvolti in situazioni poco chiare.)

Ma la Boccia non si placa. Con notevole impudenza insegue l'ex ministro e la moglie. Già in agosto li aveva costretti a cambiare il consueto albergo di vacanza di Positano (Le Agavi) con un'altra destinazione per l'incubo di trovarsela di fronte. I Sangiuliano vanno a Greccio per pregare san Francesco? Arriverà anche lei, che si fa fotografare (come sempre) e lancia un inquietante anatema sotto forma di una citazione attribuita al santo di Assisi: «Fa' attenzione a come pensi e a come parli, perché può trasformarsi nella profezia della tua vita».

Martedì 10 settembre Maria Rosaria Boccia varca il grande portone del Centro Palatino, gli studi Mediaset di Roma. Deve intervistarla Bianca Berlinguer per il suo «È sempre Cartabianca». La notizia arriva come una bomba a palazzo Chigi. Lì si è abituati alle bordate di La7 dove, con l'eccezione del telegiornale di Enrico Mentana, ogni programma è pesantemente rivolto contro il governo. Ma Mediaset? Perché anche la televisione dei Berlusconi si presta a ospitare i messaggi trasversali e certo non amichevoli della Boccia ormai non più solo contro Sangiuliano, ma anche contro il governo e lo stesso capo del governo, con il quale ha avuto una polemica a distanza dopo quanto ha detto la Meloni nella trasmissione di Del Debbio?

Ma l'intervista della Berlinguer non va in onda. La Boccia resta chiusa a lungo in camerino e, alla fine, il colloquio senza rete con quattro giornalisti salta. Perché? La conduttrice dichiara che la Boccia voleva tirar fuori il nome di Arianna Meloni quale responsabile della sua mancata nomina. L'imprenditrice sostiene, invece, che è stata la Berlinguer a citare la sorella del premier. Bianca nega e, comunque sia, l'intervista salta: la Boccia non verrà più ospitata nelle reti Mediaset. Ma quale ruolo ha avuto Arianna Meloni in questa storia? Sangiuliano ammette in privato che lo aveva ammonito in maniera soft di tenersene alla larga, ma che lui non le ha dato retta.

Il 21 settembre viene perquisita la casa della Boccia e vengono sequestrati ben 12 device tra cellulari e apparecchi elettronici di ogni genere, compresi i famosi occhiali-telecamera. L'esposto presentato da Sangiuliano ha fatto effetto: la Boccia è indagata tra l'altro per violenza, tentata estorsione e attentato a corpo politico, un reato molto grave contestato a suo tempo al boss mafioso Leoluca Bagarella. Tra gli elementi a suo carico, la presunta minaccia di inoculare un virus trojan nel cellulare del ministro se questi non le avesse consentito di controllarlo.

Chi sta dietro questa vicenda e perché

Questi sono i fatti. Occorre adesso chiedersi perché è accaduto tutto ciò e, in particolare, a chi giova. Nelle ultime righe della lettera, Sangiuliano scrive che si propone di «verificare se alla vicenda abbiano concorso soggetti diversi». Il punto è questo. Maria Rosaria Boccia ha agito da sola? A chi dava fastidio Sangiuliano?

Nei trent'anni della Seconda Repubblica, due soli ministeri sono stati sempre controllati dalla sinistra anche durante i governi Berlusconi: la Cultura e l'Ambiente. Questo ha consentito la persistenza di un formidabile bunker verdissimo (Ambiente) e l'accumularsi di clientele impressionanti (Cultura). Registi importanti hanno percepito compensi variabili da 1,1 a 2,4 milioni di euro totalmente a carico dello Stato con il credito d'imposta. Venti film con un incasso medio di 2000 euro ciascuno hanno avuto contributi complessivi per un importo pari a 11,5 milioni di euro. Poi ci sono casi paradossali di pellicole che hanno registrato 29 spettatori e un contributo di 700.000 euro. L'ex ministro sostiene che siano state finanziate 359 pellicole che non si sa se esistano. In Italia si è arrivati a produrre 700 film, contro i

300 di Francia e Germania. Smontare un apparato del genere, come ha fatto Sangiuliano, porta qualche conseguenza. Proprio come la decisione di far lavorare il personale dei musei nelle festività più importanti, che l'anno scorso ha determinato un incremento di quasi 11 milioni di visitatori e 79 milioni di euro in più di incasso. Record storico, anche se all'ex ministro viene rimproverato di aver introdotto un meccanismo tecnico nei risparmi cinematografici che finirebbe paradossalmente per favorire i grandi produttori in danno dei piccoli.

Certo, Sangiuliano poteva risparmiarsi qualche gaffe e qualche eccesso di sicurezza, davvero sorprendente per l'autore di eccellenti biografie storiche che sa quanto questo aspetto sia pericoloso anche per i grandi uomini. Ma è stato un buon ministro. «L'unico ministro della storia repubblicana» tiene a precisare «che si è dimesso senza aver ricevuto un avviso di garanzia.» Un ministro eretico.

Fin dall'inizio di questa vicenda, tutti – da palazzo Chigi in giù – sono convinti che la storia Boccia-Sangiuliano, esplosa il 26 agosto con uno scoop del sito Dagospia, fosse una polpetta avvelenata preparata da tempo e con cura. Ci aiuta una fonte insospettabile come «il Fatto Quotidiano» che, nell'edizione dell'8 ottobre, rivela di aver scoperto «lo strano caso dell'account spia creato da esperti informatici». Scrive il giornale: «Chi c'era dietro l'account Instagram "Politica&Amori" che dall'8 agosto imbecca il giornalista Gabriele Parpiglia [*tra i più noti esperti di gossip*] affinché racconti la *liaison* tra i due? Un fatto è certo: qualcuno, in quel momento, vuole far esplodere lo scandalo che porterà alle dimissioni l'ex ministro della Cultura». E aggiunge che il profilo, citato nell'esposto di Sangiuliano al procuratore della Repubblica di Roma, Francesco Lo Voi, è stato «distrutto» da un abile specialista dopo l'inizio delle indagini.

Prima di avvicinare Parpiglia, qualcuno ha cercato sul mercato chi gli procurasse un account non identificabile. Il giornalista afferma di essere stato contattato da «Politica&Amori» l'8 agosto, subito dopo che la Boccia aveva firmato il contratto di consulenza mai perfezionato. Quattro giorni prima, il direttore editoriale di «Chi», Alfonso Signorini, aveva avvertito Sangiuliano che gli erano state proposte alcune sue foto con la Boccia, scattate da Max Scarfone e Alex Fiumara, ma che aveva deciso di non pubblicarle. E Fiumara ha dichiarato al «Fatto» di aver ricevuto una telefonata anonima in cui una voce – qualificatasi come interna al ministero – lo invitava, di fatto, a compromettere la coppia «perché la Boccia con i suoi comportamenti stava creando parecchi problemi a molta gente, inclusa la scorta».

«Politica&Amori» dimostra di sapere molte cose ancor prima di Sangiuliano (per esempio, la presunta gravidanza di Maria Rosaria) e ha gestito l'affaire fino a quando gli è stato utile, prima di scomparire. Ma, allora, qualcuno all'interno del ministero si è attivato perché il ministro si liberasse della Boccia o perché il ministero si liberasse del ministro?

I 230.000 segreti del tenente Pasquale Striano

Se il caso Sangiuliano ha avuto un clamore mediatico pari all'invasione dell'Ucraina, un altro scandalo, enormemente più grave, ha trovato uno spazio adeguato soltanto sui giornali di destra. Andiamo con ordine, partendo da un reportage (4 marzo 2024) di Giacomo Amadori, il giornalista della «Verità» che ha seguito il caso con maggiore attenzione.

Il 27, 28, 29 ottobre 2022 il quotidiano «Domani» di proprietà di Carlo De Benedetti (fiero avversario del governo di centrodestra) pubblica tre articoli sui redditi di Guido Crosetto, appena nominato ministro della Difesa nel neonato governo Meloni. Crosetto presenta un esposto alla Procura di Roma, che poi trasferisce gli atti a Perugia, competente sui reati commessi da magistrati romani. Il procuratore Raffaele Cantone comincia a indagare e scopre che queste notizie sono frutto di informazioni su banche dati riservate raccolte (a quanto pare, illecitamente) da un vivace tenente della guardia di finanza, Pasquale Striano.

Nato nel 1965 a Ercolano (Napoli), Striano, pur raggiungendo solo il grado più basso della carriera di ufficiale, si è mosso molto, facendo corsi di aggiornamento negli Stati Uniti, occupandosi da sindacalista della salute mentale del personale della guardia di finanza e specializzandosi nelle indagini degli infiltrati in gruppi criminali. Nel 2016 viene distaccato alla Direzione nazionale antimafia e antiterrorismo, nel delicatissimo ufficio Sos (Segnalazione operazioni sospette) dove confluiscono le richieste della Banca d'Italia che, quando nota movimenti finanziari anomali, chiede di accertare se si tratta di operazioni illecite.

Striano fa altri giri e poi torna alla Dna il 13 febbraio 2019 restandovi fino al 23 novembre 2022, quando il nuovo procuratore nazionale antimafia, Giovanni Melillo, ne chiede la rimozione a causa degli accessi irregolari alle banche dati. Ma il tenente aveva fatto in tempo a «spiare» Crosetto con due accessi, il 28 luglio e il 20 ottobre 2022, e passare a «Domani» le informazioni necessarie ai tre articoli poc'anzi citati, relativi alle collaborazioni professionali del ministro prima del suo ingresso nel governo (ingresso che Crosetto, peraltro, aveva cercato di evitare fino all'ultimo proprio per non dover rinunciare alla propria attività professionale).

Striano subisce una perquisizione tardiva e viene indagato insieme al suo superiore, il sostituto procuratore antimafia Antonio Laudati, prossimo alla pensione e interessato a un numero di violazioni più ridotto.

Il 4 marzo 2024 Amadori scrive sulla «Verità» che il primo documento difensivo stilato da Striano dopo l'esplosione del caso Crosetto era in un file riconducibile, secondo gli investigatori, a Stefano Vergine, giornalista di «Domani», indagato con i colleghi Giovanni Tizian e Nello Trocchia per accesso abusivo a sistema informatico e per rivelazione di segreto. A una prima scrematura, risultava che i file passati da Striano a «Domani» fossero 146, ma, con il passar dei mesi, sono saliti a 783. Di questi, oltre 700 sarebbero stati inviati a Tizian. Si scopre così che il numero complessivo di accessi illegittimi da lui compiuti in tre anni è 230.000. Il deputato leghista Gianluca Cantalamessa, membro della commissione antimafia, ha osservato: «230.000 accessi in tre anni significano un accesso ogni 81 secondi per sette ore al giorno, cinque giorni alla settimana, undici mesi l'anno. Senza nemmeno alzarsi per andare in bagno». Gli spiati sono quasi tutti personalità del centrodestra: il ministro dell'Istruzione Giuseppe Valditara e quello delle Riforme Maria Elisabetta Alberti Casellati, il viceministro degli Esteri Edmondo Cirielli, i sottosegretari Andrea Delmastro e Federico Freni, Letizia Moratti, il governatore della Calabria Roberto Occhiuto. Ma ci sono anche Matteo Renzi, l'ex presidente di Confindustria Carlo Bonomi, il capo di Leonardo Roberto Cingolani, l'ex capo di Invitalia Domenico Arcuri, il manager televisivo Lucio Presta.

Mentre Cantone chiede invano l'arresto di Striano e Laudati, la commissione antimafia diventa teatro di una campagna di dossieraggio che, in quanto opera di una sola persona, non ha precedenti nella storia repubblicana. Si scopre che molti fascicoli vengono spiati su richiesta di giornalisti per alimentare campagne antigovernative. Insomma, un corpo dello Stato che lavora contro le istituzioni dello Stato. Al punto che il procuratore nazionale antimafia Melillo sente il bisogno di dichiarare al «Corriere della Sera» (8 ottobre 2024): «Il mercato clandestino di dati inquina politica ed economia». Uno scandalo gigantesco, insomma, ma certo il caso Sangiuliano è molto più succoso...

L'immagine di Gioventù nazionale nel ritratto di Fanpage

Perché, Flaminia, perché? Flaminia Pace è una ragazzona di 21 anni, fisico da pallavolista. Era il personaggio emergente di Gioventù nazionale, l'organizzazione giovanile di Fratelli d'Italia, eppure ha dovuto dimettersi dal Consiglio nazionale dei giovani (commissione Affari europei) dopo che due puntate di un'inchiesta di Fanpage trasmesse da «Piazzapulita» su La7 il 13 e il 27 giugno 2024 l'hanno mostrata al centro di manifestazioni politiche private, ma con pesanti rigurgiti fascisti.

Una giornalista di Fanpage si è infiltrata in Gioventù nazionale dal 16 gennaio all'11 giugno (salvo poi scomparire a due giorni dalla messa in onda della prima puntata dell'inchiesta) e, con una telecamera nascosta in una tracolla, ha registrato parecchie ore di riunioni-manifestazioni del movimento, ricavandone complessivamente 21 minuti da trasmettere. A un occhio professionale è subito evidente un accurato lavoro di taglia-e-cuci in cui vengono accostate immagini girate in ambienti e giorni diversi, sapientemente tagliate fino a ottenere frasi che possono assumere un significato molto diverso da quello originale. La magistratura ha sequestrato l'intero girato e quindi dovrebbe avere un quadro più realistico di quanto è accaduto.

Ma sentire Flaminia che, al momento delle elezioni, dice la battuta: «Possono scrivere "Duce duce duce"? Perché io sono fascista» è sorprendente, visto che tra queste parole, la politica e le stesse origini di Giorgia Meloni c'è un abisso.

E allora, Flaminia, perché? Lei mi guarda con i grandi occhi castani un po' smarriti, poi mi racconta: «Quando i ragazzi entrano nel nostro circolo, aggreghiamo dal ragazzo più moderato al più "agitato", ed è poi grazie alla formazione, che riceviamo anche dai più grandi, che alcune cose dentro Gioventù nazionale si perdono, nel senso che viene spiegato ai ragazzi che determinate cose non appartengono al presente e che sono anacronistiche».

E l'idea di scrivere sulla scheda tre volte Duce? «Stavamo a villa Ada in un banchetto per la propaganda delle elezioni europee e parlavamo del fatto che, pochi giorni prima, la Meloni aveva deciso di mettere sulla scheda solo il nome Giorgia. In passato ci sono stati candidati con il cognome Mussolini (Rachele, Alessandra). Se avessero utilizzato lo stesso escamotage, magari al posto del nome avrebbero scritto Duce. Così, ridendo, ho detto che avrei scritto tre volte Duce sulla scheda... È comunque una battuta stupida. In un'altra occasione si vedono ragazzi non appartenenti al mio circolo che dicono Duce duce duce... Se si guardasse il filmato completo, mi si vedrebbe mentre tiro la maglietta a uno di loro e gli dico: non si possono fare queste cose sotto la mia responsabilità.»

Perché le è scappato di dire: il nero sta bene su tutto, tranne che sulla pelle? Non c'è del razzismo tra di voi? «Se il video fosse diffuso integralmente,» mi risponde «si vedrebbe che non dico quella frase. Nel nostro circolo ci sono ragazzi di colore, ragazzi gay. Non siamo affatto intolleranti. Mio padre è ebreo e ha finanziato il nostro circolo. Come si può immaginare che io possa essere antisemita? A 14 anni, grazie all'intervento di mio padre, ho portato in una mia vecchia scuola Alberto Mieli, lo scrittore nonno di Ester Mieli scampato dall'Olocausto, a dare testimonianza sulla Shoah. Alla prova di maturità ho scritto un tema sulle atrocità delle leggi razziali e su Liliana Segre. Ho vinto il premio sulla Shoah della Comunità di Sant'Egidio...»

Le faccio notare che a un certo punto del filmato di Fanpage, però, lei dice: «Io sono fascista». «Stavo parlando con una mamma e con una figlia di religione ebraica che mi raccontavano come la figlia era stata aggredita alla Sapienza da questi sedicenti antifascisti» mi spiega. «Anche qui, se guardassimo la frase intera, si sentirebbe che dico: "Se gli antifascisti sono i Pro Pal [*Pro Palestina*] che impiccano i manichini degli avversari politici, allora preferisco dirmi fascista". Dividere la società tra fascisti e antifascisti significa dare un pretesto a chi usa la violenza contro la democrazia. Io credo nella democrazia e nel confronto politico, non nell'imposizione politica, di qualunque colore sia. Mi mantengo fedele all'educazione che ho ricevuto.»

E la storia che abortirebbe solo se stuprata da un nigeriano? «Stia a sentire. Una giornalista di "Vanity Fair" mi chiede se non trovo troppo estremista la posizione di Pro Vita e come mi comporterei se venissi stuprata da un italiano o da un nigeriano. Io rispondo: spero di non trovarmi mai in una situazione del genere, ma abortirei in entrambi i casi. Torno tra le mie amiche, tra cui c'è la giornalista infiltrata, e racconto: questa sperava che dicessi che abortirei soltanto se violentata da un nigeriano. Nel montaggio viene estrapolata solo l'ultima parte della frase.»

Nel filmato lei suggerisce ai suoi compagni di iscriversi al servizio civile per donare a Gioventù nazionale una parte del compenso mensile di 500 euro. «I ragazzi che lavorano per il servizio civile vengono pagati. Quel che veniva richiesto era di dare volontariamente 10 euro al mese per la bolletta della luce.»

Flaminia mi racconta di non aver visto la prima puntata del reportage di Fanpage perché si è sentita male («Ho perso quattro chili in una settimana») e di essersi imposta di guardare la seconda perché c'è una sua frase pesante su Ester Mieli, senatrice di Fratelli d'Italia e vicepresidente della Commissione Segre. La frase è questa: «La cosa più bella è stata prendersi per il culo sulle svastiche e poi io che avevo fatto un comunicato stampa di solidarietà a Ester Mieli».

«Quella frase» mi spiega «è stata estrapolata da una conversazione che aveva del surreale rispetto a una giovane liceale che, pochi giorni prima, si era presentata al circolo dicendo di essere interessata a farne parte. La ragazza ci disse che era brava a disegnare le svastiche. Naturalmente è stata invitata a uscire dal circolo da me e da un altro ragazzo presente. Il riferimento a Ester era paradossale, preso da una frase più ampia registrata mentre scherzavamo in auto rientrando dalla convention di Pescara prima delle elezioni europee. Al suo posto avrei potuto mettere mio padre ebreo.»

Si è scusata con Ester Mieli? «Ho provato a telefonarle, ma non mi ha risposto. Spero che avremo comunque modo di parlarci per chiarirci.»

Donzelli: «Pace e Partipilo sospese da Fratelli d'Italia. E indagini su alcuni minorenni»

Ilaria Partipilo, 24 anni, era la presidente di Gioventù nazionale di Bari. Apprezzatissima per le sue capacità organizzative, non si era mai fatta notare per frasi o atteggiamenti scorretti. Per questo ha fatto scalpore vederla al centro di una chat profondamente razzista. Le chiedo di chiarire, e lei si scusa: «Preferisco non parlare con nessuno, perché la vicenda mi ha profondamente segnato e sono in fase di rielaborazione di quanto è successo». Mi conferma però, come fanno altri, che quella chat è vecchia di alcuni anni, quando tutto il gruppo era formato da giovanissimi.

Elisa Segnini Bocchia si è dimessa da capo della segreteria di Ylenja Lucaselli, deputato emergente di Fratelli d'Italia, per aver detto frasi pesantissime contro Ilaria Salis («La metterei nel deserto a farla mangiare dalle formiche») e aver rivendicato di «non aver mai smesso di essere fascista e razzista».

Caterina Funel, 29 anni, romana della Garbatella, viene considerata l'esempio migliore della nuova generazione meloniana. Quando Vittorio Macioce, che la intervistava per «il Giornale» alla festa di Atreju il 15 dicembre 2023, le chiese se fosse fascista, lei rispose: «Non c'entro nulla con il fascismo. E non perché sono nata alla fine del secolo. È proprio perché non mi piace, non mi appartiene». I suoi eroi sono divergenti, ribelli, all'eterna ricerca della libertà. Come Katniss Everdeen, la protagonista di *The Hunger Games*, il film tratto dal romanzo *La ragazza di fuoco* di Suzanne Collins. «Non è un caso che la festa del movimento giovanile si chiami Phoenix. È la ragazza di fuoco. È il canto della rivolta.» E non a caso uno dei miti di Caterina è Shiva Amini, la calciatrice iraniana esempio di lotta per la libertà.

A me ripete di non essersi mai sentita fascista, ma di non potersi nemmeno dire antifascista, visto che così si definiscono quelli che il 15 ottobre 2011 hanno incendiato la casa di suo nonno. «Erano Black Bloc. Attaccarono una caserma alla Pisana e prese fuoco l'abitazione di mio nonno, il generale del genio Bruno Grazi, che era adiacente. Fu completamente distrutta. Mia nonna era stata appena operata alla caviglia e dovette fuggire con le stampelle. Mio nonno fu colpito per lo stress da Parkinson precoce. Dovette cambiare città. Fu risarcito dal ministero della Difesa, non dal comune di Roma, che ha rivoluto indietro i soldi che gli aveva versato.»

Da allora Caterina ha cambiato vita e ha iniziato a seguire Giorgia Meloni. «Mi sento a-fascista e sono contro ogni totalitarismo. Ma non riesco a definirmi antifascista come quelli di adesso.»

Le ricordo che Fanpage ha mostrato ragazzi del suo gruppo che cantavano canzoni fasciste. «Erano ragazzini che mi hanno chiamato in lacrime. Poco prima avevano cantato *Bella ciao* e persino *Bandiera rossa*.»

Per dimostrare l'ipocrisia di Gioventù nazionale, Fanpage ha impiccato Caterina Funel a una sequenza sapientemente montata. La storia me la racconta Giovanni Donzelli, segretario organizzativo di Fratelli d'Italia, testimone dei fatti.

«Fanpage monta prima le immagini di ragazzi che intonano canti fascisti e fanno il saluto romano, e poi Caterina che dice: finché ci sono giornalisti, non voglio sentire volare una mosca, con un chiaro riferimento a quanto accaduto prima. E invece si tratta di due momenti diversi. Le immagini dei ragazzi erano state girate chissà dove e quando.

«La sera precedente la convention elettorale di Pescara, alle 22.30, un gruppo di ragazzi che preparavano le bandiere per l'indomani stavano prendendo in giro Nicola, un giovane che lavora con me, inventando che fosse diventato papà. Lo facevano a voce alta vicino alla sala stampa. Qui era rimasto a lavorare un inviato, credo della "Stampa", che ha detto: ragazzi, fate meno confusione. Allora Caterina andò dal gruppo e disse: finché ci sono giornalisti, non voglio sentire volare una mosca. Tutto qui.»

E Donzelli conclude: «Flaminia Pace e Ilaria Partipilo sono sospese da Fratelli d'Italia per dare tutto il tempo necessario alla commissione di garanzia e disciplina di valutare e decidere. Caterina Funel non ha detto una parola fuori posto. Elisa Segnini Bocchia non è iscritta al partito. Stiamo approfondendo anche la posizione di altri ragazzi, ma essendo minorenni preferiamo non rivelare i nomi».

Procaccini: «Io e Giorgia non siamo stati fascisti nemmeno da ragazzi»

Nicola Procaccini, co-presidente del gruppo dei Conservatori e riformisti al Parlamento europeo, è inserito nel filmato di Fanpage, con l'accusa di fare il «saluto gladiatorio» (stringersi reciprocamente l'avambraccio). «Intanto si chiama "saluto legionario",» precisa «perché in uso fra i legionari dell'antica Roma. Non ha niente a che fare con il fascismo. Non so come ne sia nato l'uso nel movimento giovanile della destra italiana, forse proprio per superare il saluto romano con il braccio destro teso. In ogni caso, identificava l'appartenenza a una comunità politica che allora era totalizzante e a una generazione di cui, purtroppo, non faccio più parte. Farlo oggi, per me non avrebbe più senso. Sarebbe come vestirmi da giovane mentre non lo sono più.»

E allora? «Non ho fatto nessun saluto legionario. Non perché sia riprovevole o perché non l'abbia fatto in passato, ma perché a 48 anni sarebbe ridicolo. Se guarda bene l'immagine, che dura un paio di secondi, vedrà che una persona mi prende l'avambraccio da dietro.»

Però glielo hanno rimproverato anche a Strasburgo... «La capogruppo socialista Iratxe García Pérez ha detto: come fa Manfred Weber [*capogruppo del Partito popolare*] ad avere rapporti con Procaccini che fa il saluto fascista a una manifestazione? Le ho chiesto di scusarsi, altrimenti l'avrei denunciata per diffamazione. Non l'ha fatto e io l'ho denunciata alla Procura della Repubblica di Roma.»

All'inizio degli anni Novanta Procaccini ha militato con Giorgia Meloni, di cui è coetaneo (48 anni lui, 47 lei), nei «Gabbiani», la corrente romana del Movimento sociale guidata da Fabio Rampelli, oggi vicepresidente della Camera. «Il nostro percorso di Gabbiani è stato diverso da altri» mi racconta. «Non troverà mai un nostro gesto veterofascista. Io e Giorgia non siamo stati fascisti nemmeno da ragazzi. Ci sembrava una noiosa anticaglia. Subivamo il fascino di Gramsci e Marinetti, Che Guevara e d'Annunzio, Battisti e Anna Magnani. "Tutti gli uomini di valore sono fratelli" recitava un nostro manifesto universitario. Alla Sapienza eravamo eretici, sovversivi rispetto all'ortodossia di destra e di sinistra.»

Ma se fascisti non lo eravate voi, gli chiedo, come si spiega oggi questo sottobosco giovanile di nostalgici? «Non c'è nessun sottobosco» replica Procaccini. «Il problema è che è molto difficile far parte del movimento giovanile di un partito che sta al governo. Si fa politica a scuola per lottare contro il sistema. Ma se il sistema sei finalmente tu, è difficile essere attrattivi.» E prosegue: «In privato può capitare di usare un linguaggio irriverente che in pubblico desterebbe scalpore, ma sono provocazioni da stadio rispetto all'ossessione "antifa". Credo che Flaminia Pace sarebbe la prima antifascista dinanzi a un regime che conculchi la libertà di pensiero e di voto».

Questo fu il commento a caldo di Giorgia Meloni sulla vicenda Fanpage: «Chiedo al presidente della Repubblica se è consentito di riprendere segretamente le riunioni di partito. Perché sappiamo che, da oggi, è consentito infiltrarsi nei partiti politici e riprenderne segretamente le riunioni. Questi sono i metodi che usavano i regimi».

VIII
Tajani, Salvini, Vannacci: come cambia la politica a destra

Antonio Tajani, un moderato con la valigia

Sono passati trent'anni da quando il giovane portavoce Antonio Tajani mi accompagnò a villa Certosa, in Sardegna, per il primo colloquio, destinato al mio libro *Il cambio*, con Silvio Berlusconi, da poco presidente del Consiglio. Gli è rimasto fedele per tutta la vita e anche dopo la morte, avvenuta il 12 giugno 2023.

Si disse, allora, che – politicamente – Tajani sarebbe stato inumato con Berlusconi a causa dell'estinzione della stessa Forza Italia, costruita dal Cavaliere con la polvere e destinata a tornare polvere. Noi cronisti lo trattavamo come si fa con i malati terminali, ma anche con il sincero, cordiale auspicio che alle elezioni europee il suo partito superasse la soglia fatale del 4 per cento, magari con qualche donazione di sangue da parte di Fratelli d'Italia, interessato al permanere nella coalizione di un membro del Partito popolare europeo dotato di un dignitoso bagaglio di voti.

Il 9 giugno 2024 Forza Italia ha preso il 9,63 per cento, 140.000 voti più della Lega. Oltre il 10 per cento, se si aggiungono quelli della Südtiroler Volkspartei, con cui era apparentata. E questa è stata una vera sorpresa. Alle elezioni politiche del 2022, le ultime con Berlusconi, il partito azzurro aveva registrato il suo minimo storico (8,1 per cento), inferiore allo scioccante 8,8 ottenuto alle europee del 2019, che lasciò interdetto il Cavaliere, convinto di non scendere sotto il 10 per cento.

Quello che incontro, perciò, è un leader in stato di grazia, confermato alla guida del partito da un congresso, secondo solo a Giorgia Meloni nell'indice di fiducia degli italiani grazie a una politica chiara e prudente, e all'enorme visibilità come ministro degli Esteri che gli hanno portato le tre guerre in corso (Ucraina, Hamas, Hezbollah).

Tajani è stato presidente del Parlamento europeo (2017-2019), vicepresidente della Commissione europea (2010-2014) e, per due volte, commissario europeo: per i Trasporti (2008-2010) e per l'Industria e l'imprenditoria (2010-2014). Ha partecipato, anche nell'ombra, alle trattative per collocare a Bruxelles Raffaele Fitto con deleghe di riguardo e con quel ruolo di vicepresidente esecutivo che mancò (per la prima volta) all'Italia nella legislatura precedente, con Paolo Gentiloni commissario per gli Affari economici e monetari.

Quando, durante il nostro incontro, gli faccio notare che Fratelli d'Italia, Forza Italia e Lega appartengono a famiglie politiche diverse, mi dice: «Non faremo alleanze con i tedeschi di AfD [*Alternative für Deutschland*] e con gli austriaci di FPÖ [*Freiheitliche Partei Österreichs*]», ma al tempo stesso mi ricorda che la narrazione di alcuni giornali italiani sui tre partiti divisi, di cui uno (la Lega) dipinto come di estrema destra, non ha un riscontro reale, perché l'immagine del governo (e della sua compattezza) è garantita dal presidente del Consiglio nei suoi frequenti viaggi all'estero, dove «la Meloni è molto apprezzata per la sua coerenza e per la sua estrema franchezza: sì, sì / no, no». E aggiunge: «Io stesso, quando vado fuori Italia, non trovo gente che mi parla di Salvini. Ciò detto, è indubbio che l'estrema destra in Europa avanzi. Ma non governa, perché senza il centro non si governa».

Secondo Tajani, anche in Italia il Centro, con la maiuscola, è determinante. «Ha visto che tre personalità significative (Gelmini, Carfagna e Versace) hanno abbandonato Calenda e Azione per entrare in Noi Moderati, che domani può diventare un traghetto verso di noi?»

Quali sono i confini del vostro spazio politico?, gli domando. «Forza Italia è il catalizzatore tra Meloni e Schlein. Siamo collegati a sindaci civici di area popolare, come Scajola a Imperia e Baccini a Fiumicino» precisa. E continua: «La nostra grande forza è di far parte del progetto europeo ed europeista del Ppe. Abbiamo grandi riconoscimenti da tutti i leader popolari, da Ursula von der Leyen al capogruppo a Strasburgo Manfred Weber, al presidente della Cdu tedesca Friedrich Merz, che certamente sarà il prossimo cancelliere in Germania».

«Non siamo uno strumento dei Berlusconi»

Alludendo all'accusa di un presunto condizionamento subìto da Forza Italia da parte della famiglia del suo fondatore, Tajani mi dice: «È una carognata infame perché non è vero».

Il 26 giugno 2024 Marina Berlusconi, in un'intervista al «Corriere della Sera», ha detto: «Se parliamo di aborto, fine vita o diritti Lgbtq, mi sento più in sintonia con la sinistra di buon senso che con il governo». Chiedo dunque ora a Tajani se la posizione di Marina sui diritti civili non la porti a sinistra del suo elettorato. «I media hanno estremizzato la sua posizione» mi risponde. «Pur essendo il partito con il maggior numero di cattolici tra i suoi elettori, Forza Italia è stato fin dalla fondazione un partito laico che ha lasciato piena libertà di coscienza anche sui temi più delicati come il divorzio e l'aborto. C'è sempre stata grande tolleranza.»

Marina e Pier Silvio Berlusconi hanno confermato la garanzia accesa dal padre sui debiti di Forza Italia. Non è di per sé un condizionamento pesante? «Ci stimiamo, ci vogliamo bene. Sono amici e non mi hanno mai chiesto di fare un solo intervento suggerito da loro. Insomma, non siamo certo un loro strumento.»

Il 17 luglio 2024 Pier Silvio ha detto al «Corriere della Sera»: «I moderati in Italia sono la maggioranza, ma non si riconoscono in qualcuno. Un conto è una Forza Italia di resistenza, un altro di sfida». Vuole candidarsi alle prossime elezioni?, domando. «No» nega recisamente Tajani. «Anche

Pier Silvio mi ha telefonato per congratularsi quando sono stato eletto dal congresso. Ma a me va benissimo che arrivi più gente per aiutarmi sulla tolda di comando.» (Si è parlato dell'ingresso in Forza Italia di volti nuovi e di intellettuali, come quei Colletti, Melograni, Pera e altri coinvolti da Berlusconi all'inizio della sua avventura politica.)

Alcuni sostengono che sia stata Marina a suggerirvi l'apertura sullo «ius scholae», che adesso chiamate «ius Italiae». «Un falso. È una scelta dettata dalla nostra coscienza, dalla nostra visione della società italiana, dei suoi problemi, e dal fatto che non possiamo lasciarli marcire, ma dobbiamo affrontarli con intelligenza, senza ideologismi.»

Faccio notare, però, al segretario nazionale di Forza Italia che l'età a cui deve essere concessa la cittadinanza italiana ai ragazzi stranieri, tema tra l'ideologico-umanitario e il politico, ha creato un contrasto con gli alleati. «Non capisco perché un ragazzo che frequenta la scuola dell'obbligo con profitto per dieci anni fino a 16 anni non possa diventare cittadino italiano. Conosce bene l'italiano, ha studiato storia e educazione civica, lo Stato ha investito su di lui, parla in dialetto con i suoi compagni di scuola… È stato educato a essere cittadino, non deve essere lasciato a galleggiare in un limbo d'incertezza, può essere cittadino al momento giusto.»

Tajani è invece contrario al referendum promosso dalla sinistra sulla cittadinanza da concedere ai minori stranieri al termine della scuola elementare. «Cinque anni sono troppo pochi. E, a maggior ragione, non può bastare la sola nascita in Italia per essere italiano.» E aggiunge: «Piuttosto dobbiamo stare attenti agli imbrogli che si nascondono dietro lo "ius sanguinis". Sono in molti a volere il passaporto europeo, e allora nascono agenzie, come in Brasile, che con 350 euro comprano trisavoli italiani che ti garantiscono la cittadinanza. Persone che si presentano ai consolati e non conoscono una parola d'italiano. Per frenare questi imbrogli, al ministero degli Esteri le richieste vengono controllate da un nostro funzionario, da un carabiniere e da un finanziere».

Veniamo all'autonomia differenziata, che non entusiasma Forza Italia... «Deve e può essere fatta bene per non danneggiare il Sud.»

Lei è anche ministro per la Cooperazione internazionale. Ora, il presidente della Regione Veneto Luca Zaia rivendica per le regioni questa delega perché non è tra le materie previste dalla legge sull'autonomia, che devono rispettare i «livelli essenziali di prestazione». «Come facciamo a spezzettare fra 20 regioni una politica internazionale che deve sovrintendere a più di 600 miliardi di euro di export, ovvero un equivalente del 40 per cento del pil?» osserva. «Come facciamo a mettere il vino pugliese in concorrenza con quello piemontese? Occorre una regia unica nazionale, con impegni e azioni delegati alle varie regioni.»

Il nostro colloquio finisce qui. Le guerre erano due (Ucraina e Gaza), adesso sono diventate tre con quella israeliana in Libano contro Hezbollah. I terroristi stavano progettando un orrore che sommasse i mezzi e le modalità operative del 7 ottobre 2023 (deltaplani, motociclette, armi automatiche e bombe a mano) a quelli dell'11 settembre 2001 (aerei pronti a sfondare i grattacieli di Tel Aviv o, comunque, ad abbatterne qualcuno). Con i 1200 soldati italiani dell'Unifil che non riescono a fare il loro lavoro di sorveglianza-mediazione perché sotto il tiro degli israeliani che non vogliono intralci né testimoni. E il ministro degli Esteri italiano si rimette in viaggio...

La prima Pontida internazionale

Ah, la mitica Pontida d'altri tempi. Guardavi Umberto Bossi e lo scambiavi per Alberto da Giussano, il leggendario trascinatore dei comuni lombardi contro il Barbarossa (1176). Incontravi gente con elmi e spadoni, per la delizia dei fotografi e dei corrispondenti stranieri: andavano a bere l'acqua delle sorgenti del Po e sognavano la secessione padana. Ma la secessione li affondò. Trent'anni fa erano già al governo e proprio alla Pontida del 1994, appena vinte le elezioni, il Senatùr cominciò a pensare al ribaltone contro il

Cavaliere. Travolto dalla rivoluzione mancata, nel 2000 tornò all'ovile, e nel 2001 Massimo D'Alema, per portarlo invano dalla sua parte («La Lega costola della sinistra»), fece modificare in senso federalista la Costituzione e sull'applicazione di questa modifica oggi ci si accapiglia.

Il 6 ottobre 2024, a Pontida Bossi non c'è più, ma c'è Viktor Orbán, controverso leader ungherese amato e odiato come pochi. E c'è Roberto Vannacci, generale della Folgore da 547.000 preferenze. «Veniamo a Pontida da decenni, l'ultimo raduno è stato il trentaseiesimo» mi dice Matteo Salvini, segretario della Lega da undici anni (15 dicembre 2013). «La Lega è da tempo nazionale. Fino a dieci anni fa era solo nordista: oggi siamo presenti in tutta Italia, con assessori in Molise, Calabria, Sicilia… E abbiamo celebrato la prima Pontida internazionale.»

La novità è questa. Sul palco di Pontida, oltre a Orbán, ci sono, infatti, il tostissimo olandese Geert Wilders, il cui partito islamofobo ha stravinto le elezioni politiche del 2023 (23,8 per cento dei voti); il portoghese André Ventura, leader di Chega, il partito di destra passato, tra le elezioni del 2022 e quelle del 2024, dal 7 al 18 per cento; l'austriaca Marlene Svazek (il suo FPÖ, partito di estrema destra, alle elezioni del 29 settembre 2024 è risultato primo con il 28,8 per cento dei voti, battendo Popolari e Socialisti); lo spagnolo José Antonio Fuster, portavoce di Vox, il partito di destra che, lasciando i Conservatori per i Patrioti, li ha portati a essere il terzo gruppo al Parlamento europeo dopo Popolari e Socialisti. Si aggiungano i videomessaggi di Jordan Bardella, 29 anni, presidente del Rassemblement National di Marine Le Pen, e dell'ex presidente brasiliano Jair Bolsonaro. Orbán è la star di Pontida («Viktor! Viktor!» grida la folla leghista) e lui ricambia la cortesia definendo «eroe» Salvini per la persecuzione giudiziaria di cui è vittima.

Nella nuova Pontida, la Lega ha sostituito Alberto da Giussano con papa Pio V che, nel 1571, patrocinò la nascita della Lega santa tra la Repubblica di Venezia e la Spagna di Filippo II per arginare l'espansione turca dopo la caduta di Famagosta, nell'isola di Cipro. E vi riuscì con la vittoria di Lepanto. Oggi la battaglia leghista non è più contro il centralismo romano, ma contro quello di Bruxelles, che i Patrioti per l'Europa giudicano asfissiante.

Tutti i partiti aderenti al nuovo gruppo parlamentare europeo vengono comunemente giudicati di estrema destra, etichetta che Salvini respinge con decisione. «La Lega» mi spiega «è un movimento conservatore legato alla sovranità nazionale, con grande attenzione alle identità locali. Chiamarci di estrema destra denota ignoranza. Capirei destra, ma perché estrema? Un terzo di francesi, austriaci, tedeschi, spagnoli, belgi sono estremisti? Siamo un grande gruppo di centrodestra, alternativo ai Socialisti.»

Il primo obiettivo del nuovo schieramento – al quale guardano con interesse anche i tedeschi di AfD – è forzare il cordone sanitario europeo che ha escluso i Patrioti da tutti gli incarichi parlamentari. Cosa comprensibile per i posti «politici», non per quelli «amministrativi», come i questori. «Questo totale isolamento, il rifiuto di ammetterci in qualunque commissione,» commenta il segretario della Lega «oltre a essere giuridicamente illegittimo, è politicamente miope. A Bruxelles non capiscono dove sta andando il mondo. Fanno come Maria Antonietta che alla folla infuriata per la mancanza di pane suggerisce di mangiare brioches...»

Chiedo a Salvini qual è la differenza tra i Patrioti e i Conservatori europei guidati da Giorgia Meloni. «I punti di contatto sono maggiori di quelli divergenti» precisa. «Io lavoro per un unico grande gruppo di centrodestra alternativo ai Popolari. Ma loro si vedono riconosciuti dei ruoli, mentre noi siamo condannati all'isolamento.»

Salvini mi ripete in privato quel che mi ha detto sempre in pubblico: «Dopo due anni di governo insieme, il rapporto con Giorgia Meloni è solidissimo in politica e fuori della politica. Con Francesca [*Verdini, la sua fidanzata*] e le bambine abbiamo fatto anche qualche giorno di vacanza senza che nessuno ne sapesse niente».

E con Tajani? «Rispetto e stima reciproca, nati già quando stavamo all'opposizione. Siamo legati anche dalla riconoscenza, l'affetto e l'amicizia che entrambi abbiamo avuto per Silvio Berlusconi. Pur essendo stati sempre in famiglie politiche diverse.»

Approfondiremo tra poco con i governatori il discorso sull'autonomia differenziata, ma ora Salvini mi fa un esempio a proposito della necessità di far gestire direttamente alle regioni la politica ambientale. «Abbiamo pietre come materiale di scavo del tunnel che passa sotto il porto di Genova. L'economia circolare vorrebbe che usassimo quelle pietre per riempire i cassoni della diga di Genova. Risparmieremmo tempo e inquinamento. E, invece, la sovrintendenza nazionale ci dice che non lo possiamo fare.»

Il segretario della Lega è convinto che dall'autonomia differenziata il Sud possa guadagnarci più del Nord, «valorizzando giovani imprenditori e giovani professionisti. Pensi che vantaggio avrebbero gestendo in proprio il loro immenso giacimento di beni culturali». E tiene a precisare: «Non abbiamo mai pensato di togliere un euro a nessuno. Chi lo risparmia se lo tiene, ma il bello dell'autonomia è la libertà di attuarla o no. A una regione non piace? Non la faccia».

Sull'accorciamento dei tempi per la concessione della cittadinanza ai ragazzi stranieri, Salvini non intende nemmeno aprire il discorso: «Parlano i numeri. Siamo il paese europeo che ne ha concesse di più negli ultimi dieci anni».

Quanto al contestatissimo ponte di Messina, il ministro delle Infrastrutture mi dice che, superato l'ultimo ostacolo (impatto ambientale), «l'opera sarà utile all'Italia e ammirata in tutto il mondo». E respinge al mittente le critiche sugli inconvenienti (anche gravi) che si manifestano ogni tanto sulla rete ferroviaria: «Ci sono 1100 cantieri aperti per renderla più moderna. Dovremmo chiudere alcune linee, ma non è possibile».

Salvini: «Sono colpevole di aver difeso l'Italia»

In politica estera, la Lega ha votato regolarmente con la maggioranza gli aiuti – anche militari – all'Ucraina, pur se personalmente Salvini è contrario, ritenendo che con tante armi sia difficile far cessare i combattimenti. Sospettato dall'opposizione di avere sempre un occhio di riguardo per Vladimir Putin (elezioni in Russia, morte di Alexei Navalny), lui afferma che, dopo l'invasione dell'Ucraina nel febbraio 2022, ha interrotto qualunque tipo di contatto con il Cremlino. Nel 2017 la Lega aveva sottoscritto con Russia Unita un accordo quinquennale di «collaborazione e cooperazione» che, in mancanza di disdetta, si sarebbe rinnovato automaticamente nel 2022. «Era solo una lettera d'intenti non legalmente vincolante, come chiarito all'ultimo punto del documento,» mi spiega il vicepresidente del Consiglio «oggi completamente superata dalla guerra. Mi auguro che manchino pochi mesi alla fine del conflitto e vedo qualche segnale in questo senso.»

Naturalmente, nell'autunno del 2024, Salvini è concentrato soprattutto nel «processo della vita», quello per sequestro di persona (sei anni di carcere chiesti dall'accusa) in danno di 147 profughi rimasti per venti giorni fermi davanti a Lampedusa a bordo della nave *Open Arms* dell'omonima ong spagnola. Ne ha ricostruito lui stesso la storia in *Processo a un italiano*, aggiornamento del suo libro *Controvento*.

In breve, la vicenda: il 29 luglio 2019 *Open Arms* salpa da Siracusa diretta a Lampedusa. Il 1° agosto *Open Arms* riesce a intercettare un barcone carico di migranti e, da quel momento, brucia intere giornate nel Mediterraneo, secondo la difesa di Salvini, rifiutando di andare in Libia, in Tunisia, a Malta, in Spagna. Vuole venire solo in Italia, nonostante fin dal 1° agosto il nostro governo avesse notificato alla nave il divieto di sbarco. E intanto continua a raccogliere migranti, finché il 20 agosto arriva davanti a Lampedusa con 164 profughi a bordo.

Salvini mi racconta che, al processo a Palermo, scoprì che un sottomarino della marina militare italiana aveva fotografato il recupero dei primi 50 migranti e che gli inquirenti avrebbero saputo che l'intervento di soccorso sarebbe stato possibile grazie alla soffiata – sospetta lui – di uno scafista. (È il sospetto di sempre: gli scafisti organizzano un appuntamento in mare con le ong alle quali consegnano il loro carico di migranti.)

«Venti giorni di navigazione nel Mediterraneo, nonostante per raggiungere la Spagna sarebbero bastate 72 ore» commenta il segretario della Lega. Poi, su richiesta dell'allora presidente del Consiglio Giuseppe Conte, furono fatti sbarcare 27 minorenni, dei quali 8, secondo Salvini, una volta a terra avrebbero confessato di essere maggiorenni. Alla fine, il 20 agosto, lo sbarco venne autorizzato.

Nella sua arringa l'avvocato difensore di Salvini, Giulia Bongiorno, ha citato un video girato nell'agosto 2019 che riprende «un'esplosione di gioia» a bordo della *Open Arms* e dovuta non allo sbarco dei presunti sequestrati, ma – come commentò Óscar Camps, il fondatore della ong catalana – perché «è caduto il ministro Salvini». Per la difesa, questa è la prova che *Open Arms*, dopo le ombre su come riuscì a intercettare il barcone, evitò in tutti i modi di far sbarcare i migranti perché era interessata non a salvarli, bensì a combattere una battaglia politica contro l'allora ministro dell'Interno. La Bongiorno avrebbe ribaltato, insomma, i termini del processo.

Nella ricostruzione contenuta nella riedizione del suo libro, Salvini ricorda che dal 1° agosto 2017 al 1° giugno 2018 quando all'Interno c'era Marco Minniti (Pd), che pure aveva ridotto gli sbarchi, questi erano stati 42.700. Nei dodici mesi successivi, con lui al Viminale, erano scesi a 8691, per risalire a 21.600 nel 2020, con il prefetto Luciana Lamorgese.

Il 14 marzo 2021 Goffredo Buccini del «Corriere della Sera» riferì che, nel giro di un mese, la Lamorgese era riuscita a bloccare con il fermo amministrativo 7 navi ong contemporaneamente, mentre Salvini non era andato oltre le 4.

Esistono due episodi che confermano che il processo Open Arms è un processo politico, almeno nelle premesse. Il primo è l'intercettazione di una frase di Luca Palamara, quando era il potentissimo presidente dell'Associazione nazionale magistrati. A un collega siciliano che gli esprimeva perplessità sull'iniziativa nei confronti dell'ex ministro dell'Interno, rispose: «Salvini ha ragione, ma va attaccato».

Il secondo episodio è il diverso atteggiamento tenuto dalla maggioranza di governo per il caso Open Arms rispetto a quello della nave *Ubaldo Diciotti* della guardia costiera italiana, che il 16 agosto 2018 soccorse 190 migranti al largo di Malta. I maltesi, come spesso accade, rifiutarono lo sbarco e la *Diciotti*, trasferite d'urgenza 16 persone malate, rimase ferma nel porto di Catania per sei giorni. Salvini non dovette allora rispondere di sequestro di persona aggravato, perché la giunta per le autorizzazioni a procedere (maggioranza Lega - 5 Stelle) respinse la richiesta dei magistrati, accolta, invece, per la vicenda Open Arms da una maggioranza Pd - 5 Stelle.

Anche nel caso della nave *Gregoretti* (135 persone trattenute a bordo tra il 25 e il 31 luglio 2019, salvo il consueto sbarco di malati e minori), Pd e 5 Stelle mandarono l'ex ministro dell'Interno a processo, ma il giudice dichiarò il non luogo a procedere perché il fatto (sequestro di persona) non sussiste.

Dopo la richiesta di condanna a sei anni nel processo Open Arms, Matteo Salvini ha dichiarato: «Sono colpevole di aver difeso l'Italia e gli italiani, e di aver mantenuto la parola data».

Vannacci: «Non faccio il partito. O forse...»

Pontida 2024 era molto attesa non solo per la presenza di Orbán, ma soprattutto per l'arrivo del generale Roberto Vannacci, che alle elezioni europee del 9 giugno ha preso una valanga di preferenze. (Ho fatto i conti con lui: 189.000 nel Nord Ovest, 143.000 nel Nord Est, 117.000 nel Centro, 73.000 nel Sud, 35.000 nelle Isole. Totale 557.000.) Prima di Pontida – e, per la verità, anche dopo – se ne son dette di tutti i colori. Vannacci fa il partito. Vannacci scala la Lega. Vannacci al posto di Salvini, e così via.

Chiedo a Salvini se, per lui, Vannacci sia un'opportunità o un rischio. «È un bicchiere mezzo pieno per entrambi» risponde. «C'è chi candida Ilaria Salis e chi Roberto Vannacci. Fate voi...»

Come vi siete incontrati? «L'ho cercato dopo i primi dieci giorni di massacro mediatico all'uscita del libro *Il mondo al contrario*. Siamo entrati subito in sintonia e abbiamo convenuto che si candidasse mesi prima delle elezioni.» (A proposito dell'incredibile risultato editoriale ottenuto, il generale ricorda sempre nelle preghiere serali Paolo Berizzi, il giornalista della «Repubblica» autore di una violentissima campagna contro il libro: un modo infallibile per portarlo al successo.)

Vannacci farà un suo partito? «Non lo farà...» mi risponde senza incertezze Salvini.

E la freddezza dei «colonnelli» della Lega? «Abbracci e baci nel retropalco senza telecamere...»

Con il generale Vannacci celiamo sul fatto che lui non esclude mai nulla, nemmeno di tornare in servizio. «Ho 56 anni, alla fine del mandato europeo potrei andare in pensione a 61, ma se fossi promosso generale di corpo d'armata, avrei tempo fino a 63. Andare in pensione mi converrebbe: cumulerei il vitalizio con l'assegno parlamentare. Ma sono ancora troppo legato alla famiglia militare per farlo. E non sono certo l'unico soldato ad aver chiesto l'aspettativa parlamentare: ci furono i generali Mauro Del Vecchio e Domenico Rossi, c'è un ufficiale di marina che fa il consigliere regionale. E poi non mi piace che siano dei giornalisti a dirmi cosa devo fare della mia vita.»

Anche Vannacci nega che ci sia freddezza nei suoi confronti da parte dei dirigenti della Lega. «Ho avuto scambi cordiali con Zaia, con Fedriga, e con Calderoli ho mangiato un panino nel retropalco. Sono una persona nuova, capisco che non vengano ad abbracciarmi.» E nega di voler fare concorrenza a Salvini: «Tra noi c'è un'intesa perfetta anche senza sentirci».

Presenterà una mozione al congresso della Lega?, gli domando. «Dopo aver fatto per 37 anni un altro lavoro, all'inizio non avevo capito. Poi mi hanno spiegato che le mozioni si fanno quando ci sono le correnti. E nella Lega non ci sono. Eppoi senta: per aspirare alla segreteria di un partito servono capacità ed esperienza che, al momento, non credo di avere.» E aggiunge: «Io voglio cambiare l'Italia e l'Europa.

Il partito è lo strumento più difficile e in salita per farlo. Pur non escludendolo, non è quella la strada principale».

Però, gli faccio notare, il tenente colonnello Fabio Filomeni, suo istruttore ai tempi del reggimento Col Moschin, ha messo in piedi una macchina da guerra. Ha costituito sezioni del movimento «Il mondo al contrario» in tutte le circoscrizioni delle elezioni europee... «Filomeni ha fatto tutto da solo e io poco c'entro» precisa. «Si è limitato a mandarmi un documento che era un'elaborazione intellettuale, destinata a trasformare presto un'associazione culturale in associazione politica.»

E il Movimento Europa sovrana e indipendente? «Non è un movimento» replica Vannacci. (Dal sito europasovranaeindipendente.eu: «Il Comitato politico "Europa sovrana e indipendente" nasce all'inizio del 2024 per iniziativa del tenente colonnello Fabio Filomeni, che riunisce attorno a sé esperti di geopolitica, diplomatici e professionisti nel campo giuridico e sociale per proporre un'idea politica di Europa, idonea a rispondere alle sfide della nuova situazione internazionale».)

«È stato tolto spazio vitale alla Russia»

Lei pensa a un'Italia fuori dalla Nato?, chiedo a Vannacci. «Assolutamente no. Essere sovrani non significa uscire da un'organizzazione che ha garantito la pace per più di cinquant'anni. Un'alleanza politica e militare che ha funzionato bene, anche se andrebbe rivisitata.»

E come, allora? «Incrementando la cooperazione con l'Unione europea e facendola tornare a essere un'alleanza prettamente difensiva, perché con il termine "difesa preventiva" si è forse esagerato compiendo operazioni – come i bombardamenti in Libia durante le primavere arabe – che hanno fornito pessimi risultati. Inoltre, la Nato dovrebbe anche tenere conto degli interessi europei e non solo dei soci di maggioranza.»

Di qui la simpatia del generale (e della Lega) per l'America di Donald Trump. «"America First" vuole limitare gli interventi Nato a tutto campo. Trump ha sempre auspicato una Nato meno ingerente negli affari dell'Unione europea e un'Europa con maggiore voce in capitolo nella Nato.»

E che ne pensa di un esercito europeo? «Non può esistere la cessione di parti di sovranità nazionale. Gli eserciti devono rimanere nazionali come espressione della sovranità dello Stato. A livello europeo è giusto creare sinergie a livello industriale e capacitivo e piena interoperabilità fra le truppe. La Ue dovrebbe fungere da soggetto importante di diritto internazionale, fornendo la base giuridica per un eventuale intervento. L'intervento armato dovrebbe poi essere fisicamente compiuto da quelle nazioni che più sono interessate territorialmente e dal punto di vista degli interessi nazionali. Gli interessi europei sono talmente frammentari che l'esercito danese non avrebbe convenienza a intervenire nel Mediterraneo.»

Nell'estate del 2023 ebbi sui giornali una polemica con Vannacci: mi risultava che uno stop alla sua carriera, in contraddizione con un curriculum assolutamente prestigioso, fosse determinato da un eccesso di simpatia verso la Russia durante il periodo in cui il generale fu addetto militare a Mosca (2021-2022). Lui negò, dicendo che se questo fosse stato vero, l'esercito avrebbe dovuto richiamarlo. Ma quando adesso gli domando se l'Italia e l'Europa dovrebbero riavvicinarsi alla Russia, la sua risposta è la seguente: «Dobbiamo essere pragmatici. Un'entità geopolitica come l'Eurasia, che metta insieme le infinite risorse naturali della Russia e le capacità industriali europee, costituirebbe un blocco formidabile nei confronti del resto del mondo».

Dovremmo, dunque, allearci con la Russia? «Un'alleanza Russia-Europa oggi è impossibile, ma un vero accordo commerciale sarebbe vincente.»

Perché la Russia ha invaso l'Ucraina?, gli chiedo. «La Russia da sempre ha poggiato la sua sicurezza su due pilastri: il clima e lo spazio. Ha vinto due guerre – contro Napoleone e contro Hitler – utilizzando entrambi i pilastri, facendo avanzare il nemico e poi sconfiggendolo.»

E l'Ucraina? «L'espansione a est della Nato ha tolto progressivamente spazio vitale alla Russia, costringendola a una guerra esistenziale. Putin non fa la guerra a Zelenskyi, ma all'Occidente.»

Quindi, lei condivide l'invasione... «No, ma interpreto la percezione russa. Putin aveva posto tre condizioni per risolvere la crisi. L'Ucraina non sarebbe dovuta entrare nella Nato, avrebbe potuto fare un ingresso condizionato nell'Unione europea e non avrebbe dovuto avere armi di lunga gittata. Invece di discutere, l'Occidente ha risposto ruvidamente. Ripeto, tuttavia, di non condividere l'invasione.»

Fu Stalin a consacrare Ucraina e Bielorussia come Stati autonomi e a far loro avere un seggio alle Nazioni Unite. Se mettiamo in discussione nel XXI secolo i diritti e i confini di uno Stato sovrano, non avremo più limiti alle violazioni del diritto internazionale.

Chiedo a Vannacci se la Nato ha sbagliato a mettere i propri missili in Polonia. «Non credo che il problema sia nella vecchia soluzione della deterrenza. Mi preoccupano assai più le armi di lunga gittata in Ucraina» mi risponde.

Ma se qualcuno le spara dalla finestra di casa sua, non le pare giusto andare là dov'è per fermarlo? «Molti aerei russi decollano da Mosca. Bombardiamo la capitale? Autorizzando l'uso delle armi occidentali nel loro territorio, i russi vedono interrotti i loro canali di approvvigionamento, e allora...»

Vannacci è preoccupato per il progressivo rafforzamento dei paesi del Brics (Brasile, Russia, India, Cina e Sudafrica) ed è impressionato dal fatto che 53 paesi africani su 54 siano andati a rapporto dalla Cina. Ricorda, poi, la sua vecchia esperienza in Afghanistan. «Sa che cosa mi dicevano i talebani? Voi avete gli orologi, noi il tempo. Cina e Russia ne hanno molto.» Anche se la guerra in Ucraina ha ridotto la Russia a vassallo della Cina.

L'11 aprile 2023, invitandomi a cena prima di lasciare l'Italia, l'ambasciatore russo Sergej Razov mi disse: «Vent'anni fa, quando ero ambasciatore in Cina, la loro economia era un quarto di quella russa, oggi è sette volte più grande...».

Zaia: «Possono esserci venti Protezioni civili»

Nella Lega c'è chi non ama il generale Vannacci e lo considera un pericolo per il partito. Alla vigilia delle elezioni europee del 2024, nessuno dei governatori del Nord interpellati disse che l'avrebbe votato, volendo privilegiare il territorio. Adesso temono che un nuovo partito da lui promosso possa mettere in difficoltà la Lega. Del resto, l'ala governativa leghista che agisce sul territorio, per sua natura prudente, non ha mai amato l'allargamento del partito al Sud («Vorrei che si chiamasse Lega Nord» ha dichiarato Luca Zaia. «Anzi, Liga») né lo spostamento a destra, nella prospettiva che la Meloni diventi sempre più «democristiana». Rimpiangono forse la Lega non ideologica e pragmatica – la «Lega dei tombini» cara a Bossi –, e temono che l'elettorato di Vannacci non abbia gli anticorpi che hanno consentito al partito di superare burrasche di ogni genere.

D'altra parte, la scelta di candidare il Generale (con la maiuscola) al momento si è rivelata vincente: senza i suoi 557.000 voti, la Lega avrebbe perso un paio di punti, entrando in forte difficoltà. Oggi Salvini si è rafforzato, pur essendo la Lega quasi ai minimi storici, e a Bruxelles i Patrioti, al contrario delle previsioni, non sembrano affatto isolati, visto che insieme ai Popolari e ai Conservatori hanno stretto intorno a Raffaele Fitto una cintura di sicurezza nel decisivo calendario delle audizioni, battendo Socialisti e Verdi che avrebbero voluto trafiggerlo in partenza. Insomma, si conferma che a via Bellerio il capo è il capo e non c'è alle viste nessuna «notte delle scope», come quella che nella primavera del 2012 mise Bossi e il suo «cerchio magico» fuori dal partito. Ma lì c'erano in ballo scandali e familismi eccessivi, che non appartengono alla gestione attuale.

Oggi Zaia e i suoi colleghi governatori del Nord sono concentrati nel difendere l'autonomia differenziata, una bandiera ideologica che cambia colore con il mutare delle stagioni politiche. È figlia della modifica costituzionale del 2001, quando D'Alema, illudendosi di sedurre il Senatùr tornato con Berlusconi, fece approvare con tre soli voti di maggioranza la modifica del Titolo V della Carta costituzionale, che delega alle regioni un'enorme quantità di poteri (dalla sanità al turismo, all'energia). Al referendum confermativo, la riforma passò con 10 milioni di sì contro 5 milioni di no. La legge ordinaria approvata il 26 giugno 2024 e giudicata dalla sinistra una specie di colpo di Stato è la semplice applicazione di una riforma voluta dalla sinistra stessa. Tant'è vero che Stefano Bonaccini, presidente del Pd e allora dell'Emilia Romagna, è stato lesto a chiedere autonomia su un gran numero di materie, quasi come il Veneto, seguito parzialmente da due importanti governatori democratici, De Luca (Campania) ed Emiliano (Puglia). Salvo poi cambiare parere con il cambio della stagione politica e l'avvento di un governo di centrodestra.

L'autonomia è materia delicata, da maneggiare con cura, per evitare che da occasione per far crescere anche il Sud diventi la causa del suo definitivo distacco. Oggi è poco più di una scatola vuota, perché, per passare alle regioni, le materie sensibili (come la scuola) e altre tredici materie (fra cui la tutela della salute, la ricerca scientifica e tecnologica, i rapporti internazionali e con l'Unione europea) hanno bisogno che vengano approvati i «livelli essenziali di prestazione» (Lep): entro due anni e con un finanziamento valutato dallo Svimez in 100-200 miliardi, che, allo stato presente, non è chiaro dove reperire.

Zaia sa che la strada è lunga e accidentata, ma è pronto a trattare su tutti i capitoli. «Prendiamo la Protezione civile» mi dice. «Mi si obietta che non possono esserci venti Protezioni civili, una per regione. Però, quando c'è una calamità, le ordinanze in deroga le fa lo Stato. È già successo per il Veneto, ma se le avessi fatte io, avrei fatto prima.»

«Nei grandi centri gli impiegati guadagnano troppo poco»

«È lo Stato stesso che comincia a decentrare quando si accorge che non può fare tutto dal centro» prosegue Zaia. «Prenda i passaporti: ne ha affidato la gestione alle Poste e si è tutto semplificato.»

Il presidente del Veneto ha qualche ragione quando chiede il trasferimento alle regioni della valutazione dell'impatto ambientale («Perché devo aspettare il nullaosta nazionale con una burocrazia gigantesca, che è un autentico ufficio complicazione affari semplici?»), ma se guardiamo ai disastri ambientali avvenuti in alcune regioni, soprattutto nel Mezzogiorno, qualche prudenza è giustificata. Molte perplessità desta, invece, la regionalizzazione del commercio internazionale, che la nuova legge prevede di immediata attuazione. «Oggi dobbiamo chiedere l'autorizzazione per ogni accordo con le altre nazioni» lamenta Zaia, ma sembrano più solide le obiezioni di Tajani, che abbiamo visto nelle pagine precedenti, perché verrebbero indebolite le missioni nazionali del suo ministero.

Un punto chiave è la scuola. Manifesto al governatore veneto il timore che regionalizzare l'istruzione sia un fattore disgregante. Lui scuote la testa: «Non ci saranno venti sistemi regionali diversi. Oggi già esistono gli uffici scolastici regionali, che dipendono dal ministero e hanno una quota di autonomia sui programmi scolastici. Lo Stato e alcuni miei colleghi si concentrino soprattutto sulla dispersione scolastica, che è un vero problema. In Veneto non lo è. Qui, piuttosto, vogliamo spingere sull'introduzione della terza lingua e sul potenziamento degli istituti tecnici».

Chiedo a Zaia se è vero che, una volta avviata l'autonomia, la sua regione sarebbe pronta ad aumentare gli stipendi agli insegnanti, creando così un serio problema di sperequazione. «No,» risponde «ma va risolto il problema delle retribuzioni a tutti i dipendenti pubblici che lavorano in città, dove il costo della vita è altissimo.»

Insomma, vuole tornare alle «gabbie salariali» abolite il 18 marzo 1969, che dividevano l'Italia in varie fasce a seconda del costo della vita. «Da allora la parola [*gabbia salariale*] è impronunciabile e l'autonomia non ne prevede il ritorno. Ma esistono al Nord e anche altrove (Roma, per esempio) zone in cui i dipendenti pubblici soffrono o non vogliono trasferirsi per uno stipendio inadeguato rispetto al costo della vita: sanità, uffici postali, poliziotti, magistrati, insegnanti. A Venezia è una tragedia. I ricongiungimenti familiari sono impossibili. A Pieve di Cadore, che pure è un piccolo centro, abbiamo dovuto far scorrere la graduatoria dei medici di 34 posti per trovarne uno disposto a rimanere. Vincono il concorso, vengono e chiedono il trasferimento. È un problema che lo Stato deve porsi.»

«Quando la sinistra bocciava i miei referendum»

Zaia sorride quando gli chiedo un giudizio sul referendum contro l'autonomia promosso dall'opposizione. «A volerlo sono gli stessi che tentarono, a suo tempo, di bloccare il mio referendum nel 2017, quando alla guida del Pd c'era Renzi. Il Veneto fece una legge referendaria con questo quesito: "Vuoi che alla Regione del Veneto siano attribuite nuove forme e condizioni particolari di autonomia?". Il Pd mi diede del sovversivo e fu presentato un ricorso alla Corte costituzionale. La Corte (tra i giudici c'erano Sergio Mattarella e Marta Cartabia) ci diede ragione. Ci ostacolarono in ogni modo, vietando l'uso della tessera elettorale e facendoci pagare il costo dei militari a presidio dei seggi. Bene, votarono 2 milioni 328.000 veneti, il 57,1 per cento del corpo elettorale. Il referendum passò con il 98,1 per cento dei voti. Ci seguì la Lombardia e, quando vide i risultati del referendum, si accodò anche l'Emilia Romagna, che andò al tavolo con lo Stato con un numero minore di materie richieste.»

Il governatore veneto sembra sinceramente convinto che l'autonomia possa giovare soprattutto al Sud. «Non è giusto che l'Italia continui ad avere due velocità dopo 78 anni di storia repubblicana. Milioni di italiani devono curarsi fuori regione e un bambino avrà un destino diverso a seconda della regione di nascita. Dobbiamo cambiare il paradigma. O lo facciamo per scelta o dovremo farlo per necessità.»

E qui Zaia mi mostra una serie di tabelle. Il Veneto non mette addizionali Irpef, mentre il Lazio incassa 1 miliardo 250 milioni. Per il funzionamento della sua regione, un veneto spende 116 euro l'anno, un molisano 861, un campano

394. Il Veneto ha 3,1 dipendenti regionali ogni 10.000 abitanti, un lucano 18,5. L'efficienza sanitaria veneta ha un punteggio di 5,32, quella calabrese di 0,78 (come riporta la «Rivista economica del Mezzogiorno», numero 3/22). Il servizio sanitario veneto ha un avanzo di 200 milioni, quello laziale un disavanzo di quasi 3 miliardi. Nella sua valutazione della qualità di governo delle regioni italiane, l'università di Göteborg assegna al Veneto 82 punti attivi, alla Campania 93 punti passivi, seguita dalla Calabria con 111.

«Il Sud ha margini di crescita paurosi» assicura il governatore. «Fatto 100 il fatturato turistico italiano, sa qual è la quota del Sud? Il 18 per cento. Con 73 milioni di presenze e 18 miliardi di fatturato, il turismo è la prima industria veneta. Venezia ha 14 milioni di visitatori, il Garda 9, le Dolomiti 6. E le spiagge? Sa quanti vanno nelle nostre spiagge? 32 milioni di persone, di cui due terzi stranieri. Se avessimo le spiagge di Puglia, Campania e Sicilia, che fatturato faremmo?»

Zaia vede l'autonomia come il controllo di gestione di un'azienda. «Riduce la catena decisionale, è un interlocutore certo per il cittadino, individua il responsabile quando le cose vanno male. Sa che cosa mi disse il presidente Napolitano quando partimmo con l'autonomia? "È una vera assunzione di responsabilità".»

Secondo lei, gli chiedo, i suoi colleghi del Sud hanno paura del cambiamento? «I cambiamenti fanno sempre paura, a tutti. È umano. Del resto, ha più paura una persona che ha avuto e che teme di non avere più. Ma non sarà così. L'autonomia è una sfida per noi amministratori e una grande opportunità per i cittadini, che riusciranno finalmente a valutare nel merito le azioni di chi ha l'onere di governare i territori. La prima riforma sarà quella del federalismo fiscale: fabbisogni standard, costi standard. Se ho bisogno di curarmi, per me è naturale cercare un ospedale pubblico. Perché nel Sud si buttano subito sul privato? Poi non venite a dirmi che è il Nord che ruba soldi...»

Fedriga: «Non esiste il partito dei governatori leghisti»

La strada che ha portato alla candidatura di Roberto Vannacci nelle liste della Lega parte da lontano, dal 25 settembre 2022. Alle elezioni politiche del 2018 la Lega aveva preso il 17,4 per cento ed era andata al governo con il Movimento 5 Stelle. Poi, alle europee del 2019, l'exploit: 34,3 per cento. L'illusione delle elezioni politiche anticipate, l'accordo con il segretario del Pd Nicola Zingaretti, successivamente smentito, il Papeete, il governo Pd-5 Stelle con Giuseppe Conte che, alla Camera, accarezzava la spalla dell'ormai ex alleato Salvini mentre lo massacrava. L'opposizione e, quindi, l'appoggio al governo Draghi. Il risultato fu l'8,9 per cento alle politiche del 2022. Uno shock.

«Andando al governo con i 5 Stelle e poi con Draghi facemmo una scelta giusta, di grande responsabilità, sapendo che avremmo pagato il conto alle politiche» mi dice Massimiliano Fedriga, presidente del Friuli-Venezia Giulia e della Conferenza delle regioni e delle province autonome. Ma nessuno si aspettava un conto così salato. Vi contribuì una politica ondeggiante durante il Covid-19. Salvini lasciava spazio ai No Vax, mentre nelle regioni i governatori – anche leghisti –, sopraffatti dall'emergenza, correvano dietro alla gente perché si vaccinasse. Lentamente la Lega si è ricompattata ed era fatale che l'incubo di un tracollo portasse il suo leader a cercare nuovi alleati. E continua: «Vannacci si è legato a noi progressivamente. Per esempio, all'inizio sembrava distante sull'autonomia e adesso si è avvicinato».

Quanto vale realmente Vannacci in termini di voti?, domando. «Metà di quel mezzo milione dei voti è sua, metà è della Lega. Se il generale si integra nella Lega per portare avanti battaglie comuni, ben venga.»

Fedriga nega che esista un «partito dei governatori». «Se parlate di "Lega degli amministratori" e di "Lega di Salvini", rispondo meno male, altrimenti saremmo replicanti del segretario» ironizza. «Ma la forza della Lega sta nella sua compattezza. Altro che partito... Su alcuni problemi etici abbiamo idee diverse, per esempio. Prenda un tema delicato come il fine vita. Attilio Fontana, il governatore lombardo, è per la libertà di coscienza, come Zaia. Per me e Salvini, questa è una chiave che apre una porta pericolosa: si vuole andare verso la liberalizzazione in una società in cui il debole non è utile. Nella mia regione la commissione etica ha imposto a una signora la verifica dei titoli che giustificassero il suicidio assistito, secondo le prescrizioni della Consulta. Il parere è stato per due volte negativo e l'Associazione Luca Coscioni ha minacciato di denunciare l'azienda sanitaria per tortura. Se accettiamo il suicidio perché non ci piace invecchiare, come in Gran Bretagna, o perché siamo depressi, scivoliamo in una deriva pericolosa. Comunque, riconosco che su questo punto io e Matteo siamo in minoranza.»

Massimiliano Fedriga, 44 anni, si iscrive alla Lega a 15, con l'autorizzazione dei genitori. È federalista da sempre. «A 12 anni, in seconda media, mi diedero un tema dal titolo: "Il personaggio che vorresti non fosse mai esistito". Risposi: Garibaldi. Spiegai che l'unità nazionale – mettendo insieme pezzi di Stato di cultura così diversa – sarebbe dovuta avvenire in maniera più graduale. La professoressa aveva simpatia per la sinistra democristiana, ma mi fece leggere il tema davanti a tutta la classe e mi alzò il voto. Grande onestà intellettuale.»

Il governatore del Friuli - Venezia Giulia ritiene che sull'autonomia «si stiano raccontando una marea di menzogne. Quando chiedo in un dibattito chi verrebbe danneggiato, nessuno sa rispondermi. Si diffonde una paura del tutto immotivata. È una battaglia strumentale "opposizione contro maggioranza" che fa male al paese».

Obietto che Roberto Occhiuto, stimato presidente della Calabria, è di Forza Italia, ma è contrario all'autonomia. «È preoccupato perché passa mediaticamente la penalizzazione del Mezzogiorno» replica Fedriga. «Ai tempi della pandemia, anche il Sud è stato capace di dare risposte. Mi dispiace che lo considerino inadeguato a gestire l'autonomia. Non è vero. Ma devo ricordare che la sanità calabrese è commissionata dallo Stato da decenni, con risultati disastrosi. Se Occhiuto potesse disporre delle nostre leve, tutto andrebbe meglio.»

Andiamo al concreto. «Gli uffici giudiziari sono dello Stato, ma la carenza di personale limita la risposta di giustizia. Allora ho distaccato 30 persone dalla regione, pagate dalla regione, e il servizio è migliorato.»

Voi volete regionalizzare le Soprintendenze alle belle arti. Perché? «Perché i direttori restano da noi due-tre anni e poi vanno via prima di aver conosciuto il territorio. Non capisco perché non possano essere regionali, con un controllo nazionale per le opere di maggiore impatto.»

Chi pagherebbe?, chiedo. «La Soprintendenza costa X euro all'anno. Paghiamo noi la stessa cifra trattenendo la somma dall'Iva.»

E la scuola? «Gli uffici scolastici regionali sono dello Stato. Per una migliore organizzazione del territorio, perché non consentirci di aumentare il personale? Oggi lo Stato spende 10. Se mi consentisse di aggiungere 5 a spese della regione, il servizio migliorerebbe.»

La nostra conversazione si chiude parlando dei mitici Lep, i livelli essenziali di prestazione. «Il Sud dice: se fossero finanziati i Lep, tutto sarebbe più facile. Lo Stato deve trovare i soldi, ma, prima di coprire i costi, dovremo capire quanto spende ogni regione. E quando saranno tirate fuori le carte, ne vedremo delle belle...»

Bonaccini e Occhiuto, tra aperture e timori

Stefano Bonaccini, presidente del Pd e, dal luglio 2024, parlamentare europeo, è stato presidente dell'Emilia Romagna per dieci anni tondi (2014-2024). Viene spontaneo girargli le obiezioni di Luca Zaia: nel 2017 favorevole all'autonomia, oggi contrario. «Il referendum veneto del 2017 era facile facile: chiedere a un cittadino se vuole l'autonomia è come chiedergli se vuole bene ai genitori. Io riconobbi che era legittimo, ma mi dichiarai contrario» mi spiega.

Poi, invece... «Poi facemmo un lavoro molto intenso di concertazione sociale e maturammo una proposta condivisa da una sessantina di forze economiche e sociali. Chiedemmo un numero di materie inferiori della metà a quelle del Veneto: non toccammo la sanità, se non per aspetti organizzativi, e sulla scuola chiedemmo solo di condividere il numero degli insegnanti e la programmazione edilizia. Ma attenti a regionalizzare la scuola: per me sarebbe un errore clamoroso, come, per esempio, chiedere la regionalizzazione delle politiche energetiche.»

Su questo siamo d'accordo. Già nel 2001 denunciai l'assurdità di questa norma. Più ragionevole mi pare la proposta di riservare alla regione la valutazione di impatto ambientale. «Anche a me pare ragionevole. Sarebbe un buon taglio alla burocrazia. Noi, in sei mesi, siamo in grado di dare un parere, le strutture statali... Non a caso, sul rigassificatore di Ravenna hanno chiesto di fare a noi.»

Bonaccini precisa che il suo federalismo si basa su due pilastri. «Il primo. Non vogliamo un euro in più di quello che spende lo Stato. Se cominciamo a parlare di trattenerci i residui fiscali, finiamo con la secessione. Il secondo è la programmabilità dell'investimento, e allora abbiamo bisogno di conoscere i Lep. Impresa complicata. Sento la maggioranza in difficoltà su questo tema, soprattutto da quando la Lega è crollata sotto Firenze...» E aggiunge: «Anche Fratelli d'Italia si accorgerà che è una legge sbagliata. È frettolosa e si sa che non ci sono le risorse per attuarla. Ma, allo stesso tempo, raccomando alla sinistra di stare attenta a non confondere la battaglia contro la legge Calderoli con un appiattimento sul centralismo burocratico romano».

Roberto Occhiuto, da tre anni presidente della Regione Calabria e, dal febbraio 2024, vicesegretario di Forza Italia, è stato il primo esponente della maggioranza a schierarsi contro l'autonomia. «Adesso sono in buona compagnia. Ha visto Tajani? Ha visto il ministro Musumeci? Ha ragione Fedriga quando dice che noi temiamo l'ondata mediatica negativa: nel Sud i "no" sarebbero il 90 per cento, e anche al Nord non mi aspetto tutto questo plebiscito...»

Occhiuto è d'accordo con Tajani nel respingere l'idea di un commercio internazionale regionalizzato e, sulla Protezione civile, «non ho un pregiudizio, mi preoccupo se piove e ci sono gli smottamenti, se non piove e c'è la siccità, ma mi dà conforto poter contare sullo Stato».

Il governatore calabrese è d'accordo con Calderoli quando sostiene che l'autonomia differenziata è un'invenzione costituzionale della sinistra, ma la sua angustia è l'annunciato riferimento alla spesa storica. «È la più grande ingiustizia nei confronti del Mezzogiorno» afferma. «Se Crotone ha una modesta capacità fiscale e può destinare agli asili nido, poniamo, 10.000 euro, e Lecco, che ha un'alta capacità fiscale, poniamo, 1 milione, se lo Stato ti concede un aumento del 10 per cento Crotone avrà 11.000 euro e Lecco 1 milione 100.000 euro. La disparità della spesa storica è andata consolidandosi negli anni. Il primo a sfondare questo tetto di cristallo fu Draghi a proposito degli asili nido: lui guardò alle necessità del territorio, senza considerare la spesa storica.»

Il problema del Sud, obietto a Occhiuto, è la scarsa capacità di spesa dei suoi amministratori. «Non lo dica a me» è la risposta. «Quando sono arrivato nel 2021, ho trovato 2 miliardi nel cassetto. Li ho spesi in due anni e adesso sto spendendo 3,6 miliardi comunitari e 2,2 del Fondo per lo sviluppo e la coesione.»

Occhiuto riconosce che il ruolo dei presidenti di regione è cresciuto moltissimo. «Prenda la sanità: quando sono arrivato, ho trovato che 2000 persone erano andate in pensione e c'era un problema gigantesco a sostituirle. Allora ho assunto 400 medici cubani, anche se il governo voleva impedirmelo. E poi ho dato le concessioni a Uber quando volevano impedirmelo i tassisti. Ho vinto il ricorso alla Corte costituzionale e vado avanti.»

La gente si fida dei medici cubani?, gli domando. «Sono persone dotate di due specializzazioni, apprezzatissime da pazienti e colleghi. Ho arginato un problema enorme. I nostri concorsi vanno deserti. I medici sono richiesti in tutta Italia e non si capisce perché uno specializzato vincitore di concorso che può andare dappertutto debba venire a Locri o a Polistena. E adesso sto assumendo gli specializzandi.»

Il governatore avrà pure assunto 400 medici cubani, ma se la sanità calabrese è commissariata da quindici anni, se la Calabria è ultima nella classifica delle prestazioni sanitarie, qualche problema c'è. «Per decenni la politica di destra e di sinistra ha distrutto la sanità calabrese» replica Occhiuto «e ancor di più l'hanno distrutta i commissari [*lui lo è da tre anni*] che, da quindici anni, proibiscono le assunzioni. Tremonti dice che la contabilità della sanità calabrese è orale: le aziende non chiudevano i conti da anni, non si conosceva il debito, i contratti venivano pagati due o tre volte. In due anni ho sistemato le cose. E sa come? Facendo una convenzione con la guardia di finanza per valutare insieme a noi i debiti uno per uno.»

Perché Giovanni Toti ha patteggiato

«Giovanni, perché hai patteggiato?» Sono stati in molti a rivolgere questa domanda a Giovanni Toti dopo che, il 13 settembre 2024, l'ex presidente della Regione Liguria ha accettato la proposta della Procura della Repubblica di Genova: corruzione impropria e finanziamento illecito da scontare con lavori socialmente utili per 1500 ore in due anni. La trattativa è rimasta segreta fino all'ultimo. E la decisione ha spiazzato tutti, a cominciare dagli (ex) alleati politici di centrodestra. («Se ci avesse informato, avremmo ritardato la candidatura del sindaco di Genova Marco Bucci a sostituirlo in regione» dicono nel centrodestra.)

Da un lato, cade la presunzione d'innocenza assoluta che ha accompagnato questa storia dal 7 maggio, giorno dell'arresto. Dall'altro, cade l'accusa più grave, quella di corruzione per atti contrari ai propri doveri d'ufficio.

«Era un'offerta irrinunciabile» mi dice Toti «e ho dovuto accettarla subito perché avevano deciso di procedere con il giudizio immediato. Sono cadute tutte le accuse principali e avrei dovuto affrontare un calvario processuale di dieci-quindici anni con costi elevatissimi, in un clima di indifferenza e di solitudine.»

L'Italia ha visto molti processi politici. Durante Tangentopoli furono condannati per finanziamento illecito i segretari di tutti i partiti di governo. Si salvò il Pci perché Antonio Di Pietro, pur avendo avuto la prova che Raul Gardini aveva varcato il portone di via delle Botteghe Oscure con una valigetta contenente 1 miliardo in contanti, disse di non sapere se si fosse fermato al secondo piano (direzione politica) o al quinto (amministrazione). Prima di rispondere, Gardini si uccise.

Il processo «esemplare» fu quello a Sergio Cusani, stretto collaboratore di Gardini: due anni e mezzo dall'arresto alla condanna in Cassazione. Se la giustizia italiana fosse sempre così veloce, non avremmo un solo processo arretrato. (Di un insabbiamento «esemplare» beneficiò Carlo De Benedetti: accusato di corruzione per la vendita di telescriventi alle Poste, fu prescritto mentre il suo fascicolo dormiva da molti anni all'udienza preliminare...)

Nel 1993 chiesi a Francesco Saverio Borrelli, capo della Procura di Milano, perché tenesse in prigione gli imprenditori indagati fino alla confessione. Cosa palesemente illegittima, se generalizzata. «Perché» mi rispose «solo in questo modo avremo la certezza della fine dei loro rapporti criminosi.»

Eppure, dopo precedenti così illustri, il processo a Toti è un unicum. Processo politico allo stato puro. La differenza con gli altri è che i finanziamenti per la sua campagna elettorale erano tutti tracciati, come richiede la legge, e le indagini hanno accertato che non un solo euro sia finito nelle tasche del governatore. E allora? Ecco la risposta che Toti offre nel suo libro *Confesso: ho governato*, uscito nell'ottobre 2024, un mese dopo il patteggiamento: «Ci sono due imprenditori, uno finanzia la politica, l'altro no. Entrambi hanno interesse per una propria pratica amministrativa che langue da tempo immemore negli uffici burocratici di un ente. Entrambi chiamano il responsabile politico di quell'ente che è stato eletto dai cittadini proprio perché aveva promesso che nessuna pratica sarebbe più marcita tra le pile di scartoffie. Il politico chiama e si informa, sollecita gli uffici affinché, se la pratica è legittima, con tutte le firme al posto giusto, la si evada, sennò la si respinge e si dà una risposta a chi la attende».

Bene, le due pratiche vengono approvate senza che nulla sia regalato a nessuno. «Risultato: l'imprenditore che ha finanziato la politica e il politico in questione, finiscono ai domiciliari per corruzione impropria, ovvero, anche se tutto regolare e dovuto nella pratica esaminata, il politico ha venduto, e l'imprenditore comprato, la funzione relativa alla carica pubblica. L'imprenditore che invece non ha dato un euro alla politica, ottiene lo stesso interessamento, avrà la stessa pratica risolta, ma nessuna accusa. In pratica, se qualcuno finanzia la politica, perde il diritto a chiedere ciò che gli sarebbe dovuto. Chi, politico, accetta soldi per il proprio movimento, perde a sua volta il diritto di interessarsi a qualsiasi cosa attenga a uno qualsiasi dei suoi finanziatori.»

Tradotto: una volta eletta l'amministrazione, questa può aiutare solo chi non le abbia dato contributi, seppure regolari.

Chiedo a Toti chi abbia aiutato senza aver ricevuto contributi. «È una lista lunghissima. L'armatore Aponte, che ha una funzione centrale nel porto di Genova; la Singapore Port Authority, che è il primo operatore di Genova; i fratelli Colaninno che, con Intermarine, fabbricano cacciamine per la marina militare. E, nel campo dei supermercati, ho ricevuto un contributo da Esselunga [*finanziamento illecito*] per aver seguito pratiche completamente regolari per l'apertura di due supermercati, ma ho assistito, com'era mio dovere, senza contributi altre aziende, tra cui Basko del gruppo Sogegross che, in Liguria, ha decine di supermercati.»

L'inchiesta Toti è un ramo di una vecchia indagine nata a La Spezia anni fa. L'ex capo di gabinetto del presidente, Matteo Cozzani, arrestato per corruzione avvenuta quando era sindaco di Porto Venere (2013-2023), aveva ricevuto da esponenti dell'Associazione Riesini (secondo i magistrati, sospettati di un labile collegamento mafioso) una richiesta di raccomandazione per ragazzi che dovevano lavorare. Questo «giro» ha procurato alle liste legate a Toti 400 voti alle elezioni, su 380.000 presi dal governatore. Uno di questi curriculum era del futuro cognato di Venanzio Maurici, un sindacalista della Fillea e della Filcams Cgil sospettato di avere rapporti mafiosi, peraltro mai provati.

«Io ho incontrato questi dell'Associazione Riesini soltanto a una cena elettorale» mi racconta l'ex governatore ligure. «E alla fine, comunque, nessuno ha avuto un posto di lavoro.» Questa storia della mafia ha consentito alla magistratura di intercettare Cozzani all'inizio del 2020 e – a strascico – dal 2021 anche Toti. Tre anni di ascolti che non hanno provato nessun contributo elettorale che non fosse registrato. «Riepilogando,» sintetizza Toti «il mio capo di gabinetto è accusato di voto di scambio con un sindacalista della Cgil cugino di un mafioso di Caltanissetta. Nessuna evidenza, nessun mio rapporto con la mafia, nessun favore alla comunità dei Riesini, eppure...»

L'altra persona in primo piano di questa inchiesta è Aldo Spinelli, un furbissimo imprenditore che ha avuto rapporti con tutto il mondo politico genovese. («Spinelli mi ha dato i primi contributi nel 2015 e ha avuto il primo "favore" solo nel 2021» ironizza Toti.) La magistratura non contesta all'ex presidente della Liguria di aver favorito iniziative irregolari di Spinelli, ma che suoi interessamenti per alcune pratiche (legittime) in coincidenza con versamenti dell'imprenditore (74.100 euro) abbiano configurato il reato di «vendita della funzione».

«La "corruzione impropria"» puntualizza Toti «è un reato legato non ad atti, ma ad atteggiamenti, un'accusa difficile da provare per la sua evanescenza, ma altrettanto difficile da smontare per le stesse ragioni.»

Sufficiente, però, a farlo dimettere... «Il discorso dei magistrati è questo. Se noi riteniamo che sia colpevole, deve andarsene prima di qualunque sentenza. Io sono lì su mandato degli elettori, ma l'opinione dei giudici vale più della loro.»

Il rancore più forte di Toti, paradossalmente, non è tanto per i magistrati quanto per la politica, suicidatasi nel 1993 quando, massacrata da Mani pulite, ridusse le garanzie per i parlamentari. («E invece andrebbero estese anche agli amministratori regionali.») E per gli alleati, che giudica freddi, «tranne Salvini, vicinissimo con tutta la famiglia, Crosetto, Daniela Santanchè, Lupi e i Moderati, e il ministro Nordio, che non viene appoggiato».

Toti era un bravo giornalista e, forse, tornerà a esserlo. Ma la sua vicenda giudiziaria è un nuovo passo indietro per la giustizia italiana.

IX

La sinistra alla ricerca del campo largo perduto

Elly Schlein tra Conte e Renzi

Di Elly Schlein mi colpisce l'allegria «collaterale». Mi piace l'idea che guardi quel che succede ai margini della politica e quello che potrà accaderle domani o dopodomani, quando avrà giocato le sue carte per portare per la prima volta a palazzo Chigi una donna di sinistra-sinistra. Mi piace l'idea che ami il ballo al punto da recuperare le puntate perse di «Ballando con le stelle» e che sogni di fare la regista nella sua vita futura. «Il servizio migliore che si possa fare alla politica e al paese è rimanere noi stessi, con i nostri interessi e le nostre passioni. Non bisogna perdere il contatto con la bellezza, l'arte, tutto quello che sta fuori della bolla della politica» mi dice. E aggiunge: «Vede, io sono molto preoccupata per quanto è accaduto alle elezioni europee: serve a poco l'ottimo risultato del Pd, se più di metà degli elettori non è andata a votare. Per questo bisogna avere un ponte costante con quel che accade fuori».

Per guardare con realismo a palazzo Chigi 2027, la Schlein deve costruire un campo che più largo non si può. Solo mettendo insieme tutto ciò che non è maggioranza, l'opposizione diventa competitiva. Perciò, anche il 2-3 per cento di Italia Viva può essere determinante. C'è una data simbolica, in questo senso: 17 luglio, L'Aquila, Partita del cuore a fini benefici della Nazionale politici contro la Nazionale cantanti. In campo, Elly Schlein, Giuseppe Conte, Angelo Bonelli e… Matteo Renzi.

Ma Renzi non è un nome impronunciabile per la base del Pd? Non è quello della scissione eccetera eccetera?, chiedo alla Schlein. «Per noi le alleanze non si costruiscono da nome a nome,» risponde «anche perché, se aspettiamo di starci tutti simpatici, sarà difficile costruire un'alternativa credibile a questa destra. Si costruiscono sui temi. Da quando sono segretaria non ho mai cambiato posizione, a prescindere da quello che accade negli altri partiti. Prima di me ci sono state nella sinistra divergenze d'opinione e divisioni. Adesso stiamo provando a mettere in fila le cose che possiamo fare insieme: chi ci sta ci sta. Alla Festa dell'Unità di Reggio Emilia [*8 settembre 2024*] abbiamo lanciato le nostre 5 priorità per il paese: difesa della sanità pubblica, contro i tagli e la privatizzazione, e della scuola pubblica, vittima di una scarsissima attenzione da parte di questo governo. (Il diritto allo studio è la prima grande leva di emancipazione sociale delle persone.) Poi il lavoro. (Con il Movimento 5 Stelle e con l'Alleanza Verdi e Sinistra facciamo una battaglia comune per il salario minimo e anche per la riduzione dell'orario di lavoro a parità di salario.) E ancora, le battaglie per i diritti sociali e civili, e politiche industriali comuni per aumentare la produttività. Su questi 5 punti siamo certi si possano costruire convergenze con le altre forze politiche e sociali. Perseguiamo tutti i mezzi per battere le destre, che sono il nostro unico avversario.»

Il problema è che, quando sente pronunciare il nome di Renzi, a Conte viene l'orticaria. A «Porta a porta» il 1° ottobre 2024 il professore le ha sparate grosse: «Ci siamo trovati Renzi in mezzo senza essere informati», «Renzi, una bomba a orologeria, mai al governo con lui», «Con Renzi è un pastrocchio, serve un'alternativa seria», «Alle regionali, dove c'è lui non ci siamo noi». Fino alla botta finale: «Il campo largo non esiste più».

La Schlein fa di tutto per ricucire e liquida seccamente la questione. «Rivendico di non aver mai utilizzato l'espressione "campo largo", ereditata da fasi politiche precedenti. Capisco l'utile semplificazione dei media, ma a noi interessa costruire una coalizione progressista intorno a temi in cui quel che ci unisce sia maggiore di quel che ci divide… Noi, di veti, non ne mettiamo, ma quando li mettono altri alleati, a noi che siamo la prima forza di opposizione spetta di fare delle scelte, e le abbiamo sempre fatte. Del resto, sulle alleanze nei territori abbiamo sempre deciso insieme: a volte eravamo tutti, a volte no.»

Ma certe differenze tra di voi sono forti, obietto. «Certo che ci sono le differenze. Altrimenti staremmo tutti nello stesso partito. Avvicinarsi e ascoltarsi è un'arte…» risponde.

La protesta sulla Rai e i passi comuni con Giorgia Meloni

Con il M5S e con Alleanza Verdi e Sinistra vi siete divisi nella designazione dei componenti del nuovo consiglio d'amministrazione della Rai. Non è stato un errore far occupare a Verdi e Sinistra la vostra casella?, domando alla Schlein. «Da quando sono segretaria mi batto per una riforma che garantisca la qualità del servizio pubblico, oggi piegato a strumento di propaganda. Per questo le opposizioni erano unite nell'evitare di nominare un consiglio d'amministrazione con mandato triennale, visto che entro l'8 agosto 2025 deve essere recepito anche in Italia l'European Media Freedom Act, che richiede indipendenza della Rai dai partiti. Poi è andata come è andata, ma noi restiamo in commissione di vigilanza e accanto ai lavoratori.»

Il suo rapporto con Giorgia Meloni è improntato a una sempre maggiore distanza. Annota Susanna Turco nel libro scritto con la Schlein, *L'imprevista*: «Elly ha otto anni in meno, porta in politica pezzi di società sconosciuti e non rappresentati, tocca a lei spezzare il sortilegio: il reame fatato della Meloni è in realtà un castello arroccato. *La donna che scuote la politica italiana (e no, non è il nuovo primo ministro)*, titola il "New York Times"». Conferma la segretaria del Pd: «Siamo agli antipodi per visione politica, progetti per il futuro, valori e ideali. Questo non significa che per l'interesse nazionale non debba esserci un dialogo per cercare un terreno comune su alcune questioni fondamentali».

Per esempio? «La legge sulla violenza di genere, approvata all'unanimità. Va ancora perfezionata, arriviamo ancora troppo tardi su femminicidi e molestie, dobbiamo lavorare maggiormente sulla formazione delle competenze, non deve accadere mai più che una donna che denuncia non venga presa sul serio, bisogna agire prima che le differenze diventino disuguaglianze. Nelle scuole, l'educazione all'affettività e alle differenze va resa obbligatoria in tutti i cicli scolastici.»

La segretaria del Pd mi ricorda anche le intese bipartisan in politica estera («Fummo tra i primi al mondo a chiedere il cessate il fuoco a Gaza e la liberazione degli ostaggi. E lì la maggioranza si astenne su una nostra mozione») e aggiunge: «Chiediamo di collaborare nella sicurezza sul lavoro».

Sul resto è battaglia completa, a cominciare dalla sanità. Quando la Schlein parla di privatizzazione della sanità, le ricordo che, per ridurre le liste d'attesa, è stata limitata la quantità di lavoro privato che i medici possono svolgere negli ospedali per evitare il paradosso che ne facciano più che nel servizio pubblico. Ma lei è durissima: «Da quando sono al governo, gli investimenti nella sanità sono diminuiti fino ad arrivare al 6 per cento del pil, il dato più basso degli ultimi quindici anni. Così non si accorciano le liste d'attesa, che pure è un obiettivo comune. Contestiamo al governo il decreto sul riparto delle risorse per le assunzioni [*ma dal 2025 cadono i tetti che hanno bloccato il turn over*]. Defiscalizzare gli straordinari dei medici è un approccio sbagliato, visto che se ne sono andati in 21.000 tra estero e privato, perché lavorare nel servizio pubblico non conviene più».

La Schlein riconosce che i mali della sanità, a cominciare dalle liste d'attesa, non sono certo nati con il governo Meloni, ma annota che «nel 2023 gli italiani hanno speso il 10 per cento in più di tasca propria per curarsi e 4,5 milioni di persone hanno rinunciato perché non avevano i soldi per farlo. Invece di spendere 4,5 miliardi per ridurre l'Irpef e far risparmiare 15 euro a famiglia, il governo avrebbe potuto dirottare questi fondi sulla sanità ed evitare che le persone ne pagassero 500 per curarsi nel privato». Ai 6,4 miliardi in due anni di maggior dotazione al settore sanitario stanziati dal governo, il Pd risponde ipotizzando una decrescita del rapporto con il pil fino al record negativo del 6,05 per cento nel 2025-2026.

Una tabella di palazzo Chigi mostra, viceversa, un record positivo della spesa sanitaria pro capite di 2313 euro per il 2025 e di 2383 per il 2026. E una tabella del ministero dell'Economia, con dati depurati dell'inflazione, segnala un incremento per l'anno in corso del 2,5 per cento, dell'1,2 per il 2025 e dello 0,7 per il 2026. Poca roba, ma in crescita, non in calo.

Le riserve su Fitto e l'idea di patrimoniale

Elly Schlein non considera una vittoria dell'Italia la nomina di Raffaele Fitto a vicepresidente esecutivo della Commissione europea con un portafoglio di tutto rispetto, nonostante i Conservatori non avessero votato per la conferma di Ursula von der Leyen. «Noi abbiamo sempre sostenuto che l'Italia dovesse avere un portafoglio che rispettasse il suo peso» puntualizza. «E troviamo che, in un passaggio strategico come questo, la delega alla Coesione e al Pnrr non consenta al nostro paese di poter dire una parola forte sul proseguimento degli investimenti comuni europei.» Poi allarga il discorso agli «alleati sbagliati di Meloni e Salvini per il perseguimento degli interessi nazionali», e osserva: «Sul palco di Pontida l'ungherese Orbán ha fatto muro contro la solidarietà anche in danno dell'Italia; l'olandese Wilders è quello che anche durante la pandemia diceva: non un centesimo per l'Italia. Noi non abbiamo il margine fiscale per sviluppare da soli la nostra manifattura, abbiamo bisogno di investimenti comuni, e non sono questi buoni compagni di viaggio».

La transizione 5.0 ha dal Pnrr dei bei soldi... «Ma qui il governo utilizza fondi europei con una rendicontazione più complessa del vecchio 4.0 fatto con risorse nazionali.»

Non trova che Fitto sia stato bravo nella revisione del Pnrr che, nella formulazione precedente, era poco gestibile? «I dati dimostrano che abbiamo speso solo 52 miliardi sui 195 che ci sono stati assegnati e che gran parte della spesa è programmata per l'ultimo anno. Saremo così veloci?»

Quando chiedo alla Schlein se non abbia la sensazione che si sia creata una sorta di tacita alleanza tra Popolari, Conservatori e Patrioti anche per rendere il Green Deal compatibile con gli acciacchi di un sistema agricolo e industriale ancora in parte tradizionale, lei mi risponde: «Non aiuteremo agricoltori e imprese negando l'emergenza climatica. Dobbiamo fare grandi investimenti nella transizione e nelle competenze per gestirla». E aggiunge: «Per quanto riguarda queste alleanze anomale, è un grande errore non tener conto della maggioranza che ha eletto Ursula von der Leyen, arretrando rispetto alla politica di investimenti comuni sul Green Deal. L'Italia ha l'intelligenza e la vocazione industriale per esercitare un ruolo di guida in questa conversione, anche se la politica ha sottovalutato la nostra capacità nell'economia circolare. Stati Uniti e Cina fanno passi in avanti enormi e noi non possiamo restare troppo indietro».

Veniamo allo «ius soli». I sondaggi dicono che la grande maggioranza dell'opinione pubblica è contraria alla concessione della cittadinanza anche al bambino straniero che nasce in Italia. Voi, invece, ne avete fatto una bandiera… «La società è più avanzata di quanto si immagini, basti pensare al mezzo milione di firme raccolto per il referendum. Vogliamo che chi nasce o cresce in Italia sia italiano. A partire dalle nostre proposte siamo aperti al dialogo con tutti, anche con Forza Italia. Ma non siamo disponibili a deludere le aspettative di un'intera generazione.»

La Schlein ha avuto il coraggio di usare una parola proibita: patrimoniale. A che cosa si riferisce esattamente?, le domando. «Come a livello europeo si è fatta una tassazione minima sulle aziende, si discute su una tassa per i super-ricchi per un elementare problema di equità. Non è un tabù, perché oggi c'è una molto maggiore mobilità dei capitali rispetto alle persone e ai diritti, ed è facile, purtroppo, la concorrenza al ribasso tra 27 sistemi fiscali diversi. Vogliamo sfidare le destre per superare i diritti di veto incrociati che consentono alle multinazionali di scegliersi il paradiso fiscale europeo. Le tasse si devono pagare dove si fanno i profitti, non dove c'è un governo compiacente.»

Abbiamo un enorme problema nazionale: la guerra dei dossier – in particolare i 200.000 accessi illegittimi del tenente della guardia di finanza Pasquale Striano alla banca dati dell'Antimafia – che finora ha colpito prevalentemente il centrodestra. Sbaglio o c'è stata una reazione debole da parte vostra? «Anche noi abbiamo espresso preoccupazione per i gravi fatti emersi, la magistratura sta provvedendo con la necessaria chiarezza, e noi siamo d'accordo a rafforzare tutti i meccanismi di sicurezza per impedire che questo riaccada.»

Conte: «Ecco perché ho tolto lo stipendio a Grillo»

«Il simbolo del Movimento 5 Stelle è registrato a nome del Movimento, e quindi appartiene all'intera comunità.» Passo e chiudo. Beppe Grillo se ne faccia una ragione. Chi pensava di liquidare Giuseppe Conte con il misero 9,99 per cento ottenuto alle elezioni europee si sbaglia di grosso. Guai a sottovalutare la vendetta degli sconfitti. E così chi incontra oggi Conte lo trova in grande spolvero. Riunisce riservatamente persone importanti attorno a una tavola imbandita con sobria eleganza nella sua casa nel cuore di Roma e gira con in tasca le foto di tre «Wanted»: Beppe Grillo, Elly Schlein e Matteo Renzi.

Il primo, assemblea dopo assemblea, è di fatto fuori dal Movimento che ha fondato a Milano il 4 ottobre 2009 con Gianroberto Casaleggio. Quanto alla seconda, anche i commessi di Montecitorio sanno che a palazzo Chigi, tra la Meloni e la Schlein, Conte preferisce di gran lunga la prima. Per chi si è seduto alla piccola scrivania dello studio d'angolo al primo piano di quel palazzo è difficile oggi scacciare il desiderio di tornarci. E, se ci va lei, non ci torna lui. Con Renzi, poi, il presidente del M5S ha in sospeso un conto personale e politico: è lui che ha fatto cadere il suo secondo governo in favore di Mario Draghi. Il «senatore di Rignano», come lo chiamano con sufficienza gli avversari, per evidenti ragioni numeriche ha messo una pietra sopra palazzo Chigi per almeno un decennio, a essere gentili. L'altro no, e vuole vedere Renzi scomparire dalla faccia della terra. L'idea, poi, che guadagni milioni tenendo conferenze in giro per il mondo lo fa letteralmente impazzire.

A proposito di soldi, il primo obiettivo di Conte nella sua guerra contro Grillo è sfilargli il gettone da 300.000 euro l'anno che, incredibilmente, il comico genovese era riuscito a sfilare al Movimento. Alla mia domanda su come un partito possa pagare il suo Khamenei, l'inarrivabile Capo Supremo, l'Elevato soprannaturale, il Garante che tutto può e tutto decide, Conte risponde come solo un bravo avvocato potrebbe fare: «Grillo ha rivendicato il compenso come Garante anche nelle ultime lettere che mi ha scritto. Io non ho mai accettato che fosse pagato per questa funzione, che ha un intrinseco valore morale e non è compatibile con alcuna retribuzione».

E allora? «Raggiungemmo un compromesso: vista la sua nota abilità comunicativa, decidemmo di retribuirla per rafforzare l'immagine del Movimento» mi dice.

E adesso? «Di fronte a un processo costituente che ha coinvolto l'intero Movimento, Grillo sta portando avanti atti di sabotaggio compromettendo l'obiettivo di liberare energie nuove che, esse sì, potranno portare a un aumento del consenso.»

E quindi? «In definitiva, è responsabile di una controcomunicazione che fa venire meno le ragioni di una collaborazione contrattuale.»

Quando gli chiedo se la comunione con Grillo si è conclusa in via definitiva, il presidente del M5S risponde così: «Qualcosa si è incrinato in maniera irreversibile. Umanamente sono molto colpito da come si comporta. Già in passato ha avuto atteggiamenti velenosi nei miei confronti, ai quali non ho dato peso perché su tutto prevalevano gli interessi della comunità. Vedere oggi che contrasta in maniera così plateale un processo di partecipazione democratica che ci riporta agli ideali originari di Casaleggio mi ha rattristato moltissimo. Perché, al contrario di quel che scrivono i giornali, lo scontro non è personalistico (Grillo contro Conte), ma vede Grillo battersi contro la sua stessa comunità».

Il limite dei due mandati, di cui Grillo ha fatto una bandiera, cade con lui?, gli chiedo. «Io non ho fatto alcuna proposta, lasciando la base libera di decidere: parliamo di un confronto democratico alimentato da 300 persone sorteggiate tra gli iscritti, 30 sorteggiate tra i non iscritti e 30 minorenni liberi di scegliere senza alcun condizionamento» precisa. «È in atto un dibattito nella nostra comunità sull'efficacia di questo limite. Ci sono proposte volte a superarlo: vediamo cosa verrà fuori da questo confronto. Ma la garanzia per tutti è che le eventuali proposte saranno comunque valutate e votate dall'assemblea finale di tutti gli iscritti.» I sondaggi, però, dicono che la maggioranza degli iscritti chiede di abolire questo divieto…

«La rottura del "campo largo" non solo nelle regioni»

E veniamo al secondo e terzo «Wanted», i cui destini sono incrociati: Schlein e Renzi.

Il 1° ottobre 2024, ospite delle mie trasmissioni, Conte ha decretato la morte del cosiddetto «campo largo», dichiarando incompatibile la presenza, nelle liste che appoggiano il candidato del centrosinistra, del simbolo di Italia Viva nelle elezioni regionali per la Liguria, l'Umbria e l'Emilia Romagna.

«La rottura di quello che voi giornalisti chiamate "campo largo" va oltre le regioni» ribadisce il presidente del M5S. «Occorre in questa fase politica un progetto alternativo al governo Meloni. Ma perché questo programma possa rivelarsi serio, con interpreti coerenti e affidabili, non può limitarsi a un'accozzaglia di sigle. La somma dei sondaggi attuali che danno le forze di opposizione alla pari con quelle di governo non deve ingannarci. Il nostro vero obiettivo è di pescare voti nel bacino del maggiore partito italiano, quello dell'astensione, che ha ormai superato il 50 per cento degli elettori.»

Per questo il 1° ottobre Conte mi disse che, se si votasse oggi per le elezioni politiche, non farebbe un'alleanza con il Pd della Schlein. E me lo conferma nella nostra conversazione per questo libro: «C'è con il Pd un'irrisolta questione politica. Abbracciando Renzi e restituendogli una centralità politica che lui nemmeno immaginava dopo il risultato alle elezioni europee, Elly Schlein ha dimostrato di voler perseguire una linea in cui è importante affastellare chiunque voglia salire su un carro senza aver riguardo per la coerenza e la forza politica del progetto».

Conte ricorda le ragioni per cui la Schlein uscì dal Pd: «Non ero ancora in politica nel 2015 quando Elly fece la scelta "soffertissima" di lasciare il Partito democratico per contrastare l'era Renzi. La retromarcia innestata oggi appare incomprensibile per chi come lei ha conquistato la segreteria del partito con il progetto di rinnovarlo. L'abbraccio a Renzi è incompatibile con il rinnovamento del Pd, anche perché lui ha avuto un'involuzione rispetto alle politiche liberiste del passato, caratterizzandosi sempre di più con un'attività di lobbismo e di spiccato affarismo che compromettono la credibilità di un progetto politico alternativo alla Meloni, che per il Movimento 5 Stelle va costruito sull'etica pubblica e sul contrasto alla corruzione».

Il 9,99 per cento che, con sadismo statistico, il «cervellone» del Viminale ha assegnato al Movimento 5 Stelle alle europee del 9 giugno 2024 non scoraggia Conte, che rimarca la differenza storica tra le elezioni nazionali e quelle continentali (32,7 per cento alle politiche del 2018, 17,1 alle europee del 2019, 15,6 alle politiche del 2022, 9,99 alle europee del 2024). Nei sondaggi fatti il 10 giugno su un ipotetico voto politico, il M5S salì subito di 2 punti, al 12 per cento. «Questo dimostra che il Movimento sconta almeno 4-5 punti negativi tra i due tipi di consultazione. Non riusciamo a trasmettere al nostro elettorato l'importanza dell'appuntamento europeo, visto che molte decisioni rilevanti si prendono a Bruxelles» precisa.

C'è poi il discorso delle preferenze… «I nostri criteri rigorosi nella formazione delle liste non ci hanno indotto a candidare personaggi di grande visibilità adatti a fare incetta di preferenze.»

Ma allora perché non s'è candidato lei?, gli chiedo. Ancora ricordo le pressioni di Rocco Casalino... «Avrei preso dei voti aggiuntivi, ma anche preso in giro l'elettorato, perché era noto che non sarei andato a Bruxelles. Non sono disponibile a ingannare gli elettori.»

In ogni caso, i calcoli che fa Conte non rientrano tra i sondaggi abituali. Negli ultimi tempi (la vicenda Rai, e certo non solo) c'è una forte intesa tra il M5S e l'Alleanza Verdi e Sinistra di Bonelli e Fratoianni. «Insieme facciamo il 18 per cento, e il Pd sta al 23» mi ricorda il presidente del M5S, quasi a dire che le regole del gioco si fanno alla pari.

Ma veniamo al governo Meloni. «Si sta sfilacciando» mi dice Conte. «Hanno archiviato il premierato perché si sono accorti che con quella formula mal concepita non avrebbero mai convinto gli italiani e hanno tutto l'interesse a rinviare l'appuntamento referendario. Sull'autonomia differenziata, sia Forza Italia che Fratelli d'Italia si stanno rendendo conto che un progetto così estremista di regionalizzazione rischia di danneggiare irreversibilmente le regioni più svantaggiate. Non conviene nemmeno al Nord più produttivo che si creino nuove complicazioni burocratiche, con regolamenti diversi per ogni regione.»

Com'era prevedibile, Conte non riconosce alla Meloni nemmeno il successo della vicepresidenza esecutiva per Fitto alla Commissione europea: «L'Italia, paese fondatore ed economia tra le più importanti dell'Unione, non poteva non avere un portafoglio di peso. Ma il Pnrr è una delega modesta e non valuto certo un successo dell'Italia averlo ottenuto. Avrei certo preferito che l'Italia non avesse sottoscritto un patto di stabilità che ci costa 13 miliardi l'anno e sta offrendo una prospettiva di tasse e tagli dolorosi a famiglie e imprese».

(Mi spiega Gianni Trovati del «Sole-24 Ore»: «I 13 miliardi sono la riduzione del deficit – 0,53 del pil in media annua – da fare ogni anno. Ci sarebbe stata chiesta sostanzialmente una riduzione identica anche dal vecchio patto, perché siamo in deficit eccessivo, e questo impone comunque una riduzione del deficit minima dello 0,5 del pil all'anno». Conte ha sempre vantato l'utilità del superbonus. «La somma di superbonus e sismabonus, quindi di tutto il 110 per cento,» osserva Trovati «fa 160 miliardi. Il debito prodotto è intorno ai 40 miliardi all'anno nel 2024, 2025, 2026, per scendere nel 2027.» Il governo Meloni, in sostanza, deve fare a meno di questa somma per l'intera legislatura. È vero che, grazie al superbonus, il pil del 2021 è cresciuto dell'8,3 per cento, ma nel 2020 era crollato dell'8,9 per colpa della pandemia. Un rimbalzo in larga parte tecnico, che la Meloni chiamò il «rimbalzo del gatto morto».)

«E poi mi aspettavo» prosegue Conte «un efficace protagonismo in sede Nato per convincere gli alleati a trovare una soluzione politica del conflitto russo-ucraino, con reciproche concessioni delle parti in conflitto. E trovandosi l'Italia al centro del Mediterraneo, che riuscisse a farsi sentire con forza, e non ad astenersi anche in sede Onu, per porre fine a questi sistematici stermini che il governo di Netanyahu sta perseguendo.»

Gli chiedo quali proposte farebbe lui a Putin e Zelenskyi. «Innanzitutto bisognerebbe agire nell'ambito della comunità internazionale, perché tutti si rendano conto che una soluzione politica è indispensabile per evitare il rischio nucleare» è la sua risposta.

Bene, poi? «Poi bisognerebbe convincere le due parti a sedersi a un tavolo negoziale dove affrontare un confronto durissimo per ottenere una mediazione accettabile tra le parti, tutelando al massimo il principio dell'integrità territoriale dell'Ucraina e garantendo alla Russia un orizzonte di pace e sicurezza durature da parte dell'intero fronte Nato. Vedo che c'è stata un'accelerazione per l'ingresso dell'Ucraina nella Nato, ma non spingerei su questo tema proprio per poterlo giocare al tavolo negoziale.»

Quanto alla cessione dei territori, se la Russia dovesse insistere, riterrebbe cedibili quelli occupati dopo il 24 febbraio 2022? «Non spetta a me stabilirlo preventivamente, dico piuttosto che, se si tratta di progettare forme di protezione degli interessi delle popolazioni russofile che vivono in quei territori – non i russofoni, dove la lingua russa è prevalente –, non mancano varietà di soluzioni. Possibile anche pensare a statuti internazionali che garantiscano un certo margine di autonomia, per proteggere più efficacemente la popolazione minoritaria.»

Conte è preoccupato per il definitivo allontanamento della Russia dall'Europa: «I rapporti Nato-Russia devono essere inseriti in un orizzonte di sicurezza di medio-lungo periodo. Non conviene a noi per primi che la Russia venga attratta definitivamente nel Brics [*Brasile, Russia, India, Cina, Sud Africa*]. Quella formula coniata nel 2001, che nel corso del tempo ha dato vita a sinergie economiche, sta acquisendo sempre di più un rilievo strategico sul piano geopolitico. Dobbiamo stare attenti...».

E Renzi scrisse a Schlein: «Sei sicura di reggere se non metti veti su di me?»

Ed eccolo il reprobo, l'eterno Giamburrasca della politica italiana, che tutto sfascia convinto di restaurare, che fa e disfa alleanze sicuro di fare il «bene comune», che recupera il rapporto con Elly Schlein nove anni dopo che lei aveva abbandonato il partito per non avere niente da spartire con lui.

Giuro che avrei scommesso una cifra non simbolica sull'ingresso di Italia Viva nel Parlamento europeo. L'alleanza con i radicali di +Europa era una piccola assicurazione sulla vita, quel paio di punti che gli avrebbero garantito forse un 5 per cento, più del povero 4 necessario come biglietto d'ingresso a Bruxelles. E invece è arrivato un 3,78 utile a incartare solo una formidabile delusione. È vero che le elezioni politiche del 2027 sono lontane, ma nel frattempo si voterà per parecchie regioni, spesso la competizione si trasformerà in ordalia e basterà un niente per vincere e per perdere. E quindi, anche i punticini del Renzi sconfitto possono tornare buoni. Poi, come abbiamo visto, si è messo di traverso Conte, ma il rapporto Renzi-Schlein regge. Per adesso...

Dico al senatore che, nella famosa Partita del cuore dell'Aquila, ha fatto un bell'assist a Elly, ma l'ha mandata in fuorigioco, come fa spesso in politica. «Sì, ma Elly, con il mio assist, ha fatto gol» ribatte subito lui.

È stata quella partita l'occasione galeotta per rimettervi insieme?, gli chiedo. «Non sta né in cielo né in terra che un'alleanza del genere nasca da una partita di calcio» risponde. «Il 5 luglio, dodici giorni prima della partita aquilana, Elly alla direzione del Pd disse: "Basta veti sulle alleanze".»

Renzi le scrisse: «Sei sicura di reggere non mettendo veti su di me?». Cosa le rispose la Schlein? «Ebbi la garanzia che, da parte loro, non sarebbe accaduto. Diverso e per me ininfluente sarebbe stato un veto dei 5 Stelle sul garantismo o dei Verdi sul termovalorizzatore di Roma: ne servirebbero altri cinque qui o là. L'importante è che non provino mai a costringermi a rinnegare le mie idee: non lo farei, non lo farò.»

Quando vi siete incontrati con la Schlein? «Mai, solo messaggi. Una leggenda parla di un incontro segreto in barca. Non è vero, solo whatsapp e telefonate. E all'Aquila, in mezzo a tanta gente, io e Elly abbiamo parlato con tutti...»

Domando a Renzi se non ha fatto questo accordo per garantirsi qualche seggio alle elezioni del 2027... «Una barzelletta» replica seccamente. «Mi sono dimesso da palazzo Chigi pur avendo 174 voti di fiducia. Ho ritirato la delegazione rinunciando ai ministeri pur di portare Draghi al governo. Ho lanciato il Terzo polo che ero solo soletto. A me i seggi interessano nella misura in cui servono a un'operazione politica. Non sarò mai la persona che, per stare in Parlamento e prendere 3 seggi, deve rimangiarsi quello che ha detto.»

Il presidente di Italia Viva mette in campo la sua storia e le sue battaglie. «Non so se avrò la forza di vincere la battaglia dei veti: non mi preoccupa né mi esalta. La mia idea è che tra mille manovre tattiche che ho fatto e che rivendico, fin da quando ero sindaco di Firenze [*2009-2014*], ho sempre puntato sul centro che guarda a sinistra. E lo farò anche stavolta, a viso aperto.»

Ma oggi il Pd è di... «Sinistra-sinistra» completa la frase. «Se Elly avrà la forza di superare i veti di 5 Stelle e Verdi e Sinistra, si giocherà una partita nuova. Altrimenti andrò in campo da solo a combattere l'eccesso di estremizzazione del Pd.»

Ce la farà la Schlein? «Non lo so. Vedremo se mantiene il suo no ai veti: se la fanno indietreggiare su questo, perde di credibilità oggi e, in prospettiva, perde il ruolo di leader domani nella corsa per palazzo Chigi.»

Non ha la sensazione che Conte preferisca che la Meloni rimanga a palazzo Chigi piuttosto che ci vada la Schlein?, gli chiedo. «Sì, sono d'accordo» annuisce Renzi. «Del resto, Conte non ha mai fatto gavetta e la sua prima esperienza istituzionale è stata a palazzo Chigi. Si ritiene, perciò, depositario di una sorta di diritto divino. Ieri Draghi, oggi Meloni, domani Schlein o chiunque altro, per lui comunque sono tutti degli abusivi. L'unica opzione è se stesso.»

E quindi? «E quindi preferisce che rimanga la Meloni all'arrivo della Schlein. Vive di risentimento nei miei confronti perché sono quello che l'ha sloggiato dal posto in cui pensava di avere una residenza permanente. Il suo veto contro di me per questo è una medaglia al merito. In tali condizioni, non mi sarebbe difficile superare lo sbarramento del 3 per cento richiesto alle elezioni politiche andando da solo, e restare in Parlamento. Però, a quel punto, la Meloni avrebbe la certezza di vincere.»

«Conte è la stampella della Meloni»

Secondo Renzi, «la coalizione di centrosinistra con Conte è come l'Unione di Prodi, con tutte le sue ambiguità e debolezze. A destra sono molto più bravi a unirsi nel momento decisivo. A sinistra, la somma teorica dei partiti porta a un numero competitivo. Ma la politica è altro». E aggiunge: «Conte è la vera stampella della Meloni. E poi, senta, che io, da sempre rispettoso di legalità e sicurezza, debba subire i veti di Alleanza Verdi e Sinistra, un cui assessore municipale romano occupava abusivamente una casa [*dell'Inps*]...».

Ha dei rimpianti per il fallimento del Terzo polo? «Ciò che ha sprecato Calenda è incredibile: gli avevamo consegnato una macchina in grado di andare lontano, l'ha mandata a sbattere alla prima curva. Non credo sia cattivo ma, come disse lui stesso venendo alla Leopolda, di politica non capisce nulla. Lo posso ripetere perché sono parole di Carlo: "Io di politica non capisco nulla". Ecco, ce ne siamo accorti. Oggi poteva esserci uno spazio fantastico. Non ho rimpianti, ma la scelta di distruggere tutto è stata una scelta assurda e masochista. Io considero il centro come un luogo politico che tenga insieme la sinistra riformista e i cattolici democratici che non amano stare nel Pd.»

Insomma, un ritorno alla Margherita (la forza politica centrista nata nel 2002 e confluita nel 2007 nel Partito democratico)... «Una nuova Margherita che ospiti anche chi non si trova a proprio agio in un Pd di sinistra-sinistra.»

Renzi è contento di quello che fa all'opposizione: «Sono il più duro...» (In realtà, non ha mai perdonato alla Meloni di aver preferito come presidente della commissione di vigilanza sulla Rai Barbara Floridia, del Movimento 5 Stelle, a Maria Elena Boschi.)

È vero, ma perché? «Perché penso che la Meloni non governi bene. Punta su mosse a effetto nella comunicazione social e non a migliorare il sistema paese.» Una breve pausa, e poi: «Offro disponibilità sull'elezione diretta del premier e, anziché l'elezione diretta, ci troviamo un pasticcio. Sbagliano la politica energetica. Fanno errori clamorosi nella gestione dei centri aperti in Albania. Inventano 48 nuovi reati assurdi, anziché depenalizzare e semplificare. Hanno aggravato le pene per i reati commessi nei pressi delle stazioni: se io e lei litighiamo vicino alla stazione Termini e le do un cazzotto, è più grave che se glielo do a piazza di Spagna. Andiamo...».

C'è altro? «Sull'autonomia la Meloni ha commesso l'errore politico di unire l'Italia contro di sé, il Nord che vuole meno burocrazia e il Sud che vuole più diritti. Non so se si raggiungerà il quorum, ma, se si raggiunge e perde, Giorgia deve andare a casa: non importa la storia della personalizzazione, quando un governo perde un referendum su una propria legge, tutti a casa. Senza aspettare nemmeno un minuto. E, comunque, non sottovaluti l'"effetto rabbia" anche in caso di non raggiungimento del quorum: nel 2016, quando il referendum promosso dagli oppositori alla mia legge sul prolungamento delle trivellazioni di gas raggiunse solo il 31 per cento dei votanti, cantarono comunque vittoria. Io dico che non sarà una primavera felice per la maggioranza che contrasta il referendum sull'autonomia, a meno che il referendum sia cassato dai magistrati.»

Renzi «consiglia» alla Meloni di chiedere le elezioni anticipate prima dei referendum su premierato e autonomia. «No, non consiglio. Penso che lo farà. Per un motivo molto semplice. Se lei fa la riforma del premierato, rischia di arrivare al referendum costituzionale nel 2026. E io dico che quel referendum lo perde e, in quel caso, non c'è il quorum. Se perde il referendum, non solo va a casa ma, a quel punto, non sarà lei la candidata premier della destra: le conviene? Non credo.» (Nel settimo capitolo ho anticipato al premier il suggerimento di Renzi e lei mi ha risposto che non ci pensa affatto.)

A proposito di referendum, la sua amica Schlein cavalca quello contro il suo Jobs Act… «Fa la sua parte: pensi che per questo è uscita dal mio Pd, che pure l'aveva eletta in Europa grazie al trionfo del 41 per cento nel 2014. Almeno lei è coerente. Non posso dire la stessa cosa dei riformisti del Pd, che hanno votato il Jobs Act in Parlamento o in Consiglio dei ministri e ora voteranno per abolire la legge che hanno scritto loro stessi. Provo imbarazzo per loro: evidentemente sperano di essere ricambiati con un seggio in Parlamento al prossimo giro. Sul referendum, la situazione mi sembra perfetta. Si sono messi insieme contro di me Schlein, Conte e Salvini. Persino Forza Italia votò contro. Dunque, è naturale che io mi intesti qualunque voto a favore: siamo l'unico partito che ha voluto il Jobs Act e che lo difende ancora. E saranno comunque milioni di persone che diranno "viva il Jobs Act", anche se dovessimo perdere.»

La conclusione del nostro colloquio è ancora sul presidente del Consiglio. «Trovo insopportabile il suo vittimismo» mi dice Renzi. «Ha strillato quando hanno violato il suo conto corrente. Ma quando "il Fatto Quotidiano" ha pubblicato il mio estratto conto, quando hanno massacrato la Fondazione Open, la mia famiglia, mio cognato sulla vicenda Unicef e il padre della Boschi su Banca Etruria, nessuno dei Fratelli d'Italia si è mosso. Io sono garantista, lei no. Lei è esattamente l'opposto di quel che vuole far credere di essere. Siamo i soli a non avere in Parlamento una presidenza di commissione, nemmeno le presidenze di serie B. Niente. E sa perché? Perché abbiamo il veto di Fratelli d'Italia. Pace. È uno sgarbo istituzionale, ma ci sono abituato con questa maggioranza. La Meloni sa che noi non molliamo sull'opposizione e, forse anche per questo, non mi sopporta.» Sentimento ricambiato.

Calenda, un occhio a destra e uno a sinistra

Scusi, lei è un cespuglio? Carlo Calenda sorride. Il *sense of humour* non gli è mai mancato. Dove sta?, insisto. «Dove mi hanno messo gli elettori. Al centro, dove tutto si decide.»

In tempi di «campi larghi», però, il povero centro diventa un cerchietto… «Intanto, spero che apprezzi la coerenza. Sono uscito dal Pd quando si è alleato con Conte. E nel 2022 non sono andato con Letta perché si era alleato con Bonelli e Fratoianni…»

Ma nel frattempo, dopo la batosta alle europee, ha perso pezzi importanti. Mariastella Gelmini, Mara Carfagna, Giusy Versace… «Sono andate via non per le europee, ma per ragioni diverse» replica Calenda. «Ma vedrà che alle prossime elezioni politiche non andremo da soli, andremo con un centrosinistra senza 5 Stelle, perché oggi un'agenda di governo con loro non esiste. Anche nelle regionali non andiamo dove il candidato è imposto da Conte. Nessuna pregiudiziale ideologica, solo politica.»

Pentito di non essersi alleato con Renzi alle europee? «Non capisco come si possa andare con Renzi. Lui può andare dappertutto. Mi sarei ritrovato nel campo largo. È stato un ottimo presidente del Consiglio, ma è fatto così. Fai una lista con lui e il giorno dopo se ne va con chi? I comunisti di Rizzo? Casapound?»

Che giudizio dà della Meloni dopo due anni di governo?, gli chiedo. «Non è certo una pericolosa estremista. Ho con lei un ottimo rapporto personale. È preparata, si muove bene in politica estera, ha fatto un bel taglio del cuneo fiscale, ma...»

Ma? «La sua coalizione non le consente di fare nulla di strutturale. Le faccio un esempio. La Sicilia spende per la gestione dell'acqua quanto la Lombardia, ma sta sempre a secco. In Italia ci sono 2500 società idriche. Basterebbe espropriarle, farne una nazionale e tutto funzionerebbe meglio. Ma la Lega non lo consente. Il Sud non è in grado di gestire né la sanità né la formazione professionale. 260.000 ragazzi del Sud sono perduti: frequentano tre anni e poi non si vedono più. Ma il governo non può esercitare i poteri sostitutivi perché Forza Italia non glielo consente, anche se in Sicilia la dispersione scolastica è vicina a quella della Tunisia.»

Calenda è nettamente centralista e, perciò, contrario all'autonomia differenziata: «È una gigantesca cavolata. Darà al Nord pieni poteri, mentre il Sud è clamorosamente fallito. Lo Stato centrale deve riprendersi le competenze e gestire direttamente un piano straordinario». E aggiunge: «Il problema è che nessuno gestisce niente. La Meloni sforna leggi a getto continuo, esattamente come faceva la sinistra. Per fortuna, senza le follie della sinistra sull'immigrazione e il Green Deal. Basta vedere la Germania: sono disperati per aver rinunciato al nucleare».

Quindi, magari un giorno potreste collaborare... «Se la Meloni diventasse a pieno titolo una conservatrice europea, nessun problema ad averla in maggioranza.»

Il problema è che la Meloni, anche in questo libro, ribadisce che non ha intenzione di fare alleanze a sinistra. E infatti i suoi non hanno votato Ursula von der Leyen come presidente della Commissione europea, salvo poi ottenere una vicepresidenza esecutiva per Fitto. «Quella di Fitto è stata una buona scelta. Il problema della Meloni è che la Lega vuole far saltare l'Europa in Italia.»

Ma come spiega che, dopo due anni di governo, il suo successo sia crescente? «È molto brava, capisci che crede a quello che dice, ha un elemento di genuinità che i politici normalmente non hanno.»

Calenda non si schioda dal centro: un occhio a destra e uno a sinistra. «Sto con la destra per la politica internazionale, la giustizia, il controllo dell'immigrazione e la critica agli eccessi del Green Deal. Con la sinistra per la sanità, la scuola, i salari a 9 euro l'ora. Abbiamo il 30 per cento dei ragazzi che a 16 anni vuole andar via. Lo Stato serve perché, da solo, non ce la fai a trattenerli.»

Nobile, ma molto rischioso questo equilibrio assoluto, commento. «So che è una posizione strana e a rischio fallimento» riconosce il segretario di Azione. «Non è determinata da calcoli elettorali, ma vuole valorizzare gli elementi di convergenza che ci sono tra sinistra e destra.»

Calenda è tremendamente pessimista: «Sta saltando tutto. Gli Stati Uniti sono malmessi, i tedeschi in crisi, la Banca centrale europea non può aiutare come dovrebbe Italia e Francia. Come dice Draghi, se la musica si ferma, l'Europa finisce. Stiamo facendo politica come ai tempi di Prodi e Berlusconi. Fin qui abbiamo percorso il declino, da qui in poi rischiamo di precipitare. Dal 2030 al 2045 dovremo trovare nella fiscalità generale 40 miliardi in più per pagare le pensioni. La Meloni non sta facendo niente di pericoloso, ma amministra l'ordinario in una situazione straordinaria. La gente è demotivata, va a votare meno del 50 per cento, il Parlamento rischia di non essere rappresentativo e viene la tentazione dell'"uomo forte"...».

Volumi e articoli citati

Alessi, Rino, *Il giovane Mussolini*, Cesena, Il Ponte Vecchio, 2003.

Amendola, Giorgio, *Una scelta di vita*, Milano, Rizzoli, 1976.

Anfuso, Filippo, *Roma Berlino Salò. 1936-1945*, Milano, Garzanti, 1950.

Balabanoff, Angelica, *Erinnerungen und Erlebnisse*, Berlin, E. Laubsche Verlagsbuchhandlung, 1927.

–, *Il traditore*, Roma, Napoleone, 1973.

Boratto, Ercole, *A spasso col Duce*, Roma, Castelvecchi, 2014.

Bottai, Giuseppe, *Vent'anni e un giorno*, Milano, Garzanti, 1949.

Burleigh, Michael, *Il Terzo Reich. Una storia vera*, trad. it. Milano, Rizzoli, 2013.

Canali, Mauro, *Il delitto Matteotti*, Bologna, il Mulino, 2024 (ed. or. 1977).

Castellini, Fabrizio, *Il ribelle di Predappio*, Milano, Mursia, 2016.

Chapoutot, Johann, *L'affaire Potempa. Come Hitler assassinò Weimar*, trad. it. Roma-Bari, Laterza, 2017.

Chiocci, Francobaldo, *Donna Rachele*, Roma, Ciarrapico, 1983.

Dalser, Ida, *«Mussolini ha deciso di internarmi col piccino». Lettere di Ida Dalser a Luigi Albertini 1916-1925*, a cura di Lorenzo Benadusi, Milano, Fondazione Corriere della Sera, 2010.

De Begnac, Yvon, *Vita di Benito Mussolini*, 3 voll., Milano, Mondadori, 1936-1940.

De Felice, Renzo, *Mussolini il duce*, 2 voll., Torino, Einaudi, 1974.

–, *Mussolini e Hitler. I rapporti segreti 1922-1933*, Roma-Bari, Laterza, 2013.

Dollmann, Eugen, *Hitler e le donne*, trad. it. Roma, Edizioni del Borghese, 1960.

Donadio, Pasquale, *Una tragica storia d'amore*, in «Tempo illustrato», 22 settembre - 24 novembre 1962.

Ferrario, Rachele, *Margherita Sarfatti*, Milano, Mondadori, 2015.

Fest, Joachim, *Hitler*, trad. it. Milano, Garzanti, 1999.

Festorazzi, Roberto, *Mussolini e le sue donne*, Varese, Macchione, 2013.

Fornaro, Federico, *Giacomo Matteotti. L'Italia migliore*, Torino, Bollati Boringhieri, 2024.

François-Poncet, André, *Botschafter in Berlin 1931-1938*, München, Europa Verlag, 2018.
Franzinelli, Mimmo, *Fascismo anno zero*, Milano, Mondadori, 2019.
Funiciello, Antonio, *Tempesta. La vita (e la non morte) di Giacomo Matteotti*, Milano, Rizzoli, 2024.
Gentile, Emilio, *La via italiana al totalitarismo*, Roma, Carocci, 1995.
–, *Fascismo. Storia e interpretazione*, Roma-Bari, Laterza, 2005.
–, *E fu subito regime. Il fascismo e la marcia su Roma*, Roma-Bari, Laterza, 2014.
–, *Storia del fascismo*, Roma-Bari, Laterza, 2022.
Gobetti, Piero, *La rivoluzione liberale. Saggio sulla lotta politica in Italia*, Bologna, Cappelli, 1924 (nuova ed. Torino, Einaudi, 2008).
Goebbels, Joseph, *Die Tagebücher von Joseph Goebbels. Von Juli 1924 bis Juli 1941*, München, K.G. Saur, 1987.
Gramsci, Antonio, *Quaderni del carcere*, 4 voll., a cura di Valentino Gerratana, Torino, Einaudi, 1975.
Gravelli, Asvero, *Verso l'internazionale fascista*, Roma, Nuova Europa, 1932.
Hanfstaengl, Ernst Franz, *Hitler in der Karikatur der Welt*, Berlin, Verlag Braume Bücher, 1933.
Hanisch, Reinhold, *I Was Hitler's Buddy*, in «The New Republic», 5, 12 e 19 aprile 1939.
Hayman, Ronald, *Hitler & Geli*, New York, Bloomsbury, 1998.
Hildebrand, Klaus, *Il Terzo Reich*, trad. it. Roma-Bari, Laterza, 1983.
Hitler, Adolf, *Mein Kampf*, introduzione di Francesco Perfetti, Milano, Il Giornale, 2016 (riproduzione facsimile della terza edizione Bompiani, 1937).
–, *Adolf Hitler in Franken. Reden aus der Kampfzeit*, Nürnberg, 1939.
–, *Conversazioni segrete ordinate e annotate da Martin Bormann durante il periodo più drammatico della Seconda Guerra Mondiale (5 luglio 1941 - 30 novembre 1944)*, trad. it. Napoli, Richter, 1954.
–, *Il libro segreto di Adolf Hitler*, trad. it. Milano, Longanesi, 1962; Milano, Kaos Edizioni, 2017.
–, *Sämtliche Aufzeichnungen 1905-1924*, a cura di Eberhard Jäckel e Alex Kuhn (a cura di), Stuttgart, Deutsche Verlags-Anstalt, 1980.
Hoffmann, Heinrich, *Hitler Was My Friend*, London, Burke Publishing Co., 1955.
Jenks, William, *Vienna and the Young Hitler*, New York, Columbia University Press, 1960.
Junge, Traudl, *Fino all'ultima ora. Le memorie della segretaria di Hitler 1942-1945*, trad. it. Milano, Mondadori, 2004.
Kellerhoff, Sven Felix, *Il libro proibito di Hiler. Storia del «Mein Kampf»*, trad. it. Milano, Rizzoli, 2016.
Kershaw, Ian, *Hitler*, trad. it. Milano, Bompiani, 1999.
Kubizek, August, *The Young Hitler I Knew*, London, Greenhill, 2006 (ed. or. 1953).

Lambert, Angela, *La donna che amò Hitler*, trad. it. Milano, Rizzoli, 2006.
Langer, Walter C., *Psicanalisi di Hitler*, trad. it. Milano, Garzanti, 1973.
La nipote di Hitler: la storia di Geli Raubal, ossessione del dittatore, in «Il Mitte», 17 marzo 2021.
Lüdecke, Kurt, *I Knew Hitler: The Story of a Nazi Who Escaped The Blood Purge*, New York, Charles Scribner's Sons, 1937.
Ludwig, Emil, *Colloqui con Mussolini*, trad. it. Milano, Mondadori, 2000 (ed. or. 1932).
Lundmark, Thomas, *The Untold Story of Eva Braun: Her Life beyond Hitler*, Scotts Valley (CA), CreateSpace Independent Publishing Platform, 2011.
Lupo, Salvatore, *Il fascismo. La politica di un regime autoritario*, Roma, Donzelli, 2000.
Lussu, Emilio, *Marcia su Roma e dintorni*, Torino, Einaudi, 2014 (ed. or. 1945).
Mack Smith, Denis, *Storia d'Italia dal 1861 al 1969*, trad. it. Bari, Laterza, 1972.
Milza, Pierre, *Mussolini*, trad. it. Roma, Carocci, 2000.
Milza, Pierre e Berstein, Serge, *Dizionario dei fascismi*, trad. it. Torino, Einaudi, 2003.
Monelli, Paolo, *Mussolini piccolo borghese*, Milano, Garzanti, 1950.
Montagna, Renzo, *Mussolini e il processo di Verona*, Milano, Omnia, 1949.
Mosse, George L., *Le origini culturali del Terzo Reich*, trad. it. Milano, il Saggiatore, 2015.
Mowrer, Edgar Ansel, *Triumph and Turmoil: A Personal History of Our Time*, New York, Weibright and Talley, 1968.
Musmanno, Michael, *Musmanno Collection*, Pittsburgh (PA), Gumberg Library Digital Collections, Duquesne University, vol. XII, https://digital.library.duq.edu/digital/collection/mussinter/search/order/title/ad/desc.
Mussolini, Benito, *Scritti e discorsi di Benito Mussolini*, Milano, Hoepli, 1934.
–, *La mia vita dal 29 luglio 1883 al 23 novembre 1911*, in *Opera omnia di Benito Mussolini*, a cura di Edoardo e Duilio Susmel, 35 voll., Firenze, La Fenice, 1951-1962, vol. XXX, 1961.
–, *La mia vita*, Milano, Rizzoli, 1983.
–, *Il mio diario di guerra*, a cura di Mario Isnenghi, Bologna, il Mulino, 2016.
Mussolini, Rachele, *La mia vita con Benito*, Milano, Mondadori, 1948.
Navarra, Quinto, *Memorie del cameriere di Mussolini*, Milano, Longanesi, 1972.
Nenni, Pietro, *Storia di quattro anni. La crisi socialista dal 1919 al 1922*, Milano, Libreria del Quarto Stato, 1926.
–, *Vent'anni di fascismo*, Milano, Edizioni Avanti!, 1965.
Nolte, Ernst, *Il giovane Mussolini*, trad. it. Milano, SugarCo, 1993.
Papen, Franz von, *Memorie*, trad. it. Bologna, Cappelli, 1952.

Parri, Ferruccio, *Il nostro posto*, in «Il Caffè», 1° luglio 1924.

Pennacchi, Antonio, *Fascio e martello*, Roma-Bari, Laterza, 2008.

Personè, Luigi Maria, *Il primo passo. Confessioni di scrittori contemporanei*, Firenze, Nemi, 1930.

Petacci, Claretta, *Mussolini segreto. Diari 1932-1938*, a cura di Mauro Suttora, Milano, Rizzoli, 2009.

Petacco, Arrigo, *Faccetta nera*, Milano, Mondadori, 2003.

Pieroni, Alfredo, *Il figlio segreto del Duce*, Milano, Garzanti, 2006.

Pignatelli Luigi, *La guerra dei sette mesi*, Milano, Longanesi, 1965.

Pini, Giorgio e Susmel, Duilio, *Mussolini, l'uomo e l'opera*, 4 voll., Roma, La Fenice, 1963.

Plöckinger, Othmar, *Geschichte eines Buches: Adolf Hitlers «Mein Kampf», 1922-1945*, München, Oldenbourg, 2006.

Prezzolini, Giuseppe, *Benito Mussolini*, Modena, Formiggini, 1924.

Rafanelli, Leda, *Una donna e Mussolini*, Milano, Rizzoli, 1975.

Rochat, Giorgio, *Le guerre italiane 1935-1943*, Torino, Einaudi, 2005.

Romanato, Gianpaolo, *Giacomo Matteotti. Un italiano diverso*, Milano, Bompiani, 2024.

Roux, Georges, *Vita di Mussolini*, trad. it. Roma, Lessona, 1961.

Sabbatucci, Giovanni e Vidotto, Vittorio (a cura di), *Storia contemporanea. Il Novecento*, Roma-Bari, Laterza, 2018 (ed. or. 2008).

Salandra, Antonio, *Memorie politiche*, Milano, Garzanti, 1951.

Salvatorelli, Luigi e Mira, Giovanni, *Storia d'Italia nel periodo fascista*, Torino, Einaudi, 1964.

Salvini, Matteo, *Controvento*, Milano, Piemme, 2024.

Sarfatti, Margherita, *Dux*, Milano, Mondadori, 1926.

–, *The Life of Benito Mussolini*, London, Thornton Butterworth, 1926.

–, *My Fault: Mussolini As I Knew Him*, New York, Enigma Books, 2014.

Schacht, Hjalmar, *My First Seventy-Six Years*, London, Allan Wingate, 1955.

Schivelbusch, Wolfgang, *3 New Deal*, trad. it. Milano, Tropea, 2008.

Schlein, Elly e Turco, Susanna, *L'imprevista*, Milano, Feltrinelli, 2024.

Schmidt, Paul, *Da Versaglia a Norimberga*, trad. it. Roma, L'arnia, 1951.

Serri, Mirella, *Claretta l'hitleriana*, Milano, Longanesi, 2021.

Shirer, William L., *Storia del Terzo Reich*, trad. it. Torino, Einaudi, 1962.

Spinosa, Antonio, *Mussolini. Il fascino di un dittatore*, Milano, Mondadori, 1989.

Spriano, Paolo, *Storia del Partito comunista italiano*, 5 voll., Torino, Einaudi, 1967-1975.

Tasca, Angelo, *Nascita e avvento del fascismo*, Firenze, La Nuova Italia, 1950.

Thomas, Hugh, *Storia della guerra civile spagnola*, trad. it. Torino, Einaudi, 1963.

Tobias, Fritz, *Der Reichstagsbrand: Legende und Wirklichkeit*, Rastatt-Baden, Grote, 1962 (trad. ingl. *The Reichstag Fire: Legend and Truth*, New York, Putnam's, 1964).

Toniolo, Gianni, *L'economia dell'Italia fascista*, Roma-Bari, Laterza, 1980.
Toti, Giovanni, *Confesso: ho governato*, Milano, Piemme, 2024.
Turati, Filippo e Kuliscioff, Anna, *Carteggio*, vol. V: *Dopoguerra e fascismo (1919-1922)*, Torino, Einaudi, 1953.
Turner, Henry Ashby jr, *I trenta giorni di Hitler. Come il nazismo arrivò al potere*, trad. it. Milano, Mondadori, 1997.
Vecchio, Concetto, *Io vi accuso. Giacomo Matteotti e noi*, Milano, UTET, 2024.
Vespa, Bruno, *Il cambio*, Milano, Nuova Eri - Mondadori, 1994.
–, *L'amore e il potere*, Milano, Mondadori - Rai Eri, 2007.
–, *Perché l'Italia diventò fascista*, Milano, Mondadori - Rai Libri, 2019.
–, *Perché l'Italia amò Mussolini*, Mondadori - Rai Libri, 2020.
–, *Il rancore e la speranza*, Mondadori - Rai Libri, 2023.
Waite, Robert G.L., *The Psychopathic God: Adolf Hitler*, New York, Basic Books, 1977.

Se anche quest'anno il libro è in vendita a poche ore dagli ultimi aggiornamenti contenuti nel testo, il merito è di Nicoletta Lazzari e del suo magnifico gruppo di lavoro, che verifica l'esattezza di ogni sillaba che ho scritto. Grazie a loro e alla splendida, unica macchina editoriale della Mondadori.

Grazie come sempre ad Anna Campi, che ormai senza affanni salva le cose dal mio disordine.

Indice dei nomi

PEFC
PEFC/18-32-03

Certificato PEFC
Questo prodotto è realizzato con materia prima da foreste gestite in maniera sostenibile e da fonti controllate
www.pefc.it

Mondadori Libri S.p.A.

Questo volume è stato stampato
su carta HOLMEN
con fibra vergine proveniente da foreste sostenibili holmen.com/paper
presso ELCOGRAF S.p.A.
Stabilimento - Cles (TN)

Stampato in Italia - Printed in Italy